中國學術思想 研究輯刊

二一編

林慶彰 主編

第4冊

老子與先秦思想：
以儒墨道法爲主的考察

王 強 著

花木蘭文化出版社

國家圖書館出版品預行編目資料

老子與先秦思想：以儒墨道法為主的考察／王強 著 -- 初版 --
新北市：花木蘭文化出版社，2015〔民104〕
目 4+208 面；19×26 公分
（中國學術思想研究輯刊 二一編；第 4 冊）
ISBN 978-986-404-043-8（精裝）
1. 老子 2. 研究考訂 3. 先秦哲學

030.8   103027146

ISBN-978-986-404-043-8

9 789864 040438

中國學術思想研究輯刊
二一編 第四冊   ISBN：978-986-404-043-8

老子與先秦思想：
以儒墨道法爲主的考察

作　　者 王　強
主　　編 林慶彰
總 編 輯 杜潔祥
副總編輯 楊嘉樂
編　　輯 許郁翎
出　　版 花木蘭文化出版社
社　　長 高小娟
聯絡地址 235 新北市中和區中安街七二號十三樓
　　　　 電話：02-2923-1455 ／傳眞：02-2923-1452
網　　址 http://www.huamulan.tw 信箱 hml 810518@gmail.com
印　　刷 普羅文化出版廣告事業
封面設計 劉開工作室
初　　版 2015 年 3 月
定　　價 二一編 27 冊（精裝）台幣 50,000 元

老子與先秦思想：
以儒墨道法爲主的考察

王　強　著

作者簡介

王強，1979 年 8 月生，陝西神木人。歷史學博士，研究方向爲中國思想文化與馬克思主義比較。在《光明日報》、《中國社會科學報》、《西北大學學報》、《求索》、《軍事歷史研究》、《華南理工大學學報》等刊物發表學術論文 40 餘篇，其中多篇論文被《高等學校文科學術文摘》等刊物轉摘，論文《近代以來中國社會價值體系的變遷——兼論中華民族偉大復興的價值基礎》榮獲第十屆全國馬克思主義論壇「青年優秀論文」。

提　要

　　春秋末期，禮崩樂壞，中國禮樂文明該向何處去，成爲先秦諸子所共同探討的時代課題。

　　戰國初期，以老子「自然」觀念爲基礎，諸子的「變化」觀念產生了，「變化」是「自然」的一種特殊形態，是從「不自然」向「自然」回歸的過程。莊子用「自然」來統攝生成變化，《易傳》則在儒家的立場上用陰陽來說明萬物生成變化的過程，創立了以「生生之德」爲核心的宇宙觀。

　　戰國中期，諸子用「精氣」思想來詮釋「道」的內涵，爲心性論的出現奠定了思想基礎。《管子》四篇實現了這個理論轉變，指出「氣」對於天地萬物的意義，以及「氣」對於身心的作用。在此基礎上，孟子與莊子闡述了各自的心性論。孟子從良知出發，在實踐倫理生活中擴充四端，終得「浩然之氣」；莊子則經「心齋」、「坐忘」、「喪我」超越感官欲望，在獲得本然之性後，又與社會生活融爲一體。

　　戰國晚期，諸子更加關注政治權力的運用，形成了國家治理的不同理論。《黃帝四經》提出「道生法」的命題，社會秩序由此得到了形而上的根據，使老子的「道」與現實社會相結合；荀子相繼提出「天人相分」的命題，認爲社會秩序獨立於自然秩序，但又離不開自然秩序。韓非則把老子的「道」與政治相結合，提出「因道全法」的命題，最終確立了以「法」爲核心的政治秩序。

目

次

引　言

　　本文借鑒前人研究成果，主要考察老子與春秋戰國時期儒、墨、道、法各學派之間的關係，通過分析各學派思想中核心觀念與老子思想的異同，探討其可能受到的老子思想影響，以揭示老子思想在戰國時期百家爭鳴中所發揮的作用。

一、「老子與先秦思想」研究現狀綜述

　　自《老子》產生以來，對於老子的研究就沒有中斷過，但針對老子與先秦思想之間關係的研究卻略顯薄弱，表現在以下方面：

　　第一，關於老子其人其書的歷史考察，學術成果豐富，但推測性成分較多。20世紀學術界圍繞《老子》一書的年代展開學術論爭，主要有兩種觀點：一是「早期說」〔註1〕；二是「晚出論」〔註2〕。1993年郭店楚簡《老子》的出土，證實《老子》不會晚於戰國中期。郭店楚簡分爲甲、乙、丙三組，三組簡文基本上沒有重複，總字數爲1741個。據此，郭沂指出歷史上存在兩個老子，分別是老聃與太史儋。其中老聃著有郭店《老子》，太史儋對其發展，寫成今本《老子》〔註3〕，尹振環、解光宇等學者表示贊同〔註4〕。高晨陽對

〔註1〕1919年，胡適在《中國哲學史大綱》中指出，老子是中國哲學史上第一個哲學家，《老子》一書是老子本人創造的思想體系。

〔註2〕1922年，梁啓超對這一觀點提出六點質疑，認爲《老子》一書形成於戰國末期。1930年，馮友蘭在《中國哲學史》中又提出三個論據支持梁啓超的觀點，《老子》一書在《論語》、《孟子》之後的戰國著作。

〔註3〕郭沂：《楚簡〈老子〉與老子公案》，《中國哲學》，第20輯，遼寧教育出版社，1999年。晁福林則認爲，經過老聃、老萊子、太史儋三個時期才最終寫定而流傳於世。（晁福林：《論老子思想的歷史發展》，《孔子研究》，2002年第1期）

此提出質疑〔註5〕，認爲郭沂的論據並不充分，推理成分較大。此外，學術界關於楚簡《老子》甲、乙、丙三組的文本構成意見不一，或提出郭店《老子》是全本〔註6〕，或提出郭店《老子》是摘抄本〔註7〕，或提出郭店《老子》三組是三個不同時期的三種不同抄寫本〔註8〕。對此，劉笑敢《老子古今——五種對勘與析評引論》一書有力地推動了《老子》文本的研究。關於《老子》文本演化，劉笑敢分別從五點加以論述：1、「版本歧變」；2、「文本改善」；3、「文本趨同」；4、「語言趨同」；5、「思想聚焦」。他指出《老子》古本原貌與編校者理想文本之間有差異〔註9〕。

　　第二，從宏觀層面討論道家在中國哲學史上地位的成果較多，而具體研究老子與先秦諸子關係的成果較少。其一，學術界關於道家在中國哲學史上的地位，孫以楷總結有三種不同觀點〔註10〕：一是「道家主幹說」〔註11〕，二是「儒家主幹說」〔註12〕，三是「儒道互補說」。〔註13〕進而提出：「主幹是儒道互補，具有最鮮明的中國哲學之樹的特徵，而樹根則是道家哲學。」〔註14〕這種觀點實際是一種折衷的看法。上述幾種觀點分別從西方哲學、中

〔註4〕 尹振環：《楚簡老子辨析》，中華書局，2001年；解光宇：《郭店楚簡〈老子〉研究〉，《學術界》，1999年第5期。

〔註5〕 高晨陽：《郭店楚簡〈老子〉的眞相及其與今本〈老子〉的關係——與郭沂先生商討》，《中國哲學史》，1999年第3期。

〔註6〕 崔仁義：《郭店楚墓出土的〈老子〉初探》，《荊門社會科學》，1997年第5期；郭沂：《楚簡〈老子〉與老子公案》，《中國哲學》，第20輯。

〔註7〕 王博：《關於郭店楚墓竹簡〈老子〉的結構與性質——兼論其與通行本〈老子〉的關係》，《道家文化研究》，第17輯；裴錫圭：《郭店〈老子〉簡初探》，《道家文化研究》，第17輯；陳鼓應：《從郭店簡本看〈老子〉尚仁及守中思想》，《道家文化研究》，第17輯。

〔註8〕 許抗生：《再讀郭店竹簡〈老子〉》，《中州學刊》，2000年第5期。

〔註9〕 劉笑敢：《老子古今——五種對勘與析評引論》（上卷），中國社會科學出版社，2006年，2～42頁。

〔註10〕 孫以楷：《道家與中國哲學·前言》（先秦卷），人民出版社，2004年，2～4頁。

〔註11〕 周玉琴、吳德勤：《試論道家思想在中國傳統文化中的主幹地位》，《哲學研究》，1986年第9期；陳鼓應：《論道家在中國哲學史上的主幹地位》，《哲學研究》，1990年第1期。

〔註12〕 關於持「儒家主幹說」的現代學者主要以馮友蘭、錢穆、侯外廬等學者。參見孫以楷等著《道家與中國哲學·前言》（先秦卷），1～2頁。

〔註13〕 關於持「儒道互補」的學者眾多，有張智彥、趙吉惠、朱伯崑、任繼愈等學者，參見孫以楷等著《道家與中國哲學·前言》（先秦卷），25頁。

〔註14〕 孫以楷：《道家與中國哲學·前言》（先秦卷），人民出版社，2004年，2～4頁。

國文化、中國思想的不同立場與視角得出不同的結論，具有一定的合理性，但問題是：中國文明起源的特殊路徑與先秦思想的關係是什麼，以此可以發現先秦思想的特點以及諸子之間思想的異同。事實上，韓非站在法家的立場，在《韓非子·顯學篇》指出：「世之顯學，儒、墨也。」因此，把先秦思想的主流歸結於「以道家哲學為主幹」或「儒家為主幹」或「儒道互補」，都是不客觀的。其二，關於老子與儒家關係的深入研究，主要集中在老子與孔子、老子與《周易》的關係〔註15〕方面，老子與思孟、老子與荀子關係的研究相對較少〔註16〕，而郭店楚簡《老子》的出土，使人們對傳統早期儒道關係的舊說提出了質疑。王弼本《老子·十九章》中的「絕聖棄智」、「絕仁棄義」句，在郭店《老子》中作「絕智棄辯」、「絕偽棄詐」，可見老子並不一定反對「聖」與「仁義」，這為本文重新考察老子與早期儒家關係提供了新的依據。其三，對於老子與其他諸子關係比較中，老子與韓非的比較研究成果豐富：周兆茂的《試論韓非對老子的矛盾學說的批判改造》（《齊魯學刊》，1981 年第 4 期）、陳奇猷：《韓非與老子》（《道家文化》第 6 輯）、王曉波的《解老喻老——韓非對老子的詮釋和改造》（《文史哲》1999 年第 6 期）；老子與墨子的論文僅有陳鼓應的《墨子與老子思想上的聯繫》（《道家文化研究》第 5 輯）。以上這些對老子與諸子關係比較的成果，側重於文獻考證和文句比較，似對老子與諸子之間思想體系的不同有所忽略。1994 年陳鼓應在《道家在先秦哲學中的主幹地位》中從「道家的思維方式」、「道論」、「內聖外王之道」、「早期儒家的道家化」、「哲學典籍文獻」五個方面論證了道家在先秦哲學中的主幹地位〔註17〕，其論證主要集中在儒道範圍內；孫以楷《道

〔註15〕 王葆玹：《從馬王堆帛書本看《繫辭》與老子學派的關係》（《道家文化研究》1 輯）；周立升《〈易〉〈老〉相通論》（8 輯）；李中華的《老子與周易古經之關係》（《道家文化研究》12 輯）；尹振環《由帛書〈易之義〉看〈易〉〈老〉之關係》（同上），王樹人、喻柏林《〈周易〉與〈道德經〉在思維方式上的內在聯繫》（同上）陳恩林：《論〈老子〉與〈易大傳〉宇宙生成論的異同》，《松遼學刊》，2001 年 5 期。白奚：《孔老異路與儒道互補》，《南京大學學報》，2000 年，第 5 期。劉晗：《〈老子〉文本與道儒關係演變研究》，博士論文，陝西師範大學，2007。

〔註16〕 郭沂《老子對孟子思想的影響——本心本性及其喪失與復歸》，《道家文化研究》，第 6 輯；（美）S.艾蘭：《〈老子〉與〈孟子〉中的基本喻象》，《道家文化研究》，第 15 輯；黃梓根、張松輝：《老子與中庸思想論析》，《新視野》，2007 年第 4 期。

〔註17〕 陳鼓應：《道家在先秦哲學中的主幹地位》，《中國文化》，1995 年第 8 期。

家與中國哲學》（先秦卷），幾乎囊括了道家與先秦諸子的比較，對老子與諸子相同的方面做了重要的梳理，但是全書局限於老子與諸子關係的個案研究，缺少梳理歷史發展脈絡，尚未形成一系統完整的觀點。

第三，重學派觀念的獨立發展，對老子與先秦思想關係沒有形成系統的認識，但爲我們進一步的研究提供了一定的基礎。這主要表現在以下三個方面：一是，重視老子思想學說在先秦的傳播與分化。章太炎《原道》以「道」和「理」二字說明老學的發展；蒙文通注意到學派與地域文化之間的關係，指出道家有南北二派[註18]；陳德和指出，戰國老學的兩大主流是以《管子》四篇爲代表的「政治化老學」和以莊子爲代表的「境界化老學」[註19]；馮友蘭很早就注意到由「道」轉「法」的環節[註20]；古棣、周英的《老子通》（下）（吉林人民出版社，1991 年）、熊鐵基的《中國老學史》（先秦部分）、黃釗主編的《道家思想史綱》都比較重視老學之間傳承的文獻考證，特別是熊鐵基梳理了先秦老學發展的歷史脈絡；二是，傾向於從命題、範疇或主題來分析。張岱年的《中國哲學大綱》[註21]，涉及老子與先秦思想「宇宙論」、「人生論」、「致知論」中一些重要概念、命題的比較；徐復觀的《中國人性論史》（先秦篇）[註22]中「老子思想的發展與落實——莊子的『心』」、「道家支派及其末流的心性思想」兩章對老子與道家人性論關係的發展線索有明確指示；郭梨華的《先秦老子後學之學術流派與哲學問題探究》以「道的始源」、「道與物的關係」、「道與人的關係」作爲論題，對老子後學的流派進行梳理論證[註23]；三是，從中國文明起源與古代社會出發研究老子思想。郭沫若的《十批判書》、《青銅時代》注重文獻的考辨，梳理先秦諸子的思想關係，偏重於歷史的審視，特別是《先秦天道觀之進展》，指出了老子與先秦諸子在天道觀方面的關聯，爲本文的研究提供了一條歷史線索；侯外廬、趙紀彬、杜國庠主編的《中國思想通史》（第一卷）關於「老子與先秦思想」的論

〔註18〕蒙文通：《周秦學術流派試探》，《先秦諸子與理學》，廣西師範大學出版社，2006 年，185～187 頁。

〔註19〕陳德和：《戰國老學的兩大主流——政治化老學與境界化老學》，《鵝湖雜誌》（35 卷），2005 年 12 月。

〔註20〕馮友蘭：《中國哲學史新編》（上卷），北京：人民出版社，1998 年，487 頁。

〔註21〕張岱年：《中國哲學大綱》，中國社會科學出版社，1982 年。

〔註22〕徐復觀：《中國人性論史》（先秦篇），上海三聯書店，2001 年，317～404 頁。

〔註23〕郭梨華：《先秦老子後學之學術流派與哲學問題探究》，《出土文獻與先秦儒道哲學》，萬卷樓，2008 年，137～175 頁。

述比較分散，但在對比過程中貫穿著天道觀與先王觀互相制約的主線，〔註24〕爲我們深入研究老子與先秦諸子思想的關係奠定了社會史與思想史的基礎。

二、研究思路

　　針對目前「老子與先秦思想」研究課題中存在的不足，本文研究的主要內容爲：

　　（一）探討老子對先秦思想發生影響的歷史文化背景，在解釋老子思想產生的歷史淵源的同時，說明老子與諸子思想發生聯繫的過程。郭沫若稱老子爲「百家的元祖」〔註25〕，這是對老子學術地位的認同。但更深層次的原因，一是受「人惟求舊、器惟求新」的維新路徑的影響，老子與諸子在創造思想的同時，又爲傳統所束縛。從這個意義上講，諸子的思維方式有共性，受天道觀與先王觀的制約。二是諸子百家的思想與官學有聯繫，是官學在亂世的一種表現形態。所謂「九流十家」，實際上就是站在不同的立場，爲維護和發展國家規模的小農經濟而提出了不同的「治道」。〔註26〕三是社會分工的日趨細緻和專業化在決定先秦諸子學術面貌差異性的同時，也決定了老子與其他諸子有著不可分割的聯繫，後世諸子必然對老子思想有所繼承與改造。

　　（二）通過具體考察老子與諸子共同關心的論題，探討老子思想與諸子思想的異同。老子與先秦思想之間的關聯，表現在以下三個方面：

　　第一，老子影響先秦諸子的途徑。春秋末期，老子思想產生並開始傳播，主要依據爲孔子與老子之間的學術交往，孔子曾向老子請教「禮」與「天道」的問題；並且《論語》、《墨子》等中引用了《老子》文句，例如《太平御覽》卷 322 輯《墨子》佚文中引有老子「道沖而用之有弗盈」的文句；從思想的關聯性來看，孔墨與老子思想既有一定的聯繫，也有各自的思想特色。戰國

〔註24〕如在「老子思想」這一章中，老子發展了春秋史墨的樸素唯物主義，比較了老子與韓非子的「道」的性質，老子與墨子的「自然史觀」，老子與孔墨的「天道觀」，老子與法家關於「商品概念」的論述等；在「莊子的主觀唯心主義」這一章，重點比較了老莊的「先王觀」，還辨別了老莊的「烏托邦」、「對立觀」、「天道觀」等；在「楊朱學派的貴生論和宋尹學派的道體觀」這一章，指出了老、莊與楊朱學派「學說主旨」的同異，「楊朱一派，始反乎墨，終合於道」，論述了「宋、尹一派與道家有近似處，也有離異處」，此後諸章均有比較。

〔註25〕郭沫若：《青銅時代・先秦天道觀之進展》，《中國古代社會研究》（外二種），河北教育出版社，2004 年，281 頁。

〔註26〕楊寬：《戰國史》，上海人民出版社，2003 年，6 頁。

早期，《老子》文本已經產生。從郭店楚簡《老子》甲乙丙三組來看，應該說《老子》文本是分組流行與傳播。另外，直接引用《老子》原文的有《文子》、《莊子》、《韓非子》等文獻。

第二，老子對先秦思想的影響主要發生在戰國時期，影響的方式主要是與不同時期的思潮結合在一起。思潮是一個歷史時期思想領域內的主要傾向。〔註27〕思潮往往集中反映出這一歷史時期社會、政治、經濟與思想的相互聯繫。老子與戰國思潮之間的聯繫主要通過政治和法律加以折射，反映春秋戰國時期社會經濟的變革。中國古代社會的特殊路徑決定了中國古代思想史在起點上既重視宇宙根源的問題，又關心治國、倫理的問題，這是諸子思想的共同點，但在具體論述上各有側重。老子與諸子思想的關係複雜而多樣，但都離不開春秋戰國時期的社會存在這一現實基礎，同時在他們的思想中也含有春秋戰國時期共同精神財富的普遍性因素。具體而言，春秋末年，禮崩樂壞，禮樂成爲僵化教條，老子與孔、墨都對西周的禮樂文明有所反思。戰國時期私有經濟逐步確立，社會各階層流動頻繁。西周時期「血緣即政治」的秩序被打破，君主郡縣制的實施使得君主的權力開始變大，自耕農出現，各階層都從舊的封建秩序下游離出來，個體意識開始覺醒。戰國時期的社會變革、七國之間的兼併戰爭、地域和民族之間的融合，把中國的統一提上日程，國家需要建立新的政治秩序，時代需要新的政治模式。根據侯外廬對西周「維新」道路的概括——「人惟求舊，器惟求新」可知，「人」與「器」是考察文明路徑的兩個重要指標。在戰國時期，「人」是個體，「器」當爲「君主郡縣制」。老子的「道」在戰國社會要讓「非常道」回到「常道」，其思想的影響就表現爲「道」的形而下化。在「道」的形而下化的過程中，一是「道」與個體相結合，二是「道」與「器」相結合。對於前者，思想觀念上主要表現爲社會在變動之中，個體需要精神支持，社會也需要對人與人、人與社會以及人與國家之間的關係進行規範，這樣就出現了「道」的心性化；對於後者，君主爲了有效控制社會各階層的流動，需要獲得對「道」的絕對支配權，因對權力的支配方式不同，在戰國晚期出現了不同的治國理論。諸子的心性理論，其背後的根源及依據是自然天道，治國是心性的終極目標之一。老子思想討論的主題是天道與人道的關係，即人道如何效法天道，這個問題涉及宇宙觀、心性論、治國思想等內容，其內容比較抽象，沒有具體展開。但是

〔註27〕張豈之主編：《中國思想史·原序》，西北大學出版社，1989年，2頁。

這些內容逐漸轉化成為先秦諸子共享的思想資源，天道與人道之間的關係也成為先秦的基本問題〔註28〕。先秦諸子都試圖建立新的社會秩序，從其思想發展的邏輯來看，宇宙觀是先秦思想形而上的根據，心性論是溝通自然秩序與社會秩序之間的重要環節，建立新的社會秩序則是諸子思想的共同目標。

第三，天道觀與先王觀是諸子思想的基本構成，這是由中國文明起源的特殊路徑所決定的。春秋晚期，老子將西周的先王觀從宗教天命觀的形式下解放出來，但又將先王觀束縛於自然天道觀之下。因此，老子思想的特點之一是人道效法天道。孔子一方面接受了老子的自然天道觀，另一方面又保留了宗教的天道觀；墨子則利用宗教的形式，揚棄天命的內容，在「天命」與「非命」之間徘徊。戰國早中期的《管子》四篇將「道」精氣化，為心性論的發生奠定了理論基礎；到莊子，將自然天道觀放大並抽象為「天」，否定「先王」觀，把人道從「先王」那裡解放出來；荀子因此批評莊子「蔽於天而不知人」；思孟學派與莊子的思想正好相反，把自然天道觀融合於先王觀，提出「誠者天之道」的命題。莊子、孟子的不同思想路徑，使得他們表現出不同的心性論特色，莊子主張虛靜，以天合人；孟子則主張擴充自己的善，以人合天。虛靜與擴充，在老子思想中都有論述。戰國晚期，荀子在莊子基礎上，把人道從天道觀中解放出來，提出天人之分。在這個時期，「天道」逐漸被政治化，成為治國原則，形成「禮」、「法」之爭。

思想是社會的產物，思想體系是對社會實踐的反映。《老子》一書不僅是道家的早期經典，也對先秦諸子的思想產生了巨大的影響。

三、研究方法

老子思想對先秦諸子之所以有影響，是因為他們都是為建立一個合理的社會秩序而進行的思考。在先秦學術史的研究中，對於老子的一些觀念，本文將考察它們在什麼時期成為主流，什麼意義上被諸子所批評，並且考察這些觀念為何在諸子的思想中總是不斷地被改造與重新定義。這種追問，將有助於考察老子提出的一些概念、命題在不同時期的思潮中所起的作用。因此，本文將運用以下研究方法。

〔註28〕張岱之：《先秦哲學史上的「天道」與「人道」問題》，《人民日報》，2000年5月11日，第11版。

　　第一，思想史與社會史相結合的方法。侯外廬從中國文明起源的獨特路徑出發，從歷史與邏輯相統一的原則出發探求中國古代的社會結構，將中國古代社會的具體條件在理論上予以體系化，從而成功地將思想史與社會史結合起來。侯外廬概括了春秋戰國時期社會的歷史特點，並將其運用於考察先秦思想史，這種理論化的體系尙有進一步展開和深入的研究空間。在春秋戰國時期，社會生產力的發展，社會各階層的流動，以及交換經濟的發達促使血緣社會處於解體之中，同時也形成了新的社會關係——地緣政治。血緣是身份社會的基礎，禮樂是血緣社會的意識形態；地緣是契約社會的基礎，依靠的是法的支持。在血緣社會向地緣社會轉變的過程中，土地兼併（諸侯兼併、世卿貴族兼併、戰國時期的私家富豪兼併），人口增加，商業發達，集政治與經濟爲一體的大都市出現。因此，從某種意義上說，由血緣政治轉變到地緣政治是社會性質的轉變，也是社會史的一個大轉變。具體來說，禮樂不僅是文化性的，也是政治性的，是三代時期人們所認同的。禮樂通過教化來實現其目的，禮崩樂壞則說明，禮樂已經不足以應付春秋戰國時期出現的新問題。血緣社會逐步解體，禮樂的教化權力隨之縮小，社會缺少共同的規範，諸子之間展開討論，建立新的社會秩序成爲他們共同的目標。這時，在政治上出現君主郡縣制，社會各階層逐漸從封建關係中游離出來，君主支配臣民的政治權力取代了禮樂的教化權力。與地緣社會相比，血緣社會的變化相對緩慢。春秋戰國時期的社會變化較快，但不管怎樣變遷，也是逐步的；血緣社會與地緣社會同時存在，互爲消長。「自然」和「變化」觀念的產生與社會變化有關。在先秦時期，「自然」與「變化」觀念是並存的，「自然」是對血緣社會漸變性質的一種抽象與描述，「變化」則是地緣社會相對於血緣社會來說具有突變的意義，也就是說，「自然」是一物從生到死的過程，「變化」則是一物變化成另外一物。此外，在血緣社會向地緣社會轉變的過程中，諸子開始注重將「欲望」理性化、合理化，也就是將「欲望」轉化爲「需要」〔註29〕。具體而言，在「小國寡民」的血緣社會中，個人欲望與社會生存條件相一致，「甘其食，美其服，安其居，樂其俗」（80章）；禮崩樂壞之後，民爭、民盜、民心亂的社會現象，促使思想家對欲望進行思考，使之與新的社會條件相一致。對人的欲望的研究，引發了對「性」的思考；而對欲望的梳理，本身說明了人的主體性的自覺，「心」的意義由此在

〔註29〕 參考費孝通：《從欲望到需要》，《鄉土中國　生育制度》，北京大學出版社，1998年，81～86頁。

先秦思想史中得到彰顯。

　　第二，思想史與學術史相結合的方法。老子對先秦諸子思想的影響，既有明顯的學術淵源關係，又有邏輯的發展。邏輯的發展有時不表現為學術師承的淵源，但卻更深刻地表現出人類思維發展的內在邏輯。因此，本文注重學術思潮與學派的融通性，以歷史的順序展開，側重於理論的考察，「思想史更加偏重理論思維（或邏輯思維）演變和發展的研究」「學術史必須研究『學術』，而『學術』的載體主要是學術著作……要求學術史研究並評論有代表性的學術成果，以闡明其學術意義和歷史意義。」〔註30〕《莊子・天下篇》是最早的一篇「中國古代哲學發展史」，也可視為老子思想對後來各派學說的影響史。〔註31〕因此，本文所研究的老子與先秦思想，不僅注意老子與先秦諸子理論思維的共性與不同，而且也考辨老子與諸子之間的學術傳承關係。根據侯外廬、張豈之的觀點，思想史與社會史、學術史的結合〔註32〕是研究老子與先秦思想關係的正確途徑與方法。本文從探索老子思想淵源與禮樂文明的關係入手，具體闡釋老子思想的歷史性內涵，解析老子的思想結構。在此基礎上考察老子與先秦諸子的關係。在本文中，這種關係不僅僅指學派關係，更多的是想重建老子與諸子之間就什麼論題展開對話。這種對話是超越時間和空間的，老子唱之於前，諸子隨之於後。他們之間對話的可能性是建立在中國思想觀念在具體的歷史條件下的發展和變化。侯外廬在討論惠施學派的學術淵源時說：「我們首先應將此派與其所依以出發的社會根源關聯起來，其次將此派與其並世各派的思想關聯起來，再次將此派所有論題相互關聯起來而歸納其共同精神。據此三點似可以看出其學說之大體傾向，也即可以求出此等斷案係由何前提推論而得，求出前提與結論、方法論與宇宙觀的必然聯繫。」〔註33〕因此，本文的一個重要宗旨是，討論春秋戰國時期思想與社會變化之間的相互關係如何影響老子學說的傳播與展開。此外，本文認為老子

〔註30〕張豈之主編：《中國近代史學學術史・序》，中國社會科學出版社，1996 年版，1 頁。

〔註31〕胡曲園，陳進坤：《公孫龍子論疏・前言》，復旦大學出版社，1987 年，1 頁。

〔註32〕侯外廬說：「斯書更特重各時代學人的邏輯方法之研究，以期追蹤著他們的理性運行的軌跡，發現他們的學術具體的道路，更由他們剪裁或修補所依據的思想方法，尋求他們的社會意識以及世界認識。」（侯外廬：《中國思想通史》第一卷，《古代思想篇》卷首，新知書店，上海，1947 年）

〔註33〕侯外廬，趙紀彬，杜國庠：《中國思想通史》（第一卷），人民出版社，1957年，428 頁。

的思想是因「道——德」關係而展開，所以注意「道」與「德」、「心」、「精」、「氣」、「法」等概念的關係，以及它們在不同思想體系中的轉變。

第三，解讀先秦時期的文本，考察老子思想中一些觀念的形成和變化，分析老子思想觀念與不同時代思潮之間的互動。本文並沒有按一般的思路先討論《老子》文本的相關問題，然後以這個文獻基礎來解釋老子與先秦思想之間的關係，而是運用思想史與社會史相結合的方法，從禮樂文明的視角來看老子思想產生的歷史背景以及老子思想的社會歷史內涵，在此基礎上研究老子思想的結構與系統。從這個結構與系統出發，探討老子與先秦思想的聯繫，在共同的話語背景下，闡述老子對先秦思想發展的影響。利用現有的先秦《老子》文本以及引用老子文句的諸子文本，討論先秦思想對《老子》文本與思想傳播的影響。

最後，本文研究涉及的基本材料包括《老子》、《論語》、《中庸》、《孟子》、《管子》四篇、《莊子》、《黃帝四經》、《荀子》、《韓非子》、《文子》、《易傳》等，名家《公孫龍子》和惠施、雜家《呂氏春秋》暫時闕如。有關《老子》版本的使用，以通行的王弼注本作爲說明文本，在解釋《老子》文本的變化之處，則兼引郭店本、帛書本等加以說明。其他思想文本的成書年代在文中均有說明。

第一章　老子與禮樂文明

　　卡爾‧雅斯貝斯指出：「公元前 800 至 200 年間的數世紀，就是世界歷史的軸心」。〔註 1〕在這個所謂的「軸心」時代，中國以春秋戰國時期的百家爭鳴為標誌，也發生了精神的突破。老子在這個過程中發揮了重要作用，並對先秦諸子產生了廣泛而深刻的影響。具體而言，先秦諸子思想是中國禮樂文明的進一步展開，雖然其在歷史中的表現各有不同，但其思想都指向天道觀與先王觀。對於這些思想共性，本文要追問這是源於什麼樣的路徑，老子在禮樂文明的傳承與批評中起到什麼作用。老子的思想意義在哪些層面對先秦諸子產生了影響。

第一節　中國文明起源與老子思想淵源

　　春秋戰國時期是中國的「軸心時代」，老子是這個時代的一位重要思想家。對老子思想淵源的探析，要從中國文明的起源路徑談起。中國文明的起源一方面是「滿天星斗」，另一方面又「一多融合」，由此形成一獨特路徑，而老子思想是中國文明歷史發展的必然產物。同時，老子與諸子之間又存在一定的地域文化的差別。

一、禮樂文明與地域文化

　　在中國思想史上，「文明」最先出現在《易‧賁‧象》中：「文明以止，人文也。觀乎天文，以察時變；觀乎人文，以化成天下。」即指「天文」與

〔註 1〕　（德）卡爾‧雅斯貝斯：《歷史的起源與目標》，魏楚雄、俞新天譯，華夏出版社，1989 年，27 頁。

「人文」統一的形式，文化則是以此形式教化人類。禮樂文明是夏商周三代經濟、政治、文化、社會生活的總稱〔註2〕，主要包括兩個方面：地域文化與歷史文化。其中，地域文化側重於自然環境——「天文」對「人文」的影響，這與中國農業社會的特點有關，歷史文化則側重於社會發展對「人文」的影響，與血緣社會有關。任繼愈指出，由於受西周傳統文化影響的不同、地理條件的差異和各地傳統文化的殊異，先秦產生了四種地域文化：「鄒魯文化」、「荊楚文化」、「三晉文化」、「燕齊文化」。〔註3〕

大約在老子時代（公元前六世紀）有兩件大事：首先是黃河流域商周文明和淮河、長江流域的楚文化互相融合成爲一種文化，同時其他類似文化也有融合；其次是這些文化裏巫師和卜人所表現的世界觀，正在逐漸趨於一致，並被新興知識階層以新創詞彙和哲學術語加以表述。〔註4〕老子所處的時代，已是遠離原始神話時代、商代巫風較盛的年代，到西周時，禮樂文明已相當發達。但是，在禮樂文明的背後隱藏著它自身起源、發展的文明要素，而老子思想就是源於對這些要素的思考與總結。我們決不能從某單一要素出發，在《老子》中找一些例證，予以理論化的說明，以此去界定老子思想的來源與意義。例如，楊向奎的著眼點是申呂兩國的性質與老子的關係，由神而巫，由巫而史，由史而產生老子的思想。這是對章太炎的「神守」、「社稷守」之分觀念的進一步深化，指出了老子思想產生的歷史軌蹟。實際上，老子思想不僅僅源於楚文化，楊向奎講：「後來炎黃兩系合流，黃帝一系亦有黃熊崇拜，鯀化爲黃熊，而黃帝亦號有熊氏。其實黃帝一系本以『天』或『玄』爲圖騰，所以黃帝曰軒轅氏（即玄）而號有熊」；這是炎黃兩系合流的結果，於是《天問》中有『焉有虯龍，負熊以遊』的記載。」〔註5〕此外，有學者認爲老子是受殷商文化影響的代表，宋是殷商的末裔；〔註6〕劉堯漢主張老子思想源於彝族文化〔註7〕；王博論證老子

〔註2〕何炳棣：《原禮》，《釋中國》（第四卷），胡曉明、傅傑主編，上海文藝出版社，1998年，2387頁。

〔註3〕任繼愈主編：《中國哲學發展史‧先秦卷》，人民出版社，1983年，23～24頁。

〔註4〕馬絳：《神話、宇宙觀與中國科學的起源》，《中國古代思維模式與陰陽五行說探源》，江蘇古籍出版社，107頁。

〔註5〕楊向奎：《再論老子——神守、史老、道》，《史學史研究》，1990年第3期，22頁。

〔註6〕白川靜：《甲骨文的世界》，中譯本，臺北巨流圖書公司，1977年，195頁。

〔註7〕劉堯漢：《中國文明源頭新探：道家與彝族虎宇宙觀》，雲南人民出版社，1985

思想與夏族文化之間的淵源關係。〔註8〕

　　以上幾種觀點，忽視了中國文明起源的一元與多元之間的關係，即「滿天星斗」的多元說〔註9〕。張光直認為，中國境內有好幾個新石器時代文化，各自獨立發展，然而這些文化因地理空間中的擴張而彼此發生接觸，產生交流互動關係。於是，中國範圍內所包括的許多地區文化彼此之間構成一個大的文化系統，各個文化又各有特色。〔註10〕以此看來，西周禮樂文明融合了多元地域文化。從思想觀念來看，三代小邦眾多，其宗教信仰和政治基本獨立，但並不完全獨立，因而在歷史上被稱為諸侯國；它們雖然擁有自己的宗廟社稷來表現獨自的宗教信仰，但這種信仰之上還有一位上帝；先後作為共主的夏、商、周三代的王畿本來即是眾邦中的一個邦，可是一旦成為共主或天子，他就「在帝左右」、「克配上帝」；只有天子才有權祭天並祭自己的太祖配祭，諸侯國只能祭本國的宗廟社稷，無權祭天；在古代人們的意識中，天、上帝、天下和天子都是唯一的。〔註11〕此外，老子曾為「周守藏室之史」（《史記·老莊列傳》），即為主管東周藏書的史官。鄭玄也說：「老聃，周之太史也。」（《禮記正義·曾子問》疏引《論語》注）因此，對於老子思想來源的探討，必須有整體的歷史眼光，而不能局限於地域文化，這是中國文明起源與發展的結果。

　　當然，地域文化對思想家是有一定影響的，表現在語言、表達方式、思維等方面，但地域文化對思想的整體性來說不是決定性因素。蒙文通曾指出，老子之後，老學的發展可分為南方道家與北方道家，北方道家崇尚仁義，而南方道家菲薄仁義。〔註12〕從學派的意義來看，蒙文通的看法有一定的合理性。但是從郭店楚簡《老子》與帛書本《老子》19章比較來看，老子並不反對仁義。因此，從地域文化來探討老子思想有一定意義，但也存在著局限性。

　　年。

〔註8〕王博：《老子與夏族文化》，《哲學研究》，1989年第1期。

〔註9〕蘇秉琦、殷瑋璋：《關於考古學文化的區系類型問題》，《文物》，1981年第5期。

〔註10〕張光直：《論「中國文明的起源」》，《文物》，2004年第1期。

〔註11〕劉家和：《從中西比較的視角論說中國古代宗教信仰與歷史的關係》，《河北學刊》，2008年第3期。

〔註12〕蒙文通：《周秦學術流派試探》，《先秦諸子與理學》，廣西師範大學出版社，2006年，185頁。

二、先王觀與天道觀的聯繫

對於老子思想與歷史文化之間的淵源探討，主要有以下幾種觀點：一是從歷史制度層面的論述，以《漢書·藝文志》中提出的「諸子出於王官說」爲代表，當代學者王博對老子的史官特色有豐富的論證〔註 13〕；二是，《莊子·天下》指出：「道術將爲天下裂」，老聃吸收了「道術」中的「以本爲精，以物爲粗，以有積爲不足，澹然獨與神明居」的理論，提出「建之以常無有，主之以太一」的理論。這是莊子從「道」的本質來看，指出了老子的思想根源；三是從文獻角度的探討，認爲從《周易》、《詩經》、《尚書》、《國語》、《左傳》中可以找到老子關於治理天下的理論、人生修養及思想方面的理論原型。〔註 14〕四是牟宗三從西周的精神文化出發，認爲在禮崩樂壞的春秋，諸子對禮樂文化的態度決定了諸子的思想特徵與面貌，儒家正面指出禮樂文明的價值根源，道家則從反面批評禮樂文化。因此，牟宗三認爲孔子在老子之前〔註 15〕；五是思想因素綜合說。任繼愈《老學源流》談到老子思想可概括爲三個來源：其一繼承荊楚文化的特點；其二吸取古代文化遺產；其三來源於社會現實。〔註 16〕以上觀點，都有其可取之處，分別從社會制度、精神文化、邏輯、以及文獻方面指出老子思想的淵源。任繼愈試圖把各方面綜合起來，其論點全面而具體，但對老子思想產生的歷史路徑說明還很抽象。關於老子思想產生的論說，應該從中國文明起源的路徑出發，指出老子思想產生的必然性及其與時代的關係。

張光直對中國文明起源與形成的考古學考察，說明中國文明從前一階段到後一個階段的躍進，並不是伴隨著生產工具、生產技術的改進而進步；「從仰韶文化到龍山到三代，一個階段一個階段地躍進，在考古學上的表現是階級分化、戰爭、防禦工事、宮殿建築、殉人與人牲等政治權力集中的表現。換言之，中國考古學上表現的文明動力是政治與財富的結合。」〔註 17〕這一論點進一步證明了侯外廬關於中國文明起源維新途徑的觀點是正確的。同時，這種維新途徑決定了在中國古代社會，「天道」觀與「先王」觀是相互影響的。考古學證明，從仰韶到龍山到三代，生產工具都是石器與骨器，工

〔註 13〕王博：《老子思想的史官特色》，文津出版社，1993 年。
〔註 14〕孫以楷：《老子通論》，安徽大學出版社，2004 年，209～246 頁。
〔註 15〕牟宗三：《中國哲學十九講》，上海古籍出版社，2005 年，43～52 頁。
〔註 16〕任繼愈：《老子繹讀》，北京圖書館出版社，2006 年，245 頁。
〔註 17〕張光直：《論「中國文明的起源」》，《文物》，2004 年第 1 期。

具形式與原料基本沒有變化，並且在東周以前也沒有發現有大規模水利建設和農業灌溉的證據。〔註 18〕可見中國作爲農業社會，人與自然是緊密相聯的，天地四季的變化直接決定著人們農業生產的收穫。因此，人們把自然的變化作爲社會存在的根據，「夫大人者，與天地合其德，與日月合其明，與四時合其序。」(《易‧文言》)這種特殊的地理環境所造就的農業社會，使得中國在青銅時代便進入到文明社會。侯外廬根據這個「早熟」特點，認爲中國文明注重沿襲的力量，把它固定起來，就稱爲「古代的維新制度」。維新制度使得中國的文明路徑是由家族到國家，國家混合在家族裏面，叫做「社稷」〔註 19〕。因此，在古代的思想意識中，農業生產受到天道的制約，是血緣生產的基礎〔註 20〕，而血緣生產又是農業生產的目的，並衍生出先王觀。張光直指出：「王權」與「通天管道」之間是緊密相聯，並認爲三代之所以屢次遷都，與佔有作爲溝通天人之間的青銅彝器的礦產有關。〔註 21〕中國文明社會邦土不分，租稅合一〔註 22〕，天道觀與先王觀便緊密結合在一起。對於先秦諸子來說，無一例外不是「以天合人」，就是「以人合天」。

在這種背景下，老子創造性地提出了「道」。「道」可以名曰「大」，顧立雅在《釋天》中考證，「天之本宜爲大人之象形字，即有地位之貴人。其後即以此名祖先大神，而此天字乃代表多數祖先大神，執掌生民之事。」即「天」是有譜系和傳記的，「天」有人形，其與神話即歷史論的發生、演變過程有密切聯繫，而這種神話即歷史論是中國祖先崇拜的基礎，商朝的「帝」與從周部落引進的「天」的觀念的結合，爲老子「道」的產生奠定了基礎——人與自然是一個整體。因此，老子說：「天大，地大，道大，王亦大。域中有四大，而王處其一焉。」(25 章)顯然，這個「大」，是「天」的觀念的一個演變；這個「道」是西周「命」觀念的一個發展。老子雖然對宗教性的天和命是一

〔註18〕張光直：《論「中國文明的起源」》，《文物》，2004 年第 1 期。
〔註19〕侯外廬、趙紀彬、杜國庠：《中國思想通史》(第一卷)，人民出版社，1957年，11 頁。
〔註20〕西周金文「租」字寫作「且」，與「祖」作「且」相同。「且」原是指籍田上集體生產的糧食用來祭祀祖宗的。(楊寬：《戰國史》，上海人民出版社，2003年，153 頁)
〔註21〕張光直：《夏商周三代都制與三代文化異同》，《中國青銅時代》(二集)，北京三聯書店，1990 年，15～38 頁。
〔註22〕巫寶三：《我國先秦時代租賦思想的探討》，《中國經濟思想史論》，人民出版社，1985 年，5～6 頁。

個反動，但是在思想上還是有其過渡性，因爲它至大至尊，同時含有法則的意思，在老子思想中是留有痕蹟的。在這個意義上，「天」是「天道」觀與「先王」觀所產生的整體精神。老子將這種精神轉化爲「道」：

> 道沖而用之或不盈，淵兮似萬物之宗，挫其銳，解其紛，和其
> 光，同其塵，湛兮似或存。吾不知誰之子，象帝之先。（4章）

這「道」淵兮似萬物之宗，萬物之宗也就是萬物之祖，這萬物之祖的「道」，「吾不知誰之子，象帝之先。」「道」的發現基於對宗教天命的連根拔起，同時，「道」超越了殷周的祖先神的種族性質，中國思想開闢出了由訴諸祖先的轉而訴諸於本性自然的，就是正確的思考路徑。然而，老子在否定祖先認同路徑的同時，保留了「先王」觀中的「公權」意義。因爲，老子在談到「自然」時，指的是初始事物，亦即對最古老事物的追問。老子由對祖先的訴求轉向了對於某種比天帝更加古老的訴求。「道」乃是萬祖之祖，萬母之母。「道」比之任何傳統都更久。從「道」與物的關係而論，人一旦把握了「道」，也就獲得了「道」所具有支配萬物的能力——支配和決定「萬物」的存在或運動的能力。而這種能力來源於中國古代社會對「公權」的運用，在《老子》中將這種公權轉化爲聖人的「德」。

第二節　老子對禮樂文明內涵的認識與轉化

目前，對於老子思想淵源的認識上，很多學者已經意識到老子與禮學的關係，關注老子對禮學的批評與改造〔註 23〕。這樣的研究對於澄清老子的禮學思想是有意義的，但僅僅局限於此，對於認識禮樂文明的理論思維是有限的。特別是用禮學中「天、地、人」來概括老子的思維方式，過於抽象，幾乎可以涵蓋整個中國思想史，並不能眞正理解老子思想的來源。本文認爲應該把禮樂文明與老子思想放到寬廣的先秦社會的背景中，拓展先秦哲學史與禮學的視野，參考先秦文獻，借之於 20 世紀以來甲骨文、金文的新成果和前

〔註23〕如陳鼓應的《先秦道家之禮觀》中是這樣考察老子的禮觀：「老子之禮觀有著兩方面重大的影響：一方面老子突出「忠信」德性爲禮的重要內涵，與同時代的孔子同步地深化了禮向道德範疇的轉化，在中國倫理學史上具有開創之功；另一方面則是在對禮的人文轉化過程中，老子非常重視禮的內在情質，這一點特別爲莊子所大事發揮。」（陳鼓應：《先秦道家之禮觀》，《中國文化》，2000 年夏之卷）

輩學者的民族學、民俗學、人類學，考古學等個別資料——從中考察先秦思想的歷史脈絡，以及老子如何吸收禮樂中的理論思維，將其轉換爲新的思想形式。

據侯外廬論述，「春秋、戰國之際，西周『維新』所保存並推行的氏族制度，又發揮了『死的抓住活的』的最大的桎梏力量。所以，此時的主要歷史問題，就是對西周遺制應否清算或如何清算。」〔註 24〕事實上，西周遺制不僅僅包括西周文明，還包括夏商等文明，孔子說：「殷因於夏禮，所損益可知也，周因於殷禮，所損益可知也，其或繼周者百世可知也。」（《論語‧爲政》）本文從禮樂文明的生產方式、禮樂政治制度與禮樂精神三個方面來分析老子思想與禮樂文明的內在關聯，指出老子對禮樂文明的批評與轉化。

一、公田向私田的轉變與老子思想的過渡性特點

中國文明起源與發展中注重傳習力量，把它固定下來，被稱爲「古代的維新制度」，這種制度也可以被稱爲「禮樂」。禮樂成爲維持規範的力量，它不需要有形的機構來維持，維持禮樂這種規範的是傳統。〔註 25〕禮樂不是靠外在的力量來推行，是因爲禮樂文明與生產分配方式緊密結合在一起，據鄒昌林的研究，在「公天下」之時，禮儀規範對於社會財富的再分配是使社會剩餘勞動按照社會公共職能的禮儀排場所需的物質條件來分配，守禮與爲公有同等的意義。然而，隨著國家的起源，世襲制的產生，原來按禮分配社會財富的制度，就變成了整個社會財富在少數世襲貴族之間進行分配，禮儀文化在整體上發出了質的變化，開始強調禮儀的等級差別，並與社會政治制度緊密結合在一起，這就是所謂的「家天下」。隨著這種等級貴族土地所有制的形成，於是按禮分配社會剩餘產品的方式，最終轉變成了按禮分配生成資料（土地）的方式。由此可見，貴族土地所有制是對王有土地所有制的分割和否定。這種直接剝削方式的形成，同時也就孕育了按禮樂分配製度的危機，成爲以後禮崩樂壞的重要根源。另一方面，王有土地所有制是貴族土地所有制形成和發展的基本來源和存在的基礎。貴族土地所有制在促進禮樂文明走向發展之時，也包含了走向衰落的種子。因此，小土地所有制的興起，王有

〔註 24〕侯外廬、趙紀彬、杜國庠：《中國思想通史》（第一卷），人民出版社，1957年，133 頁。

〔註 25〕參考費孝通：《禮治秩序》，《鄉土中國　生育制度》，北京大學出版社，1998年，48～53 頁。

土地所有制就開始走向衰落。〔註26〕最爲典型的即是魯宣公十五年「初稅畝」的實施，《左傳》記載：

> 初稅畝，非禮也；穀出不過藉，以豐財也。

「初稅畝」是對按禮分配方式的破壞，將「藉公田」的集體勞役地租改變爲履畝而稅的家庭實物地租。於是，家族公社解體，農民個體家庭成爲基本經濟單位，商業獲得長足的發展。春秋戰國時期，在血緣社會向地緣社會的轉變過程中，由公社氏族共同體分化過程中產生的各個家族和個人又重新形成新的人際結合關係和新的社會秩序，與同樣從公社氏族瓦解過程中產生的新的國家權力關聯。在血緣社會，「血緣即政治」就是所謂的宗法制。在血緣社會向地緣社會轉變的過程中，一方面，因私田的興起，自耕農出現，國家與自耕農之間形成一種權力支配關係，即新的統治關係；另一方面，氏族公社雖然解體，在分化過程中產生的各個家族與個人之間又形成新的宗法關係，宗法制在戰國時期是承西周時期的發展而又經歷著自身衍變的過程〔註27〕。這兩種關係在衝突、妥協的過程中，又互相影響、交融，逐漸形成了君主郡縣制中自上而下的君主權力和以農民爲主要成員的鄉里社會之間的相互關係。

第一，公田向私田的轉變對老子思想特點的影響。老子的思想是不能直接由經濟基礎決定，但《老子》中所反映社會結構的思想可以作爲其中間環節，把老子與他所處的社會聯繫起來。涂又光在《論帛書〈老子〉的社會學說》中有獨特的思路，對老子、墨子、孟子思想中的社會結構進行了比較〔註28〕：

> 《墨子》、《大學》、《孟子》所反映的是：身→家→國→天下
>
> 《老子》反映的是身→家→鄉→邦（國）→天下

然而涂又光把老子定位於戰國時期，認爲老子晚於孟子，因此，結論就會有失偏頗。但是，這種思路對本文是有啓發的。事實上，涂又光所關注的《老子》中「家」是「個人之家」還是「大夫之家」，只是接觸到問題的表層，實質是封建社會的採祿，因私田的興起已經發生了改變，與之相關的社會結構也發生了改變。劉克甫對先秦「家」的演變作過研究〔註29〕：

〔註26〕鄒昌林：《中國古代國家宗教研究》，學習出版社，2004 年，71～83 頁。

〔註27〕晁福林：《先秦社會形態研究》，北京師範大學出版社，2003 年，154～161 頁。

〔註28〕涂又光：《論帛書〈老子〉的社會學說》，《楚史論叢初集》，湖北人民出版社，1984 年，158 頁。

〔註29〕劉克甫：《兩周金文「家」字辨義》，《考古》，1962 年第 9 期。

　　　　「家」字從殷代到戰國確實在字義上有很大變化，總結一下，
其演變可以歸納爲三個階段：（1）氏族宗廟→（2）氏族（宗族）→
個體家庭。卜辭中「家」字有第一種意義，但第二種意義已經產生；
西周金文中「家」字屬第二種意義；春秋時代的文獻中「家」尚有
「宗廟」之義（《左傳·昭公十六年》「立於朝而祀於家」）但第二種
意義占大多數；春秋末期到戰國初期「家」的第三種意義才開始出
現。

據此，老子處於春秋末期，他思想中的「家」是氏族之家。此外，《老子》中
多一個「鄉」的層次，對「鄉」的分析以及其後隱藏的社會結構的變化是解
釋老子思想的關鍵。老子所面對的社會秩序是：

　　　　國與鄉只是一個整體，國與鄉不是分裂對立的，他們必須合爲
一體，然後才能完成一個政治軍事的中心。如果說周王朝以王畿爲
中心。王畿之內分爲六鄉六遂（見《周禮》），鄉是國人所居，遂（遠
郊）是野人所居，周王朝鄉遂的對立，與諸侯國野的對立，只是規
模大小不同，按其內容並無任何差異。

到戰國時，

　　　　諸侯邦國中和國境上兩種新興的工商業都市衝破了過去孤立
的、靜止的自然興起，從而形成了新的城鄉之間的分裂對立。同時
步兵興起，代替過去的兵車，各國兵源擴大，成爲軍事上迫切的需
要，過去不服兵役的野人現在也要與國人同樣從軍，因此，就使舊
日國野差別，根本上歸於消失，與此之時，新的城鄉分裂日趨對立，
與舊的國野差別消失，相反相成，對於當時新興的工商業都市經濟，
更有促進的作用。〔註30〕

這反映出春秋末期以來，「血緣即政治」的秩序分解爲血緣社會與地緣政治相
對立的秩序。《老子》中所反映的是宗法分封的模式，「身→家→鄉→邦（國）
→天下」的路線說明了社會與政治的秩序是合一的，並且它們之間存在著按
禮樂分配的等級制度。當然，戰國以後，「鄉」也是一直存在的，但是已經被
納入到君主郡縣制之中。〔註31〕「鄉」的意義與「國」、「郡」、「縣」的意義

〔註30〕徐中舒：《論中國古代社會自然經濟與城鄉對立等有關問題》，《中國文化》，
　　　　第17、18期。
〔註31〕楊寬說：「戰國時各諸侯國的統治機構，從國到郡，從郡到縣，從縣到鄉，已

是一樣的，都屬於政治的層面。因此，在《墨子》、《大學》、《孟子》中作為士人的政治理想是從社會向政治的一個跨越，沒有必要出現「鄉」這一層次，用「國」即可代表政治。《老子》中所透露出社會結構的消息深刻的反映出自然經濟對老子思想的影響。自然經濟是封建社會的基礎，它是一種生產規模狹小的自給自足的經濟。老子的「小國寡民」反映了西周是土地公有制度，田地不能買賣，直接生產者只是土地的使用者，不是私有者。這意味著任何勞動者離開公社就無法生活，「使民重死而不遠徙」（80 章），生產者被束縛在土地上，不可能如春秋戰國時期的社會一樣流動，整個社會是「民不遷，農不移，工賈不變」（《左傳‧昭公 26 年》）。

　　但是，春秋末期，按禮樂分配的生產方式的破壞，使得人們注重「利」，「利」的觀念是與「私」聯繫在一起，與「私」相對應的是「公」。《莊子‧齊物論》說：

> 有以為未始有物者，至矣，盡矣，不可以加矣。其次以為有物矣，而未始有封也。其次以為有封焉，而未始有是非也。

所謂「以為未始有物」就是沒有與自我對立的對象世界意識，與自然渾然一體。「公」與「私」的對立是因為有「分」，在古代「封」、「邦」即「分」，它們是一個字，在侯外廬看來，這是權利與義務的發生，是階級制度的表現：

> 「公」是指的大氏族所有者，「私」指的小宗長所有者，「公」指國君以至國事，「私」指大夫以至家事，所謂「私肥於公」，是政在大夫或「政將在家」的意思，私並不是私有土地的私〔註32〕。

封建的世代繼承制度，必然會使土地分割達到飽和狀態。「公」的特點是「用」，在按禮樂分配的時代，多餘社會財富的分配是為了滿足社會公共職能的需要，並且受到生產力的約束，採用大面積的拋荒耕作制度，固定的土地所有權沒有出現，個人對土地的佔有權和所有權當然也無法存在，這便是老子「公」的社會意義。隨著生產力的提高，按禮樂分配產品轉變成按禮樂分配生產資料的方式，這樣私產出現，社會對財富與產品並不只局限於「用」，而且重視的是「利」，「用」的意義被「利」的意義所取代。〔註33〕甲骨文中「利」字，

是有系統地分佈到每一個角落，層層控制著整個國家。」（楊寬：《戰國史》，上海人民出版社，2003 年，231 頁）
〔註32〕侯外廬：《中國古代社會史論》，河北教育出版社，2000 年，81 頁。
〔註33〕參考鄒昌林：《中國古代國家宗教研究》，學習出版社，2004 年，71～83 頁。

從刀從禾，本意收割禾穀所獲。俞樾說：「蓋利之本義謂土地所出者。土地所出莫重於禾；以刀刈禾，利無大於此者矣。」（《兒笘錄》）孔子說：「君子喻於義，小人喻於利」（《論語‧里仁》），「利」在春秋已逐漸限於物質生產領域或指物質財富〔註34〕。在這個意義上，老子說：「民多利器」。（57章）私田興起，小農經濟發展，工商業也得到繁榮，按禮樂分配的方式逐步解體，但新的分配方式還沒有完全建立起來。也就是說，在中央集權經濟制度（如重農抑商之類措施）沒有完成之前，春秋戰國時期的市場經濟佔據很重要的地位〔註35〕。因此，在新舊交替之際，交換經濟與自然經濟相對立，老子無疑會受到這種經濟所決定的社會的影響。老子一方面批評交換經濟所帶來的現象，「絕巧棄利」（19章）、「不貴難得之貨」（3章）、「人多伎巧，奇物滋起」（57章）、「去彼取此」（12章），他主張按禮樂分配，實現為公的意義；另一方面，他又受著交換經濟對自然經濟的支配作用，在一定程度上肯定私，「非以其無私邪？故能成其私」（6章）、「聖人自知而不自見，自愛而不自貴」（60章）、「將欲奪之，必先予之」（31章）。老子思想的產生，源於生產方式的轉變，即公田向私田的轉變。

在這個過程中，一方面，老子在世界觀上否定了宗教的天命觀，讓先王觀束縛於自然天道觀之下；另一方面，先王觀有著公田的經濟基礎，現實的社會還束縛著春秋戰國的歷史發展。這樣，「道」的普遍性與老子所處時代的社會經濟之間存在矛盾，「常道」與「非常道」相對立，在老子思想中表現為「自然」與「矯飾」、「無為」與「有為」、「動」與「靜」的對立衝突。〔註36〕這種矛盾也表現在許行的身上，一方面主張「並耕」，另一方面又不得不承認社會分工的合理性，承認交換。在這點上，作為氏族貴族遺老的許行與老子有著驚人的相似，許行不理解價值，連物物交換的價值形態也不理解，而誤以為是物品的長短、輕重、多寡、大小等純量的相等。「從『純量』的觀點看世界，多種類的事物就失去了『質』的差別，而成為量的堆積；這正是道家的齊物論」，「許行所主張的『與民並耕』之說，是道家『齊物』的實踐形態。」
〔註37〕

〔註34〕巫寶三主編：《先秦經濟思想史》，中國社會科學出版社，1996年，169頁。
〔註35〕楊師群：《春秋戰國之際社會發展原因新探》，《社會科學戰線》，1995年第3期。
〔註36〕王克奇、湯少軍：《試論〈老子〉思想內在的矛盾衝突》，《山東師大學報》，1994年第3期。
〔註37〕趙紀彬：《困知錄》（上冊），中華書局，1963年，41頁、46頁。

第二，老子對公田與私田的形而上學反思。侯外廬在郭沫若研究的基礎上，對「天」與「地」的觀念做了進一步的思想史分析，「尤有進者，郭先生發現金文中沒有與天對立的『地』字，這確是一個土地生產手段爲氏族貴族公有的反映，地下生產手段的獨佔（非私有），可以形成了天道的獨佔觀念，難以發生理論化的地觀念（形而上學），地下的『公田』還原爲天上的神賜，亦是順序的原始觀念形態。」〔註38〕在春秋戰國之際，「天」與「地」的觀念是存在的：

> 謂天蓋高，不敢不局，謂地蓋厚，不敢不蹐。（《詩經・小雅・正月》）

> 天有六氣，……六氣曰：陰、陽、風、雨、晦、明也。（《左傳・昭公一年》）

> 則天之明，因地之性，生其六氣，用其五行。（《左傳・昭公二十五年》）

> 夫天地之氣，……陽伏而不能出，陽迫而不能蒸，於是有地震。（《國語・周語上》）

> 天六地五，數之常也。（《國語・周語下》）

在這裡，《詩經》、《國語》、《左傳》中「地」觀念雖已經出現，但還比較抽象，到春秋戰國之際，「地」的內涵就越發具體，這是公田向私田的轉變中在觀念上的反映，這一點在《老子》中反映出來，表現了天道觀的兩面性，對天地之間有調和的意義。例如，「無，名天地之始」（1 章），「天地不仁，以萬物爲芻狗」（5 章），「天地之間，其猶橐籥乎與」（5 章），「天長地久」（7 章），「有物混成，先天地生」（25 章），「人法地，地法天，天法道，道法自然」（25 章），「天地相合，以降甘露」（32 章），「天得一以清，地得一以寧」（39 章）。對此，侯外廬指出：

> 天上的氏族公子和地上的氏族富子發生了分裂，所以既然「敬鬼神」卻又「遠之」，既然主張天命卻又「罕言」天命。一方面說「天道遠，人道邇」，他方面卻主張「禮，隆殺以兩」（子產語）。一方面崇禮的仁人君子主張上下之別的禮，他方面又鑄刑書、廢禮制。〔註39〕

〔註38〕侯外廬：《中國古代思想學說史》，國際文化服務社，1950 年，10 頁。
〔註39〕侯外廬：《中國古代社會史論》，河北教育出版社，2000 年，229～230 頁。

在殷周之際，也就是侯外廬所說的文明萌芽時代，地下的王也稱起來，這表示個人開始有了公權以及族員之間起著分化，直到春秋時期，私田興起，地的觀念也隨之出現。公田與私田的對立，成為《老子》中形成天道與人道對立的經濟基礎。老子所說的「道」是「常道」。因此，「天之道」是「常道」的一個方面，「人之道」是「非常道」的一個方面，而「人之道」總是背離「常道」中的「天之道」，在這個意義上說，「人之道」與「天之道」不相一致，但卻並不脫離「道」的範圍。這是「道」的一個悖論：天道與人道的對立與統一。

此外，公田與私田的對立，形成了「損益」的歷史觀。在這一方面，老子與孔子是相似的。「為學日益，為道日損，損之又損，以至於無為。無為而無不為。取天下常以無事，及其有事，不足以取天下。」（48 章）「故物或損之而益，或益之而損。」（42 章）《莊子·知北遊》中老子與孔子的對話中，老聃說：「益之而不加益，損之而不加損，聖人之所保。」一直以來，學者只注意到這是老子在講認識論或修養功夫，其實這背後有著對禮樂文明考察的歷史觀念。老子說：「天之道，損有餘而補不足。人之道，則不然；損不足以奉有餘。孰能有餘以奉天下，唯有道者。」（77 章）其中的歷史意義在先秦的其他文獻中可以得到說明：

> 異居而同財，有餘則歸之宗，不足則資致宗。（《儀禮·喪服傳》）

> 其取財也，權有無，均貧富，不以養嗜欲。（《晏子春秋·景公問古之盛君其行如何》）

> 孔子曰：「天無私覆，地無私藏，日月無私照。」（《禮記·孔子閒居》）

以上材料揭示出老子思想的歷史意義，即反映出西周的非私有制財產形態，以及公田制度下的意識形態——順從天道、法天地至公之象的思維。老子精闢地闡述了這種宇宙觀，「天長地久。天地所以能常且久者，以其不自身，故能長生」（16 章）。魏源《老子本義》注：「天施地生，而不自私其身，故能長生。」在這裡，充分反映出「公田」的意識形態是時代的產物，無一例外，老子也受其影響。與老子不同，墨子則肯定了發展私田的意義：

> 捨餘力不以相勞，……腐朽餘財不以相分，天下之亂也，至如禽獸然。（《墨子·尚同》）

　　　　有力者疾以助人，有財者勉以分人……則饑者得食，寒者得衣，

　　亂者得治。（《墨子·尚賢下》）

在老子思想之中，「天道」具有一種爲公的背景，即守禮與爲公是一回事，這
是五帝時代財產按禮分配製度在三代的遺存。〔註40〕在這個意義上說，「天地
相合，以降甘露，民莫之令而自均。」（32章）「均」不是指平均，而是包含
了以公田爲經濟基礎的一種天道觀訴求，《詩經·小雅·大田》說：「有渰萋
萋，與雨祁祁。雨我公田，遂及我私」，不僅表現了天雨無私，也反映了土地
的氏族貴族所有制。因此，荀子說：「分均則不偏，執齊則不壹，眾齊則不使。
有天有地而上下有等差，明王始立而處國有制。……《書》曰：『維齊非齊。』
此之謂也。」（《荀子·王制》）與之相反，「人道」即含有「私」的意義。春
秋末期，禮崩樂壞，《老子》中「甚」、「奢」、「泰」（25章）、「強」、「驕」（26
章）反映了人們對禮樂的僭越，這與私田的興起即小土地佔有製造成的貧富
分化的社會現象有關，這是從歷史的角度來看老子思想的過渡性特點。

二、禮樂制度與老子的先王觀

　　把老子思想落實到禮樂制度的層面上解釋，應當更加符合老子思想的歷
史時代。禮樂文明的起源可追溯得相當久遠，絕非西周文明所可以爲起點。
然而，禮樂的制度化卻從西周開始，即真正有了完整的制度建設。《禮記·樂
記》云：「禮樂有德，謂之有德，德者，得也。」在這個時期，「德」字出現
有著重要的思想史意義，從前屬於自然力的祖先神（帝），現在就具有社會的
屬性〔註41〕。在商代，人們的意識是自然宗教，先王的意識被包裹在其中，
尚沒有達到自覺的意識。到西周時期，先王從上帝的整體中分離出來，形成
了「德」意義的先王觀，但仍然受上帝天命的束縛。老子的「道」的意義即
是把先王觀從宗教天命的意義中解放出來，把先王觀與自然天道觀結合起
來。因此，老子的「道」是先王觀與天道觀的辯證統一。老子的先王觀中包
含兩層意義：一是老子否定了宗教天命觀；二是在新的歷史情勢下，還需要
聖人（對先王的改造與抽象）去治世。這兩個方面既有一致性，又有矛盾性，
反映了「人惟求舊，器惟求新」的特殊路徑。

　　　　考「聖」字本義，與「哲」字可以互訓。稱「聖」稱「哲」，都

〔註40〕鄒昌林：《中國古代國家宗教研究》，學習出版社，2004年，77頁。
〔註41〕侯外廬：《中國古代社會史論》，河北教育出版社，2000年，104頁。

是指配天的美德，而沒有知能教養的意義；且「聖人」「聖王」之「聖」，「哲人」「哲王」之「哲」，也都是對於氏族貴族的先公先王所加美德的專稱，而從不用以形容一般國民性的道德。所以「聖人」一詞，在中國古代與希臘古代，名同而實異，若把它們混同起來看待，便容易產生抹煞「亞細亞的」「維新」的古代特點的錯誤。〔註42〕

因此，老子的「聖人」，就是先王，但又因自然「天道」觀的束縛而表現出了一些不同的特點。老子思想是「道」與「德」的統一與分離。聖人的「玄德」亦有「天命」的因素。因此，老子「天道」觀亦受先王觀的制約。從陳夢家的研究中，我們可以發現，聖人與巫是有莫大的關係，「由巫而史，而爲王者的行政官吏；王者自己雖爲政治領袖，同時仍爲群巫之長。」〔註43〕商王自稱「余一人」、「一人」，周王亦稱「余一人」、「我一人」。老子的「玄德」，即是聖人之德，也是《禮記‧經解》中所講的「德配天地」。可見，聖人之「德」是帶有氏族貴族性、神聖性和形上性的特點。

第一，老子「先王」觀中有祖先崇拜的色彩。據王國維和郭沫若考證，「帝」字卜辭象花蒂，帝舜，帝嚳，帝俊即是卜辭裏的「高祖夒」。夒字在王國維的《克鼎銘考釋》裏讀作猱，郭沫若解釋這是遠祖的圖騰（猩猩）崇拜。侯外廬認爲：

> 這種神物不一定是猩猩，因爲古代圖騰多不取高等動物，還有拿植物作象徵的。猱和柔古代是一個字，這可以參考《山海經》所說的「柔利國」，「柔利之人，曲腳反肘。子求之容，方此無醜。所歸者神，形於何有。〔註44〕

在這裏，商代的先王與「帝」都統一爲祖先崇拜。如果「柔」的這種解釋成立，老子的「柔」即具有祖先崇拜的歷史痕蹟。對此，通過對於「玄」的解釋也可說明此中觀念的演變痕蹟。郭沫若、楊向奎提出創造性的解釋，認爲「玄」爲「鏇」〔註45〕，龐樸則認爲從「鏇」很難找出一個合適的宇宙本源的書法，但受此啓發，吸收考古學的成果，考察出「玄即漩渦，不僅『門』

〔註42〕侯外廬、趙紀彬、杜國庠：《中國思想通史》（第一卷），人民出版社，1957年，34頁。

〔註43〕陳夢家：《商代的神話與巫術》，《燕京學報》，20期，535頁。

〔註44〕侯外廬：《中國古代社會史論》，河北教育出版社，2000年，204頁。

〔註45〕楊向奎：《釋「不玄冥」》，《繹史齋學術文集》，上海人民出版社，1983年，519頁。

字『牝』字因其渦形而不解自解，也清楚了玄的本體資格，以及道的『淵兮似萬物之宗』，原來來自尙水的楚俗。」龐樸的論證是有說服力的，但尙水只是其中的一個因素，更根本的可能是與祖先崇拜有關。《詩經・商頌・玄鳥》：「天命玄鳥，降而生商，宅殷土芒芒。」王逸認爲，「玄冥」是「幽都」的意思，楊寬據此認爲，「幽都爲玄色神物之集中地，故玄色之水神亦居於此。」〔註46〕《山海經・海內經》云：「北海之內，有山名曰幽都之山，黑水出焉，其上有玄鳥、玄蛇。」《史記・三代世表》中說：「契之玄孫亦曰玄冥。」楊寬考證「玄冥」爲「玄冥之神」〔註47〕。事實上，無論「玄冥」爲商的祖先之一或爲水神，都是與商的圖騰有聯繫。《史記・三代世表》後褚引《韓詩》：「湯之先爲契，無父而生。契母與姊妹浴於玄丘之水，有燕銜卵墮之，契母得故含之，誤吞之，即生契。」李玄伯認爲「玄鳥」即是商的圖騰，並且考證了玄鳥圖騰的演變史，並論述了「玄鳥」的文化意義：

> 玄囂與商人有關。在古代冠禮等皆用玄端，這是極重要的禮服。
> 玄端之興當始自玄鳥圖，玄鳥之色玄，所爲稱相類之色亦曰玄色，
> 玄端即所以模傲玄鳥之服也。祭禮中有玄酒，鄭君謂即白水，想亦
> 肇自商人，用以祭玄鳥祖，故曰玄酒。〔註48〕

綜上所述，「玄」包含了殷民族的圖騰、祖先神和祖先神的發源地三種意義。《禮記・月令》：「天子居玄堂左個，乘玄路，駕鐵驪，載玄旂，衣黑衣，服玄玉，食黍與彘，其器閎以奄。」孫希旦說：「車馬衣服皆以玄及黑者，順水色。黍，水穀。彘，水畜也。」《老子》中的「玄德」、「玄牝」也有這種圖騰的痕蹟，且老子是尙水的。蘇轍說：「凡遠而無所至極者，其色必玄，故老子常以玄極也。」（《老子解》）「玄」已被老子抽象爲幽昧深遠的意義，用來指稱「道」的本源。

此外，圖騰還與禮有關係，李玄伯是這樣說的：

> 有史時代禮的前身，後來各邦各有其邦禮，即由於這遠的來源。
> 及首領出現政權集中以後，首領即攫得以前分在全國團員身上的權
> 利，反過來，他亦須獨擔任以前由全國團員擔任的義務，即須遵守

〔註46〕楊寬：《鯀、共工與玄冥、馮夷》，《楊寬古史論文選集》，上海人民出版社，2003年，328頁。
〔註47〕楊寬：《鯀、共工與玄冥、馮夷》，《楊寬古史論文選集》，上海人民出版社，2003年，328頁。
〔註48〕李玄伯：《中國古代社會新研》，上海文藝出版社，1988年，122頁。

各項禁忌，不准違禮而行。於是他變成宇宙的中心動力。他若能按照禮節，各種事物皆能按照軌道，團亦能發達長久；他若少有違禮舉動，遂牽累及宇宙，於是日月失其常，星辰失其行，風雨不時，團亦受其殃。足見首領的產生乃有交換條件的，他不只享受政權，且同時亦須負起各種義務。〔註49〕

老子說：「道恒無名，侯王若能守之，萬物將自化。」（37 章）在這個意義上說，侯王要法地、法天、守道，像水一樣「居眾人之所惡」的下流，「受邦之垢」，「受邦之不祥」（78 章），這種整體的宇宙觀，老子是這樣描述的，「知常，容；容乃公，公乃王，王乃天，天乃道，道乃久」（16 章），這同時也反映了公社農民的簡單再生產的封閉模式。

　　第二，老子先王觀中包含著對禮與器的思考。徐復觀認為《詩經》末期的「禮」，「乃是原始的『禮』，再加上了抽象的『彝』的觀念的總合。」根據《說文解字》，「彝」字本義是指「宗廟常器」，而「古者德善動勞，銘諸鼎彝」，因此，「彝」字引申有「常」、「常道」之意。根據常道而制定的法典也叫彝。如《尚書・康誥》中的「殷彝」、《尚書・召誥》中的「非彝」，據張端穗上下文判斷，認為都意指法典。並且指出，這個「常道」、「法典」的具體內涵是人與人之間所當具有的關係、態度與行為，即人倫規範之意。〔註50〕《左傳・宣公三年》稱其「能協於上下，以承天休」，是古代祭祀權、王權和教權的象徵。侯外廬指出，「禮器」就是所有物與支配權二者的合一體，由人格的物化轉變為物化了的人格，換言之，尊爵就是富貴不分的公室子孫的專政形式。……禮器也者是周代氏族專政的成文法。〔註51〕對於這點，在《老子》中也有反映，在國謂之法律，即「利器」，「國之利器不可以示人」（36 章）侯外廬說：

　　　其實「器」表示古代的專政制度，「道」表示統治者的權力思想。「道」「器」一源，「道」更在「器」中。〔註52〕

〔註49〕李玄伯：《中國古代社會新研》，上海文藝出版社，1988 年，231 頁。

〔註50〕張端穗：《仁與禮——道德自主與社會制約》，《中國文化新論思想篇二：天道與人道》，聯經出版事業公司，1984 年，116 頁。

〔註51〕侯外廬、趙紀彬、杜國庠：《中國思想通史》（第一卷），人民出版社，1957年，15 頁。

〔註52〕侯外廬、趙紀彬、杜國庠：《中國思想通史》（第一卷），人民出版社，1957年，78 頁。

在這個意義上說，「樸散則爲器」。（28 章）從商代的「禮」來看，「藏禮與器」；從周代的「禮」來看，「則以觀德」。老子是對三代文明的進一步形而上學的綜合。在《老子》中，並不是讚美「器」，而是批評「器」的異化，「天下神器，不可爲也。爲者敗之，執者失之」（29 章），「兵者不詳之器，非君子之器」（31 章），「民多利器」（57 章）。在這禮器之中，有著宗教與政治的歷史意識，不僅僅代表貴族與周氏族的利益，而是以普遍的「德」與「命」爲核心，普及於天下萬國。《左傳·宣公三年》：

> 在德不在鼎。昔夏之方有德也，遠方圖物，貢金九牧，築鼎象物，百物而爲之備，使民知神奸。故民入川澤山林，不逢不若，魑魅魍魎，莫能逢之。用能協於上下，以承天休。

因此，在先王觀中不僅僅表現著人的意識，還包括天道，老子對此有著深刻的認識，「道可道，非常道；名可名，非常名」（1 章）。清儒俞樾曾說：「常與尙古通。……尙者，上也」。〔註 53〕趙紀彬據此認爲，「常」又有「上」義，而「上」義實爲「根源」之義。因此，「常德」與「上德」異名而同實，就是指不變不易的靜止的德，其實質是至上的德。〔註 54〕從制度層面的至上性到哲學層面的至上性的變化，反映出老子的思想來源於禮樂政治的形上性。

第三，老子對禮樂政治的進一步哲學思考，賦予了「無爲」自然天道的意義。從文獻來看，《詩經·王風·兔爰》說：「有兔爰爰，雉離於羅。我生之初，尙無爲；我生之後，逢此百罹。尙寐無吪。」「無爲」一詞，最早出現於此。朱熹《詩集傳》解釋曰：「方我生之初，天下尙無事；及我生之後，而逢時之多難如此。然既無如之何，則但庶幾寐而不動以死耳。」這裡所說的「無爲」尙局限在對於社會描述，還沒有上昇到哲學意義。老子「無爲」的思想意義源於禮樂政治的特點，老子將其哲學化，成爲其思想中的一個基本範疇。

一是，禮樂政治的實行是建立在氏族的血緣關係之上，而血緣具有先天性。每一氏族團體都是一個具備血緣、政治、社會、經濟、宗教、教育多功能性的「小宇宙」，在這個意義上，老子說「民至老死不相往來」，而每個氏族團體之間又分大宗、小宗。因此，「雖有甲兵無所陳之」，其實，「小國寡民」即是一個氏族公社的理想化。這種公社生活本身具有自然無爲的意義，人民

〔註 53〕 俞樾：《諸子平議》卷八，中華書局，1954 年，143 頁。
〔註 54〕 趙紀彬：《老莊與「一」「二」》，《中國文化》，第 3 期，78～79 頁。

「甘其食，美其服，樂其俗」。以此為社會基礎，便形成了如《禮記·禮運》所說「王前巫後史，卜筮瞽侑，皆在左右，王中心無為也，以守至正」的禮樂政治。《尚書·洪範》：

> 無偏無陂，尊王之義；無有作好，尊王之道。無有作惡，尊王之路。無偏無黨，王道蕩蕩；無黨無偏，王道平平；無反無側，王道正直。會其有極，歸其有極。

這裡所描述的「王道」即是禮樂政治，「作好、作惡這個『作』，就是造作，造作就是有意的，不自然。……把造作去掉，就是道家所謂的自然，自然就在這個地方說。」〔註55〕《禮記·檀弓》：

> 曰：「有虞氏未始信於民，而民信之；夏后氏未施敬於民，而民敬之。何施而得斯於民也？」對曰：「墟墓之間，未施哀於民而民哀；社稷宗廟之中，未施敬於民而民敬。殷人作誓而民始畔，周人作會而民始疑。苟無禮義、忠信、誠愨之心以涖之，雖固結之，民其不解乎！」

在《老子》中也有與此相似的表述，「太上，下知有之，其次親而譽之，其次畏之，其次侮之，信不足焉，有不信焉！悠兮，其貴言，功成事遂，百姓皆曰我自然。」（17章）在這種禮樂政治之下，禮樂具有簡易不爭的特點。《禮記·樂記》：「樂由中出，故靜；禮自外出，故文。大樂必易，大禮必簡。樂至無怨，禮至則不爭。揖讓而治天下者，禮樂之謂也。」然而，春秋時期禮樂政治的精神喪失，其原因是人們已經不按照禮樂來分配，或者更具體地說財產所有的變化逐漸分散在佔有土地生產資料的小宗族手裏。〔註56〕因此，老子說：

> 天下多忌諱而民彌貧；民多利器，國家滋昏；人多伎巧，奇物滋起；法令滋彰，盜賊多有。故聖人云：「我無為而民自化，我好靜而民自正，我無事而民自富，我無欲而民自樸。」（57章）

對於禮樂意義的喪失，老子繼承了「無為」的觀念，並賦予了自然天道的意義。

　　二是，「無為」的天道根源。《左傳·文公十五年》記載季文子評齊侯之說：「禮以順天，天之道也。」《禮記·哀公問》說：「無為而物成，是天道也。」顯然，禮樂政治的權力根源在於天道。在商代，禮樂的宗教結構是祖先與上

〔註55〕牟宗三：《中國哲學十九講》，上海古籍出版社，2005年，110頁。

〔註56〕侯外廬：《中國古代社會史論》，河北教育出版社，2000年，85頁。

帝的結合，上帝是權力本源，祖先是階級本源，上帝是最高價值。〔註57〕《周易・豫卦》：「象曰：雷出地奮，先王以作樂崇德，殷薦之上帝，以配祖考。」殷周革命之後，周人對禮樂制度進行了調整，「既紐殷命，襲淮夷，歸在豐，作周官。興正禮樂，度制於是改，而民和睦，頌聲興。」（《詩・大雅・文王》）於是便產生了上帝和先祖的二元觀以及天人合一的天命觀。這樣，天道與先王在天子的身上合二為一了。周人把上帝與先祖分開，是為了革殷之命，而合二為一又是為了說明周統治的正當性，這點侯外廬在《中國思想通史》中早已指出。在這個禮樂的宗教結構中，天子既是權力的本體，又是權力現象，體用是不二的。為了說明天子的權力正當性，又衍生出一種觀念——「德」。「德」的出現消解了天命的宗教性，中國思想向人文轉變，其孕育的結果即是產生老子的「道」。郭沫若是這樣評價老子的〔註58〕：

> 老子最大的發明便是取消了殷周以來的人格神的天之至上權威，而建立了一個超絕時空的形而上學的本體。這個本體他勉強給了它一個名字叫作「道」，又叫作「大一」。

《禮記・禮運》：「是故夫禮，必本於大一。」孫希旦解釋說：「大者，極至之名。一者，不貳之意。大一者，上天之載，純一不貳，而為理之至極也。」〔註59〕「道」與「太一」有莫大關係，「太一」具有一定的神話形上性。《史記・封禪書》：「天神貴者太一。」司馬貞《索隱》引宋均云：「天一、太一，北極神之別名。」「太一」即是北辰，「無為」是它的理想狀態，這在《太一生水》中可得到說明，「太一藏於水，行於時。周而或始，以己為萬物母；一缺一盈，以己為萬物經。此天之所不能殺，地之所不能釐，陰陽之所不能成。君子知此之謂道」。〔註60〕「太一」雖然在天圓中不動，卻「行於時」，表現了「無為」的特點，《論語・為政》說：「為政以德，譬如北辰，居其所而眾星共之。」

三、禮樂精神與老子的天道觀

　　西周「德」觀念的形成，使得禮樂制度文化中的內在性質得以凸顯出來。這種禮樂性質，本文稱之為禮樂精神。老子對禮樂精神的內涵是有深刻的認

〔註57〕劉朝謙：《西周政治在詩樂中對自身本質的體驗》，《音樂探索》，1991年第4期。
〔註58〕郭沫若：《青銅時代・先秦天道觀之進展》，《中國古代社會研究》（外二種），河北教育出版社，2004年，271頁。
〔註59〕孫希旦：《禮記集解》，中華書局，1989年，616頁。
〔註60〕《郭店楚墓竹簡・太一生水》，文物出版社，2002年，6頁。

識，表現在以下方面：

第一，禮樂精神的內涵。關於「禮」的起源與「禮」的解釋，古今成果豐富，觀點眾多，莫衷一是。根據《說文》：「禮，履也，所以事神致福也，從示從豐。豐亦聲」；「示」，許慎解釋爲「神事也」；「豐」，「豆之豐滿者所以爲豐也」。郭沫若解釋「禮」，「從字的結構上來說，是在一個器皿裏面盛兩串玉具以奉事於神」，「大概禮之起起於祀神，故其字後來從示，其後擴展而爲對人，更其後擴展而爲吉、凶、軍、賓、嘉的各種儀制」。〔註61〕「禮」反映了天與人、人與人之間的關係規範。「樂」則與「禮」同源同體，相互結合在一起。朱光潛把禮樂的精神概括爲：

> 樂的精神是和，靜，樂，仁，愛，道志，情之不可變；禮的精神
> 是序，節，中，文，理，義，敬，節事，理之不可易。樂的許多屬性
> 都可以「和」字統攝，禮的許多屬性都可以「序」字統攝。〔註62〕

劉澤華進一步研究指出：「禮以『分』、『異』爲體，但它還蘊含著『中和』、『時中』的思想，在辨明等級差異的同時，要講求適度，講求中庸之道。樂以『和』爲本，但是，樂之『和』並不是獨立的，它要受到禮的制約，其中又表現出明顯的等級觀念。這樣，禮中有『分』有『和』，樂中有『和』有『分』，禮樂辨正地結合在一起。」〔註63〕《禮記・樂記》說：「小大相成，終始相生，倡和清濁，迭相爲輕。」老子說：「有無相生，難易相成，長短相形，高下相傾，音聲相和，前後相隨。」（16章）這充分說明，禮樂中有著豐富的辯證法思想，其精神滲透在老子思想之中。老子說：「道生一，一生二，二生三，三生萬物，萬物負陰而抱陽，沖氣以爲和。」（42章）張光直以爲在哲學思想的背後有神話觀念的支持，「原始的混沌爲『一』，『一』分裂爲『二』，『二』在若干文獻中稱爲陰陽。陰陽二元素再繼續分裂成爲宇宙萬物。」〔註64〕這種神話的實質是反映了宗周以來氏族公社制向私有制的轉變，權利與義務的對立。《禮記・郊特牲》：「樂由陽來者也，禮由陰作者也，陰陽和而萬物得。」

〔註61〕郭沫若：《孔墨的批判》，《中國古代社會研究》（外二種）上，河北教育出版社，2004年，551頁。

〔註62〕朱光潛：《樂的精神與禮的精神——儒家思想系統的基礎》，《朱光潛全集》（第九卷），安徽教育出版社，1993年，95頁。

〔註63〕劉澤華、劉豐：《論樂的等級思想及其社會功能》，《蘭州大學學報》，2004年，第1期。

〔註64〕張光直：《商周神話之分類》，《中國青銅時代》，生活・讀書・新知三聯書店，1983年，266頁。

老子宇宙觀就是對這種歷史趨勢的抽象，只是這個抽象的過程是曲折的，可能經過了一個神話的階段，《易‧繫辭》說：「易有太極，是生兩儀，兩儀生四象，四象生八卦」，《天問》說：「陰陽三合，何本何化？」《莊子‧應帝王》有脩忽二帝爲混沌開竅的寓言，也許都可表示若干的消息。對神話的歷史化和人文化是春秋末年以至戰國時代「不語怪力亂神」的必然趨勢。但同時，老子想試圖平衡這種對立。葉舒憲說：「中國神話哲學在對立的統一中蘊含著一元論的宇宙觀，陰與陽的對立只不過是同一個宇宙本源即太一的變化形態而已，『兩儀』的分裂不是對抗性的，而是統一在一個『太極』圈內的，是道在其運行過程的不同表現。」〔註65〕這種神話思維是禮樂文明的折射，禮的功能是分，樂的功能是和，這在《禮記》中是比較普遍的。

　　第二，「和」、「序」與老子宇宙秩序的關聯。在古代，詩用以述史，禮用以祭神；述史的詩，也是禮樂中的樂。「巫」以舞降神，有歌有舞才構成禮儀，《楚辭》中的「天問」與《九歌》就是神巫的樂舞之歌。《禮記‧檀弓篇》：「復，盡愛之道也，有禱祠之心焉。望反諸幽，求諸鬼神之道也。北面，求諸幽之義也。」「復」，「招魂之禮也。」〔註66〕老子的「無」可能源於氏族社會的巫術禮儀，既具有宗教神秘意味，又潛含現實社會作用。《說文》云：「巫，女能事無形，以舞降神者也。」在甲骨文中「無」（舞）字本來就是「巫」，也正是舞蹈的姿態〔註67〕。根據現代人類學的研究，這種儀式有兩種意思：一是它把感官可以感知、人們已瞭解的世界與人們並不瞭解、人眼並不可見的祖先陰影世界聯繫起來；二是，儀式的舉行，其中一個目的也是爲了在看得見與看不見的雙方之間促成和解，儘管它們都包含著驅邪的成分〔註68〕。《禮記‧祭義》：「樂以迎來，哀以送往，故禘有樂而嘗無樂。」《論語‧泰伯》：「曾子曰：以能問於不能，以多問於寡，有若無，實若虛，犯而不校。昔者吾友，嘗從事於斯矣。」樂由於無形無象，純爲韻律，易與人的心境發生聯繫，可以和宇宙之間發生聯繫〔註69〕。

〔註65〕葉舒憲：《中國神話哲學》，中國社會科學出版社，1992年版，56頁。

〔註66〕張亮采：《中國風俗史》，東方出版社，1996年，23頁。

〔註67〕楊向奎：《大禹與夏后氏》，《繹史齋學術文集》，上海人民出版社，1983年，8頁。

〔註68〕維克多‧特納：《儀式與過程》，黃劍波、劉博贇譯，中國人民大學出版社，2006年，15頁。

〔註69〕楊儒賓：《中國古代思想中的氣論及身體觀》（導論），巨流出版社，1993年，9頁。

《老子》一書中多處論及「和」及「合」，如「音聲相和」，「和其光」，「知和曰常」，「和大怨」，「沖氣以為和」，「天地相合」，「牝牡之合」，「和」的內容涵蓋了天人之和、萬物之和、社會之和、心身之和。在老子思想中，「萬物負陰而抱陽，沖氣以為和」（42 章），是指陰陽的和諧是萬物存在的基礎，陰陽相推相濟是萬物化生的根本。因此，「和」為自然萬物的本原，具有生成論的意義。《左傳・昭公元年》：

> 先王之樂，所以節百事也。故有五節，遲速本末以相及，中聲以降，五降之後，不容彈矣。於是有煩手淫聲，慆堙心耳，乃忘平和，君子弗德也。物亦如之，至於煩，乃舍也已，無以生疾。君子之近琴瑟，以儀節也，非以慆心也。天有六氣，降生五味，發為五色，徵為五聲，淫生六疾。六氣曰陰、陽、風、雨、晦、明也。分為四時，序為五節，過則為災。陰淫寒疾，陽淫熱疾，風淫末疾，雨淫腹疾，晦淫惑疾，明淫心疾。女，陽物而晦時，淫則生內熱惑蠱之疾。今君不節不時，能無及此乎？

在這裡，「和」可以貫徹整個宇宙天地，原因是樂成其為樂，須要審定中聲與測定律呂，在其形成過程中，其標準是與自然界相一致的，樂通於宇宙天地。在這個意義上說，宇宙天地間存在著「和」的精神。此外，《樂記》：「樂也者施也，禮也者報也；樂樂其所自生。而禮反其所自始，樂章德，禮報情，反始也。」樂的特點是施，禮的特點是報，這在《老子》也有反映。老子說：「生之、蓄之，生而不有，為而不恃，長而不宰，是謂玄德。」（10 章）這說明，「道」的特點與樂是有很大的關係。

然而，樂之中也透著禮，禮的作用是序，「大樂與天地同和，大禮與天地同節」（《禮記・樂記》）。老子說：「天得一以清，地得一以寧，神得一以靈，谷得一以盈，萬物得一以生」（39 章），「天大，地大，道大，王亦大。域中有四大，而王處其一焉」（25 章）。這是老子對宇宙中天地人秩序的描述。宇宙中的「和」，「人法地，地法天，天法道，道法自然」（25 章），「天地相合，以降甘露」（32 章），「沖氣以為和」（42 章），「知和曰常，知常曰明」（55 章），這是老子對宇宙之序、宇宙之和的描述。朱光潛對禮、樂的關係，概括為：「和」是樂的精神，「序」是禮的精神。「序」是「和」的條件，所以樂之中有禮，禮之中也有樂，樂主和，禮主敬，內能和而能敬。〔註70〕《禮記・禮器》說：

〔註70〕 朱光潛：《樂的精神與禮的精神——儒家思想系統的基礎》，《朱光潛全集》（第

「先王之禮也，有本有文。忠信，禮之本也；義理，禮之文也。無本不立，無文不行。」忠信仍是「和」的表現，仍是樂的精神。《老子》中有這樣的話：「夫禮者，忠信之薄而亂之首。」（38 章）

　　禮、樂的「序」與「和」是中國古代公田與私田之中「分」與「群」的意識生產，謝遐齡對此有精闢的論述：

> 　　「分」乃是適合於「群」的概念，也就是說，「分」是土地公有制（或公有原則占主導地位）情況下才有意義的概念。分是群（公有原則的社會——或社團）中的位置，表現爲一塊份地的使用。
>
> 　　在古代中國，「私」字本指井田制下的份地，證據在「雨我公田，遂及我私」（《詩經‧大田》）一句。因此，此「私」字之意義乃「分」，與西方社會私有制並不相當。西歐社會無論其奴隸制還是其封建制均爲向個人所有權的過渡形態。而此「私」字指在共同所有土地的群體中的個人利益，並不具備個人所有權之涵義。〔註71〕

中國古代社會這種「群」與「分」的意識是以按禮樂分配的等級制度決定的，而禮樂的精神「序」與「和」是與社會中權利義務的不同等級相適應的。

　　第三，「上德不德」對「報本反始」的反思。「序」、「和」作爲禮、樂精神是有一個出發點，即人是天生的，應該效法於天。葛蘭言從人類學的視野說明，「正如節慶的目的在於『以息老物』一樣，（《周禮‧春官‧籥章》）人類也應該爲他們的辛苦得到修養的回報。一種禱詞就是這樣說的：『土反其宅，水歸其壑，昆蟲毋作，草木歸其澤！』」〔註72〕楊向奎認爲，禮的根本觀念就是「報」或「反」〔註73〕，《禮記‧曲禮上》說：「太上貴德，其次務施報，往而不來非禮也，來而不往亦非禮也。」這種「禮尙往來」的觀念包含了中國農業社會中對天地的認識，在宗教的儀式或節慶中表達人對「天」的報答，並且這種意識滲透在社會生活中，成爲一種道德意識。這在《老子》中也是有痕蹟的——「以德報怨」。《禮記》中有「報」與「反」的材料：

> 《禮器》：「禮也者反本修古，不忘其出者也。」
>
> 又：「禮也者反其所自生，樂也者樂其所自成。」

　　　　九卷），安徽教育出版社，1993 年，97 頁。

〔註71〕謝遐齡：《釋「分」》，《復旦學報》（社會科學版），1990 年第 3 期。

〔註72〕葛蘭言：《古代中國的節慶與歌謠》，廣西師範大學，2005 年，157 頁。

〔註73〕楊向奎：《宗周社會與禮樂文明》（修訂本），人民出版社，1997 年，258 頁。

《樂記》：「樂也者始也；禮也者報也；樂樂其所自生，而禮反其所自始。樂章德，禮報情，反始也。」

又：「禮之報，樂之反，其義一也。」

《祭義》：「禮得其報則樂，樂得其反則安。禮之報，樂之反，其義一也。」

楊向奎對禮的起源與發展進行了研究，並吸收馬塞爾‧莫斯（Mauss，Marcel）的理論，「『禮物本身具有迫使對方回賜力量，吐魯番進貢馬匹、玉石，而回賜物品是緞匹、鐵、茶，同是兩方生活所必需。』『生活必需』是物品力量的源泉，是迫使對方回敬的手段。禮是商業性質的交往，互通有無，有贈有報，有往有來，這就是『禮尚往來』的適當箋注。」〔註74〕禮經過了物物交換、道德倫理化的兩個過程，本文以為老子對「禮」進行了第三個階段的昇華，即哲學的思辨總結，發明了「道」，「對天神之報恩意識為由天神觀念至天道觀念之轉變關鍵」〔註75〕，「德」意識的覺醒是「道」產生的基礎。禮的對象是天和人。對於天，因為它給予人們的東西太多，是有厚禮於人，所以人們對之要報，也就是老子說的「道生之、德蓄之、勢成之、物形之」；在社會中，講禮和報，如《中庸》說：「體群臣則士之報禮重，子庶民則百姓勸，來百工財用足，柔遠人則四方歸之，還諸侯則天畏之。」這種天人一致的秩序要求人孝敬天地和祖先，自然而然促使了「德」的意識覺醒。根據楊向奎對禮樂的研究，可以看出，「德」、「道」、「仁」都是禮之昇華，是周公、老子和孔子對禮樂文明的加工改造，使之昇華到一個新的高度。孔子是「克己復禮為仁」，老子是「復靜」、「復樸」、「復道」：「復歸於無物」（14章）、「萬物並作，吾以觀其復」（16章）、「夫物芸芸，各復歸其根」（16章）、「歸根曰靜，是謂覆命」（16章）、「覆命曰常，知常曰明」（16章）、「絕仁棄義，民復孝慈」（19章）、「復歸於嬰兒」（28章）、「恒德乃足，復歸於樸」（28章）、「復歸於無極」（28章）、「既知其子，復守其母」（52章）、「用其光，復歸於其明」（52章）、「正復為奇，善復為祅」（58章）、「教不教，復眾人之所過」（64章）、「與物反矣，乃復至於大順」（65章）、「使人復結繩而用之」（80章）。「復」有兩個層面的

〔註74〕楊向奎：《宗周社會與禮樂文明》（修訂本），人民出版社，1997年，251頁。

〔註75〕唐君毅：《論中國原始宗教信仰與儒家天道觀之關係兼釋中國哲學之起》，《中國哲學思想論集》（第一冊），項維新，劉福增主編，水牛出版社，1986年，176～186頁。

意義。一是，強調「反古復始以報其本」，從「非常道」回到「常道」，包含了天人合一的思想；二是，「反者道之動」是道的客觀規律，而在這客觀規律之後又有主觀的方面，即道德主體意識的覺醒，也就是「德」的觀念反思。美國漢學家倪德衛從甲骨文中注意到了德的悖論，「A 在某種意義上犧牲自己而為 B 做了某種慷慨的或體貼的事。B 感到不得不做出反應。」〔註76〕這種「德」的悖論導致了「禮尚往來」的形式化，「上禮為之而莫之應，則攘臂而扔之」。老子對此提出，「上德不德是以有德，下德不失德是以無德」。（38 章）「不德」，河上公注：「因循自然，養人性命，其德不見」。

　　第四，「自然」觀念對禮樂精神的反思。老子說：「道大，天大，地大，王亦大，而王居其一焉。人法地，地法天，天法道，道法自然。」（25 章）這段話應該是說人與天地之間的秩序，只因《老子》的語言已經高度抽象化，而遮蔽了與禮樂之間的關聯性。我們可以從《周禮‧大宗伯》看出二者之間的端倪：

> 大宗伯之職：掌建邦之天神、人鬼、地示之禮，以佐王建保邦國。以吉禮事邦國之鬼神示：以禋祀祀昊天上帝，以實柴祀日月星辰，以槱燎祀司中、司命、風師、雨師。以血祭祭社稷、五祀、五嶽。以貍沈祭山林川澤，以疈辜祭四方百物。以肆獻祼享先王，以饋食享先王，以祠春享先王，以禴夏享先王，以嘗秋享先王，以烝冬享先王。以凶禮哀邦國之憂，以喪禮哀死亡，以荒禮哀凶箚，以弔禮哀禍災，以禬禮哀圍敗，以恤禮哀寇亂。……以天產作陰德，以中禮防之；以地產作陽德，以和樂防之。以禮樂合天地之化，百物之產，以事鬼神，以諧萬民，以致百物。

上面的材料體現了禮樂的精神。「禮」之「序」的根據是「類」思維，不同禮儀有不同的對象，禮儀與其對象是相符合的，具體的禮儀因順於天地山林的特性，官制的設置效法於日月星辰的規律。這是與中國古代社會的血緣生成相符合的。許慎《說文解字》解釋「類」字的意義：「種類相似」。「類」思維的特點是注意類之所以成為一類的根據之所在。《禮記‧禮器》：

> 是故昔先王之制禮也，因其財物而致其義焉爾。故作大事必順天時。為朝夕必放於日月，為高必因丘陵，為下必因川澤，是故天時雨澤，君子達亹亹焉。是故昔先王尚有德，尊有道任有能，舉賢

〔註76〕倪德衛：《儒家之道──中國哲學之探討》，江蘇人民出版社，2006 年，40 頁。

而置之，聚眾而誓之。是故因天事天，因地事地，因名山升中於天，因吉土以饗帝於郊。升中於天而鳳凰降，龜龍假；饗帝於郊而風雨節，寒暑時。是故聖人南面而立，而天下大治。

「禮」之「序」的意義在於「因其財物而致其義焉爾」。聖人即是根據物的特性「義」來製作禮樂，《說文解字》說：「義，己之威儀也，從我羊」，段玉裁注：「威儀出於己，故從我」。在《老子》中用「德」來表示事物存在的合理性，「天得一以清，地得一以寧，神得一以靈，谷得一以盈，萬物得一以生，侯王得一以爲天下正。」（39章）老子從天、地、神、谷講到侯王，只有「得一」，即得自然之道，某物才有某物之性。《禮記‧禮器》中還說：「禮也者，反其所自生。樂也者，樂其所自成。」這與「自然」有莫大的關聯：一是，「禮」包含了與初始事物交流的意義；二是，「樂」具有與某類事物的特質相符合的意義，這兩個方面的意義都源自於祖先崇拜。「自」在甲骨文中是鼻的形象，《說文解字》：「自，鼻也，象鼻形」，段玉裁《說文解字注》解釋：「皇，大也，從自。自，始也。……自讀若鼻，今俗以始生子爲鼻子。」據此，「自」有初始的意思。「鼻祖」，也是取其「最初」、「最早」的意義。此後，「自」又引申爲「從」、「己」和「自然」的意義；「然」在先秦古籍中多用作指示代詞，意義爲「是這樣」、「是那樣」，表現了行爲的狀態。因此，「自然」觀念有著開始和本源的意義。與此不同，禮樂把初始的意義賦予了祖先，王國維討論周代嫡庶制度：

> 然所謂立子以貴不以長，立適以長不以賢者，乃傳子法以精髓，當時雖未必有此語，固已用此意矣。蓋天下之大利莫如定，其大害莫如爭。任天者定，任人者爭；定之以天，爭乃不生。〔註77〕

嫡長子繼承制解決了「爭」的問題，體現了禮樂的精神，同時也反映出祖先崇拜對禮樂精神的限定，即嫡長子繼承的合理性在於「祖傳的就是正確的」，而嫡長子在獲得祖先的知識或秘密方面是佔有絕對優勢的。祖先崇拜思維方式的特徵就是把正確的與祖傳的等同，即正確的方式是祖先神或他的後代建立起來的：正確的方式必定是祖先傳下來的法則。既然，先祖乃是某一特定氏族的祖先，人們就被相信，有著形形色色的法則或制度，都是祖先所爲。西周以後，又進一步變爲先王的「德」和上帝的意志相一致，這種「以德配

〔註77〕王國維：《殷周制度論》，《王國維文集》（第四卷），中國文史出版社，1997年，45頁。

天」的思想，實質上還是祖先崇拜，只是被人文化了。因此，老子「自然」觀念的提出是與一種目的論的宇宙觀聯繫在一起的。一切天地萬物都有其本性，都有其生存的方式，這就決定了什麼樣的運作方式對於它們是適宜的。「自然」就是指天、地、萬物、人作爲某類事物共同構成宇宙整體的特性。《禮記·禮器》：

> 禮也者，合於天時，設與地財，順於鬼神，合於人心，理萬物者也。是故天時有生也，地理有宜也，人官有能也，物曲有利也。故天不生，地不養，君子不以爲禮，鬼神弗饗也。居山以魚鱉爲禮，居澤以鹿豕爲禮，君子爲之不知禮。

因此，老子說：「人法地，地法天，天法道，道法自然。」（25 章）「自然」是禮制中或禮樂文明中一種秩序感的表達。「道創造了宇宙萬物，它本身實有而無形，是一種力量，是一種法則。雖然是自然法則，但它是無爲的，因爲有法則才可以無爲，所以後來法家與道家的結合而有無爲的政治，此亦《史記》老子與韓非同傳之理論依據。」〔註78〕

當然，老子「自然」觀念的提出否定了上帝鬼神權威，是對祖先崇拜思維方式的轉向。正確的方式不再是上帝權威所能保障的，而是成爲人們探詢的對象，《詩經》中不但責難上帝神，而且也懷疑祖先神。「這種意識形態具有革命的因素，也具有唯物主義思想的萌芽形態。」〔註79〕侯外廬所說的「革命」、「萌芽」，折射出了西周末年思想方式的轉向，當然直到老子「自然」的提出，這種轉向才得以成功。這種「革命的」意識形態，侯外廬是這樣分析的：

> 一、周初天命的功用在邏輯上是全稱，只要配天受命，命就一如人意。此處所講的天命在邏輯上是特稱，僅以降生佐王的大臣爲天命。二、周處配天命的原則在邏輯上特稱，天命只與先王相合，降幅曾孫。此處所講的配天命的原則是全稱，不但貴族可以配天，而且一般的人民也和天命有關了〔註80〕。

這種分析道出了西周末期思維方式的變化：正確的與祖傳的這兩者之間不再

〔註78〕楊向奎：《論「道」》，《雲南社會科學》，1991 年第 4 期，34 頁。

〔註79〕侯外廬、趙紀彬、杜國庠：《中國思想通史》（第一卷），人民出版社，1957年，116 頁。

〔註80〕侯外廬、趙紀彬、杜國庠：《中國思想通史》（第一卷），人民出版社，1957年，118 頁。

能直接等同，所謂的「天人合一」也變成了「天道遠，人道邇」，這二者之間是有著根本區別。對於正確方式或初始事物的追尋，是有異於僅僅由於習俗而是正確的思維方式。「自然」的提出，意味著公共教條被揚棄，上昇為私人化的知識。因為禮樂的有效性來自於社會的傳統力量或習俗，而不是來自於它內在的眞理性。因為中國文明維新的特殊路徑，春秋的思想家老子、孔子並沒有與禮樂的傳統決裂，而是採用了經學的態度。對普遍的原則的認可使得他們要依據自然的或者理性的秩序，來批評現存的秩序或者是此時此地現有的一切；而此時此地現有的一切大都是不合於那普遍而永恒的規範的。老子反對不自然的東西，又反對超自然的或彼岸的東西。「自然」的提出，反映出中國古代思維的一次轉向。在這個意義上，來考察「道生一，一生二，二生三，三生萬物」是「道」的具體變形與轉化，有如《莊子·逍遙遊》中魚的變形一樣，老子所說的「生」，「不是『道』像人一樣進行從無到有的創造或加工，而是在大化流行中萬物從隱到顯地自然呈現。」〔註81〕總之，老子在吸收西周禮樂文明的同時，也對禮樂之中的宗教迷信進行了批評，代之以自然的天道觀。

第三節　老子思想體系

在前面，本文探討了老子與禮樂文明的關係，澄清了老子思想產生的歷史基礎。在這個基礎上，自然而然需要對老子思想體系做一分析。劉笑敢認為：「老子哲學有一個可能的體系結構。這就是以自然為中心價值，以無為為實現這一中心價值的原則性方法，以『道』為自然和無為提供了超越和貫通的論證，以辯證法為自然和無為提供了以社會生活為基礎的經驗性論證。」〔註82〕老子的「道」，是中國思想的創造性觀念。這個核心觀念的展開，是依賴於「德」進行的。老子的「德」是對西周文化之「德」的哲學反思，在西周文化中「德」是一個核心的觀念，「天命」的獲得與延續取決於「德」的存在與否。因此，周公對「德」的普遍性與必然性進行了反思，發出「天命靡常」的感歎。老子的「德」正是沿著這種思路的必然產物，老子把人文之「德」轉變為哲學之「德」。這種突破性的轉變，促使老子為「德」提出了普遍性的根據──「道」。「道」

〔註81〕張豈之：《中國思想文化史》，高等教育出版社，2006年，112頁。
〔註82〕劉笑敢：《孔子之仁與老子之自然》，《中國哲學史》，2000年第1期。

超越了宗教、社會、自然，成爲天地的最高存在。然而，「道」的展開是通過「德」來進行，以此建立了「道」與「物」之間的本質關聯，爲人在不斷變化的社會環境中找到了永恆的價值與哲學上的根據。因此，老子思想的結構是「道」與「德」之間關係的設定。具體而言，在不同歷史時期，因人們對「道」的認識不同，「德」的內涵也不同的。在商代，人們信仰鬼神，一切行動依靠於卜筮，「德」表現爲天命神意之「得」；到了西周，人們所注目之處已由神意轉而爲人自身，人不僅考慮從天和先祖那裡得到什麼東西，而且要考慮如何保持、穩固這種進取，因爲這種反思是西周政權存在的合理性問題，因此「德」的意義主要是圍繞宗法與分封制度來進行；春秋時期，禮壞樂崩，天命動搖，社會開始重視個人品德之德。〔註83〕因此，老子的思想體系將涉及以下三個方面。

一、「道」生「德」

第一，「道」是老子思想中的最高範疇，老子說：

> 道生之、德蓄之、物形之、勢成之。是以萬物莫不尊道而貴德。道之尊，德之貴，夫莫之命而常自然。故道生之、德蓄之、長之育之、亭之毒之、養之覆之。生而不有，爲而不恃，長而不宰，是謂玄德。（51 章）

老子的「道」一方面具有本體的意義，內在於萬物之中，另一方面又是萬物的本源。關於本體與本根的關係，傅偉勳對《老子》第四十二章做出了比較客觀的解釋：

> 無論如何，不可道不可名的「道體」，對老子首先彰顯之爲「道原」。……「道生一，一生二，二生三，三生萬物」等語，皆指涉「道原」之義，問題是在：老子「生」字究指何義？是指宇宙論意義的本源或造物者，抑指本體論意義的本根或根據？就表面結構言，似指前者；就深層結構言，則似又指謂後者。〔註84〕

王弼在注釋《老子》時指出：「德者，得也。」老子說：「天得一以清，地得一以寧，神得一以靈，谷得一以盈，萬物得一以生，侯王得一以爲天下正。」

〔註83〕晁福林：《先秦思想「德」觀念的起源及發展》，《中國社會科學》，2005 年第 4 期。

〔註84〕傅偉勳：《從西方哲學到禪佛教》，三聯書店，1989 年，397 頁。

（39 章）「德」一方面是天地萬物的本質存在，另一方面，「德」的存在又依賴於「道」。關於「道」與「德」的生成作用，必須放在「道」與「物」的視域中，才有其意義。「形而上的『道』，落實到物界，作用於人，便可稱爲『德』。『道』和『德』的關係是二而一的，老子以體和用的發展說明『道』和『德』的關係；『德』是『道』的作用，也是『道』的顯現。混一的『道』，在創生的活動中，內化於萬物，而成爲萬物的屬性，這便是『德』，簡言之，落向經驗界的『道』，就是『德』。」〔註85〕這種意義的顯現在於老子提出了「玄德」，是「道」與「德」在生成萬物之時的價值所在。丁原植說：

> 《老子》此章所欲建立起「玄德」的觀念，實際上就表明由「道」指向「德」之新作用的轉化。「德」不再只是確立人倫意義的「心」，而是在一切人文構思之始源之「道」的根源中，以不同於周文的方式，表現爲本質之「得」，並嘗試建立起始源之「道」與「萬物」之存在間新的本質關係。〔註86〕

「道」在生成的過程中，老子用「無」與「有」來描述其狀態。「無」不是什麼都沒有，而是在說明宇宙生成變化過程中無形無象的狀態，「有」用來描述生成變化有形有象的狀態，「有」與「無」共同構成了「道」的生成變化狀態。在「道」與「德」生成化育萬物的過程中，萬物最理想的狀態就是「自然」或「自化」，「道常無爲無不爲」，萬物自然而然地發展。

「有──無」的問題不僅僅關涉宇宙論，也關涉本體論。有無相生，共同指稱「道」，「無，名天地始；有，名萬物母。常無，欲觀其妙；常有，欲觀其徼。此兩者同出而異名，同謂之玄，玄之又玄，眾妙之門。」（1 章）因此，有無主要是說明「道」的本源意義，這是「道」論的重要支撐，是老子在否定了天命宗教觀以後，所要解決的一個問題，「吾不知誰之子？象帝之先」（4 章）。然而，老子思想遇到一個困境，即「道」的自然與人的不自然的對立。有與無的關係說明了這個問題，「天網恢恢，疏而不漏」（73 章），以「無」來看世界，將會看到世界的全部；如果以「有」來觀察，即必將有所失去。老子說：「大方無隅，大器晚成，大音希聲，大象無形。（41 章），也正是在此處言說。「常道」與「非常道」的對立，正是人們執著於世間的「有」，而看

〔註85〕陳鼓應：《老子注釋及評價》，中華書局，1984 年，12 頁。
〔註86〕丁原植：《精氣說與精神、精誠兩觀念的起源》，《安徽大學學報》，1998 年第 3 期。

不到「無」，因而也將失去「有」。因此，「道」化生萬物，是「非常道」，需要「歸根覆命」，返回「常道」。

第二，「道」化生了萬物，萬物需要復歸於「道」，由此衍生出「反者道之動」的命題。這是「道」運動的方式，「大曰逝，逝曰遠，遠曰反」（25章），「反」的否定思維源於「道」與「德」之間並不能保證永遠的同一，「故從事於道者，道者同於道，德者同於德，失者同於失，同於道者，道亦樂得之，同於德者，德亦樂得之，同於失者，失亦樂得之」（23章）。「反」的意義有以下二個方面：一是從內涵來講，「反」指相反與返回。二是從層次來講，在「常道」的狀態下，事物自身可「歸根復靜」；在「非常道」的狀態下，「天下皆知美之爲美，斯惡已；皆知善之爲善，斯不善已。故有無相生，難易相成，長短相形，高下相傾，音聲相和，前後相隨」（2章），事物表現了自身存在著對立的一面。這兩個方面共同構成了《老子》中「反」的意義。

第三，「道法自然」，「自然」是「道」存在的狀態，這是老子的核心思想。《老子》中用到「自然」一詞共五次，分別是：

> 功成事遂，百姓皆謂我自然。（17章）

> 希言自然。（23章）

> 人法地、地法天、天法道、道法自然。（25章）

> 夫莫之命而常自然。（51章）

> 以輔萬物之自然而不敢爲。（64章）

從材料中可以發現，「自然」不僅規定了「道」，也規定了「德」。「自然」在老子思想中有四層意義：一是，「道」的自然而然，「道法自然」，自己規定自己，自己本身即是自己的目的。二是，老子對「道」的本源狀態的追問，「道生一，一生二，二生三，三生萬物，萬物負陰而抱陽，沖氣以爲和」（42章），其宇宙生成的過程就是一、二、三，自然而然地生成；三是，「萬物之自然」，指明了心性論上的意義，「致虛極，守靜篤。萬物並作，吾以觀其復。夫物紜紜，各歸其根。歸根曰靜，靜曰覆命；覆命曰常，知常曰明。不知常，妄作凶。知常容，容乃公，公乃王，王乃天，天乃道，道乃久，沒身不殆」，虛靜成爲萬物的「德」；四是，治國思想上的意義，充分體現在「小國寡民」之中，「百姓皆謂我自然」，聖人充分尊重百姓自身的權利，不給百姓強加規範。老子用「無爲」來說明萬物之間以及人與人之間的關係，是對欲望、權力、控

制的否定。老子反對了鬼神的決定性質，否定了君主的獨裁，將整體性、動態性和連續性歸結爲「自然」的特點。

二、「德」的意義

老子思想中的「生」，不僅有本源的意義，也有根據的意義。「反」是老子「道」與「物」之間的核心概念，人需要返回「道」。老子強調「生」，天道貴柔，人道效法天道，柔弱是人的本然之性，「人之生也柔弱」（26 章）。因此，老子提出了「養生」的重要性，並指出人應該「復歸於嬰兒」（28 章），老子說：「載營魄抱一，能無離乎？專氣致柔，能嬰兒乎」。順著這個思路，老子將「柔」、「氣」、「一」、「魄」聯繫起來。「一」是「道」，「柔」是人的本然之性，「魄」指人的精神，「氣」一種貫通天地人的力量，這引發了《管子》四篇將老子的「道」精氣化，使得「道」性展開爲「德」性。在這個意義上說，戰國時期諸子的心性論是老子思想發展的必然。

「道」化生萬物，然而有限存在的個體生命如何通向無限性的宇宙生命，特別是在戰國時期個體從群體中分離出來如何獲得普遍性的存在，這種要求在《老子》中沒有凸現出來，但是老子已經意識到了。「德」的本義中有「循行」與「直視」二義，它們發展爲「德」的內在意義和外在意義〔註87〕。郭沫若說：「從《周書》和『周彝』看來，德字不僅包括著主觀方面的修養，同時也包括著客觀方面的規格——後人所謂『禮』。」〔註88〕《左傳》成公十六年說：「德謂人的性行」，「性」與「行」分別指「德」的主觀修養與客觀規範。老子的「德」具有這兩個方面的內容，從內而言，老子主張「致虛極，守靜篤」（16 章），這是因爲「道」向本根回歸，萬物也要恢復到其本源處；從外而言，老子主張擴充與實行，「修之於身，其德乃眞；修之於家，其德乃餘；修之於鄉，其德乃長；修之於國，其德乃豐；修之於天下，其德乃普。」（54 章）內外雖不同但互爲表裏，內的方式是虛靜，指示出人本性的特點與性質；外的方式是擴充，說明其人生的實踐及其意義。二者並不矛盾，莊子主張虛靜，孟子主張擴充，「孟子與莊子眼中的身體都具有雙重的性格，一方面人的身體是精神需要克服的障礙，所以需要被支離；另一方面，當學者的人格提

〔註87〕朱炳祥：《「德」之語義與老子的思想內核》，《湖北民族學院學報》，1994 年第 4 期。

〔註88〕郭沫若：《青銅時代・先秦天道觀之進展》，《中國古代社會研究》（外二種）上，河北教育出版社，2004 年，260 頁。

升至某一層次以後，身體反而成了精神的具體化，身與心泯然不分」〔註89〕。

　　在老子之前，對人的認識局限在「身」、「己」的血緣生產方面。老子「道」的提出否定了宗教天命觀，他通過對本源狀態的探討，引出了「自然」觀念。這樣，對天地人狀態的思考，便在老子思想中展開。「自」的概念，表示事物的狀態或行動傾向，可以說這是對主體性思考的一個基礎。在這個意義上說，「自然」不僅是對「道」本源問題的探討，也是對人「性」探討的一個基礎。當然《老子》中沒有「性」字，但有與之相似的概念，即「德」、「樸」、「素」、「赤子」、「嬰兒」、「命」。《老子》中的「樸散則為器」，代表了老子對「性」的看法。孔子也有與此相似的思想，《論語・八佾》中記載：

> 子夏問曰：「『巧笑倩兮，美目盼兮，素以為絢兮。』何謂也？」
> 子曰：「繪事後素。」曰：「禮後乎？」子曰：「起予者商也！始可與言《詩》已矣。」

「素」成為老子與孔子對「性」的共同認識。老子說：「我無為而民自化，我好靜而民自正，我無事而民自富，我無欲而民自樸。」（57章）老子的「性」有四層涵義，一是「自化」，是指「性」自然而然會變化，甲骨文中的「化」字，從二人，象二人相倒背之形，一正一反，以示變化；二是「自正」，是指「性」的方向平正、不偏斜，甲骨文中的「正」字，上面的符號表示方向、目標，下面是足（止），意思是向這個方位或目標不偏不斜地走去；三是「自富」，「性」的狀態及其表現，物質與精神充實富足。四是「自樸」，是指「性」的性質，「樸」是老子用來比喻「道」的。

三、「無為而無不為」的意義

　　老子講「道」論與「德」論，是為了建立一個和諧的社會秩序。《漢書・藝文志》：「道家者流，蓋出於史官，歷記成敗存亡禍福古今之道，然後知秉要執本，清虛以自守，卑弱以自持，此君人南面之術也。」這是先秦諸子的共同點，只是他們思想中心與價值意義所在之處不同。

　　第一，在老子思想中，「道」論是其思想的核心，但是人類社會要由「非常道」返回「常道」，必須由聖人來實踐「道」，「以輔萬物之自然而不敢為」（64章）。老子確立了聖人的主體地位，或者可以說聖人才是真正的主體，

〔註89〕楊儒賓：《支離與踐行——論先秦思想裏的兩種身體觀》，《中國古代思想中的氣論及身體觀》，巨流出版社，1993年，415頁。

聖人是道德秩序的建立者。「道常無名……侯王若能守之，萬物將自賓」（32章），聖人通過支配「道」，可以建立道德秩序。聖人能夠支配「道」，但必須具備「玄德」，「生之畜之，生而不有，為而不恃，長而不宰，是謂玄德」（10章）。

　　第二，「無為」是老子道德秩序中的重要原則。「自然」探討了整個宇宙的本源狀態，「無為」是「自然」觀念在社會秩序中的衍生。「無為」在老子思想中有二個層面的意義：其一，「無為」是社會秩序本源狀態的描述，「太上，下知有之；其次，親之豫之；其次，畏之侮之」（17章），「無為」精神在秩序中逐漸喪失，也就是禮樂文明被異化的過程；其二，「無為」是主體精神的客觀化，「為學日益，為道日損，損之又損之，以至於無為。無為無不為。取天下常以無事，及其有事，不足以取天下」（48章）。主體通過「日損」的修養，回歸「無為」的狀態，此狀態的展開即可以建立新的社會秩序。此外，「無為」順應「自然」，排斥一切人為和自私的同時，也利用或支配順應的對象。這在《老子》中有明確表述：「以正治國，以奇用兵，以無事取天下」（57章），「善為士者不武，善戰者不怒，善勝敵者不與，善用人者為之下，是謂不爭之德，是謂用人之力，是謂配天，古之極」。（68章）

　　第三，老子「無為而無不為」是他的自然秩序向社會秩序的進一步展開。老子說：「失道而后德，失德而後仁，失仁而後義，失義而後禮。夫禮者忠信之薄而亂之首。前識者，道之華而愚之始。」（38章）「道→德→仁→義→禮」，這個序列不僅是老子對禮樂文明的批評，也是自然秩序轉化為社會秩序的過程。「道」在生成化生萬物的同時，也彰顯出「道」的規律性，天道「自然」，人道無為，更具體地說就是「守柔」、「不爭」。老子說：「弱者道之用」，（40章）「天之道，利而不害；聖人之道，為而不爭」（80章）。

　　「小國寡民」是《老子》中的「道德之鄉」，是「無為」原則在社會中的現實化，一切都自然而然：

　　　　使有什伯之器而不用；使民重死而不遠徙。雖有舟輿，無所乘
　　之；雖有甲兵，無所陳之。使民復結繩而用之。甘其食，美其服，
　　安其居，樂其俗。鄰國相望，雞犬之聲相聞，民至老死，不相往來。
　　　（80章）

可以說，老子「道」的「柔弱」、「不爭」，決定了聖人在其治國實踐中利用「反」的規律支配百姓，「小國寡民」是老子思想的必然目標。

綜上所述，老子思想以「道」論為中心，「道」既是本體，又是本源。「道」由本源的「常道」，在人類社會被異化為「非常道」。由此，老子思考「非常道」如何回到「常道」的問題。這樣引出了「反」和「自然」的觀念。「反」指「道」的運動軌蹟，「自然」則表示「道」的狀態。以此作為基礎，萬物歸根復靜。對於「人」，老子從「虛靜」的修養方式與「德」的擴充，達到「無為」的狀態。「無為」主體境界的實踐，構成了理想的政治狀態，也是返回原初狀態的途徑。《莊子・天下》說：「道術將為天下裂。」莊子認為，天下的學術都來源於「道」，諸子百家因對「道」的認識不同，導致深者得其深，淺者得其淺，全者得其全，偏者得其偏。在這百家之中，老子把握了「道」的核心，「建之以常無有，主之以太一」。因此，本文老子與先秦思想的展開，必然將涉及諸子對「道」論的展開、發展與變化。在先秦，老子提出的「道」論有多個方向的發展，例如：一是《管子》四篇將「道」精氣化，討論「道」與天地萬物的內在關聯；二是，莊子對「道」內在化，賦予了「天」自然的意義；三是，《黃帝四經》將「道」客觀化，作為社會秩序的根據；四是，韓非對「道」的法理化，使「道」成為君主支配權力的根據。春秋戰國時期，諸子都關心天下秩序的問題，但因個人立場不同，先秦諸子或在「宇宙觀」立論，或偏於「心性」取向，或專注於「治國」的思考，或傾向於語言邏輯的辯論等等。可是從整體來看，秩序背後的政治權力、社會結構以及經濟基礎無不是他們思考的對象。

第二章　老子與孔、墨顯學

　　春秋末年禮崩樂壞，孔子、墨子繼老子之後，也開始對西周的禮樂文明進行批評。因三人所處時代、立場有所差異，所以在思想上表現出不同的特點。

　　孔子、墨子皆游學於楚，孔子南之沛見老子，老子稱孔子爲「北方之賢者」（《莊子・天運篇》）；墨子將去楚，魯陽文君稱墨子爲「北方賢聖人」（《渚宮舊事》），可見南北學術交流與傳播已開始。侯外廬說：「春秋、戰國的『先王』是『賢人』觀點之下的政治與道德的境界，相當於各階級立場而各持一說的文明起源論。」〔註1〕春秋晚期，西周的禮樂文明成爲死的教條。老子作爲中國思想史上具有開創性的思想家，從宇宙根源的角度批評了禮樂文明，提出自然天道觀，否定了宗教的天命觀。老子認爲，聖人應以自然天道爲根據，效法天道，順應「自然」，建立有序的天下秩序。然而，周天子的權威喪失，孔子雖然贊同老子所謂的「無爲」政治，但並沒有以此作爲其理論建構的出發點。孔子認爲，禮崩樂壞是因爲社會關係失去規範。他對血緣社會關係中的道德觀念進行綜合，提出「仁」，「仁」是「一切私人關係中道德要素的共相」〔註2〕，是一種邏輯的總合，是一種「主觀情操」。因此，「仁」還需要返回到具體的社會關係中。老子的思路是從天道到聖人，再到社會；孔子則是直接從社會出發，爲禮樂文明注入了「主觀情操」，側重於內省的功夫。孔子「仁」的提出，是建立在老子「自然」觀念基礎之上。在老子之前，對於眞理的認知方式爲「祖傳的即

〔註1〕侯外廬、趙紀彬、杜國庠：《中國思想通史》（第一卷），人民出版社，1957年，136頁。

〔註2〕費孝通：《維繫著私人的道德》，《鄉土中國　生育制度》，北京大學出版社，1998年，34頁。

是正確的」，並以宗教天命觀作爲其根據。老子「道法自然」命題的提出，否定了血緣社會的認知方式。一方面，孔子受到老子自然天道觀的影響，另一方面，孔子的理論建立在血緣社會的基礎之上，造成其天道觀中既有「宗周時代的天道觀」的因素，又有「泛神論」的色彩〔註3〕。

墨子則從「愛無差等」出發，試圖突破血緣社會的限制。因此，墨子在老子否定宗教天命觀的基礎上，提出了「天志」的命題，利用宗教的形式，卻揚棄了天命的內容。在這種意義下，墨子的「天志」保留宗教的形式，是爲了自己的「先王」，讓「天道」束縛於自己的「先王」之下。此外，他在老子提出「自然」的眞理方式的基礎上，提出了「三表法」。

第一節 老子「自然」觀念對孔子「仁」學的影響

楊向奎說：「『道』就是宗周的禮樂文明，以德、禮爲主的周公之道，世代相傳，春秋末期遂有孔子以仁、禮爲內容的儒家思想。」〔註4〕孔子根據老子的「道」，提出「仁」的學說。關於老子與孔子（公元前 551～公元前 479 年）的關係〔註5〕，陳鼓應指出老、孔思想有頗多相似處：「守中」的觀念、「以和爲貴」的心態、遠鬼神而重人事，崇尚樸質信實的德行，反對刑制、反對重稅厚斂等。〔註6〕劉笑敢比較了「仁」與「自然」的異同〔註7〕。在前輩學人研究的基礎上，本節試圖從「仁」與「自然」的內在關係來說明孔子對老子思想的吸收與轉化。「自然」觀念具有重要的歷史價值，是老子對社會制度的批評，對天道思想的發展，以及在認識論方面提出新的標準。孔子把老子的「道」、「德」，內化爲「仁」的發用，他的「仁」學注重知識概念的抽象，把社會問題抽象爲哲學的思維，並提出「正名」的邏輯方法，這些都是對老

〔註3〕楊向奎：《中國古代社會與古代思想研究》，上海人民出版社，1962 年，186 頁。

〔註4〕楊向奎：《宗周社會與禮樂文明》（修訂本），人民出版社，1997 年，285 頁。

〔註5〕劉師培在《孔老篇》中指出：「老子之學由經驗而反玄虛乃超乎萬物之表者也，孔子之學由玄虛而歸經驗乃泥乎萬物之迹者也。」胡適在《說儒》一文討論孔老關係，以爲「孔子和老子本是一家，本無可疑。後來孔老的分家，也絲毫不足奇怪。老子代表儒的正統，而孔子早已超過了那正統的儒。」章太炎甚至謂「孔學本出於老」（《諸子學略說》）

〔註6〕陳鼓應：《老莊新論》，上海古籍出版社，1992 年，60 頁。

〔註7〕劉笑敢：《孔子之仁與老子之自然——關於儒道關係的一個新考察》，《中國哲學史》，2000 年第 1 期。

子「自然」觀念的發展。

一、老子與孔子思想相關聯的社會基礎

據《史記》記載，老子與孔子曾經會面幾次〔註8〕，並深刻地批評了孔子。一次是《史記・老子列傳》記載：

> 孔子適周，將問禮於老子。老子曰：「子所言者，其人與骨皆已朽矣，獨其言在耳。且君子得其時則駕，不得其時則蓬累而行。吾聞之，良賈深藏若虛，君子盛德，容貌若愚。去子之驕氣與多欲，態色與淫志，是皆無益於子之身。吾所以告子，若是而已。」

另一次是《史記・孔子世家》中老子對孔子說：

> 吾聞富貴者送人以財，仁人送人以言。吾不能富貴，竊仁人之號，送子以言曰：「聰明深察而近於死者，好議人者也。博辯廣大危其身者，發人之惡者。為人子者毋以有己，為人臣者毋以有己」。

這兩次談話透露了春秋末期的時代危機，趙紀彬敏銳地捕捉到，「私有制確立的第三百年代中，不僅物質的生產品成為各有其主的私有物，似乎精神的生產品亦成為私有物；此即是說，《論語》所謂『智者』，即士的一種，亦即屬於『君子』派別的知識分子；……所有的學識或技能，在當時即是作為私有物，通過等價的交換過程而傳授與人。孔門似即中國出售自己學識或技能的第一批人。」「在一切商品皆染上私有色彩的春秋年代，智者除出售其知識以外，即抱道求仕，借穀祿以維持生活，做官與農工一樣，亦是一種職業。」老子絕「智」的更深層原因，恐怕是對社會分裂的擔心。其分裂的結果，「此等以私有知識為職業的智者，即是社會意識或精神生產部門中的生產者。」「四體不勤，五穀不分」（《論語・微子》）即是對這種現象的最好說明。「私有制的確立，貧富的形成，與智者的存在，三者是互有內在關聯的歷史現象。」〔註9〕因此，老子反對「驕氣」、「多欲」、「態色」、「淫志」，在這種思想意義下，趙紀彬對「人」與「民」進行了思想史的分析：

> 「人」是統治階級，「民」是被統治階級，所以孔丘對「人」言「愛」，對「民」言「使」，《論語》全書，只有「愛人」語法，絕無

〔註8〕孔子見老子載於古籍中者有：《史記・老子列傳》、《史記・孔子世家》、《孔子家語》、《莊子・天道》、《莊子・天運》、《禮記・曾子問》、《呂氏春秋・當染》，這些材料均說明老子曾問禮、問道於老子。

〔註9〕趙紀彬：《中國哲學思想》，中華書局，1948年，43頁、44頁、58頁。

「愛民」詞句，從「愛」「使」的對象不同，足以顯示「人」「民」
的階級差別。〔註10〕

劉殿爵認爲用馬克思的唯物史觀解釋孔子，具有某種合理性。但是，《論語》似乎沒有系統一致地使用這兩個概念。這就在很大程度上削弱了「民」和「人」有階級衝突的看法。沿著劉殿爵的思路前進，郝大維、安樂哲認爲，兩者之間的區別基本上是文化意義上的而不是階級意義上的。〔註11〕本文也試圖利用這種方法，探試老子思想的實質，以及孔子與老子在立場上的相似性。《論語·季氏》：「孔子曰：生而知之者，上也；學而知之者，次也；困而學之，又其次也。困而不學，民，斯爲下矣。」老子則說：「上士聞之，勤而行之；中士聞之，若存若亡；下士聞之，則大笑，不笑不足以爲道。」（4章）《老子》中「聖人無常心，以百姓心爲心」的「百姓」，是指貴族。《尚書·堯典》：「（堯）克明俊德，以親九族。九族即睦，平章百姓。百姓昭明，協和萬邦。」鄭玄注曰：「百姓，群臣之父子兄弟。」（《史記·五帝本紀》「正義」引）又如，「百姓，王之親也。」（《禮記·郊特性》鄭注）《禮記正義》解釋鄭注說：「王親謂之百姓者，皇氏云：姓者，生也，並是王之先祖所生也。」郭沫若解釋爲，「百姓在古金中均作『古生』，即同族之義。」〔註12〕徐中舒則進一步進行了歷史考證，「先秦典籍中所謂百姓者，就是統治者的宗族和姻族；他們都是要逐漸脫離公社的家族私有者。」〔註13〕這一點足以說明，老子與孔子的思想都是與等級社會有關，禮樂文明是建立在禮樂的等級之上。

此外，老子、孔子與春秋時期的禮樂文化有著千絲萬縷的聯繫。〔註14〕

〔註10〕趙紀彬：《論語新探》，人民出版社，1976年，3頁。

〔註11〕郝大維、安樂哲：《孔子哲學思微》，江蘇人民出版社，1996年，103頁。

〔註12〕郭沫若：《中國古代社會研究》（外二種）上，2004年，河北教育出版社，116頁，『補注一』。

〔註13〕徐中舒：《論堯舜禹禪讓與父系家族私有制的發生和發展》，《徐中舒歷史論文選輯》，中華書局，1998年，991頁。

〔註14〕郭沫若比較早地注意到老子的「道」與「術」的問題，茅冥家接其後更深入地討論了「老子術」在古代的歷史變化。（茅冥家：《論「老子術」》，《中國哲學》，第七輯，生活·讀書·新知三聯書店，1982年）但是老子與春秋「術」的關係卻沒有討論。春秋時期的「術」是什麼，賈誼在《新書·六術篇》中說：「詩、書、易、春秋、禮、樂六者之術，謂之六藝。」賈誼所說的「術」是指的春秋時期的縉紳先生的學問。侯外廬考察了縉紳先生學問在春秋思想中的歷史地位，並闡述了其對孔、墨的影響。但是，因對老子時代的定位不同，侯外廬就沒有討論其思想與縉紳先生之學的歷史關聯。

老子說：「故失道而后德，失德而後仁，失仁而後義，失義而後禮。」（38 章）
這是源於老子對周代德政禮制體系的抽象概括，《禮記・禮運》：

> 天子以德爲車，以樂爲御，諸侯以禮相與，大夫以法相序，士
> 以信相考，百姓以睦相守，天下之肥也。是謂大順。

在這個禮制的體系中，天子、諸侯、大夫、士的意義分別在於「德」、「仁」、
「義」、「信」。然而，禮崩樂壞，西周的德政體系隨之解體，社會的禮制規範
失去其應有的內涵。《論語・季氏》：

> 天下有道，則禮樂征伐自天子出；天下無道，則禮樂征伐自諸
> 侯出。自諸侯出，蓋十世希不失矣；自大夫出，五世希不失矣；陪
> 臣執國命，三世希不失矣。天下有道，則政不在大夫。天下有道，
> 則庶人不議。

從社會的分層來看，老子強調侯王對「道」的支配，孔子則追求「士」在改
造社會中的價值。在這種歷史背景下，老子對禮俗的正確與否提出了新的認
識方式——「自然」，對禮俗有消解作用。「在西周，禮和崇祀祖先的傳統精
神同其意義，故『孝』乃貴族曾孫的規範，禮字後起，至孔子由狹義的氏族
祖先崇拜，附加以理想，非爲一般的君子規範。」老子破斥了「狹義的氏族
祖先崇拜」，「禮者，忠義之薄，而亂之首」（38 章），並對殷周以來的鬼神觀
念採取否認的態度，「其鬼不神」。孔子繼承了「自然」觀念，〔註15〕以「道」
爲宇宙本質，對其具體化、實踐化。然而，孔子又要面對以血緣爲基礎的社
會秩序，主張祭祀，「祭如在，祭神如神在。子曰：『無不與祭如不祭』」（《論
語・八佾》），肯定祭祀始終是對於感情的滿足。因此，他把老子的「道」、「德」，
內化爲「仁」，發用爲「義」，轉而爲「禮」，「仁」是「禮」的根據，「義」是
社會實踐過程中的判斷標準，「禮」是社會實踐的規範。

二、孔子「仁」學的思路

第一，孔子的「性」與「天道」是以老子形而上的「道」論爲基礎的〔註16〕，

〔註15〕馮友蘭：《儒家對於婚喪之理論》，《燕京學報》，第 3 期。
〔註16〕本文認爲，孔子的自然天道觀不來源於《易經》，雖然孔子曾說：「加我數年，
　　　五、十以學《易》，可以無大過矣。」（《論語・述而》）「晚而喜《易》，讀《易》
　　　韋編三絕」（《史記・孔子世家》）但高亨指出：「《周易》作者的天道觀是迷信
　　　神權的，爲了遇事向神請示，才編寫《周易》一書，作爲占筮的工具」，「我
　　　們細讀《周易》，對此才能理解，其中辯證法因素，當是孔子學習的主要對象。」
　　　（高亨：《〈周易〉卦爻辭的哲學思想》，《周易雜論》，齊魯書社，1979 年，17

因此孔子對於「天運」、「天常」、「天行」等自然史觀並沒有明確的表述，只是把它們作爲一個最後的根據，而天道與人性的關係，只作爲最初的範疇。如果理解了這點，先秦思想史的歷史脈絡則比較清晰。所謂「天」，其實是自然界代名詞。老子所謂「道法自然」，孔子所謂「天垂象，聖人則之」，墨子所謂「立天志以爲禮儀」，都是要把自然界的理應用到人事。這一點爲各派所認同，只是各家實現自然法則的手段不同。〔註17〕同是「一」，老子、孔子之前中國思想中的「一」是「命」，「命」牽動著一切；老子、孔子之後中國思想中的「一」是「道」，一切皆爲「道」的價值之光所照耀。郭沫若指出了孔子的思想來源：

> 他是把老聃思想和殷周的傳統思想融合了。他避去了老子的「道」的一個名稱，而是挹取了他的精神來對於向來的天另外加了一番解釋。他是把天來合理化了，也可以說把老子的道來神化了。在他的思想中「道」即是「天」。後來的儒家，特別是做《易傳》的人，是深深地懂得了這種思想的。〔註18〕

郭沫若認爲，孔子所說的「天」是自然，所謂「命」是自然之數或自然之必然性。孔子說：「志於道，據於德，依於仁，游於藝。」(《論語・述而》) 在這裡，孔子肯定了君子的「主觀情操」，「德」、「仁」、「藝」是可以爲人所「據」、所「依」所「遊」。「道」則成爲這種「主觀情操」的根據，必須要「志於道」，「德」、「仁」、「藝」才有其價值。

第二，孔子以宇宙的生生不息爲仁，以「仁」作爲宇宙的表德。〔註19〕《老子》中「周行而不殆」(25章) 有生生不息的意義，孔子對其進行了轉化，從「天人之際」轉向「人人之際」〔註20〕，人爲天地立心，人作爲天地的主人，所以「仁」是本體，「仁」是生，這是以老子的自然天道觀爲基礎。老子的「道」是宇宙的根源與本體，它維護著整個宇宙。孔子將老子的「道」轉化爲「仁」，也維護著自然秩序，規範著人類行爲。但這個「仁」已經內化爲人的心靈世界，外化爲禮的人文世界，仁與禮是孔子思想的主要內容。老子

頁、32頁）

〔註17〕梁啓超：《先秦政治思想》，東方出版社，1996年，241頁。

〔註18〕郭沫若：《青銅時代・先秦天道觀之進展》，《中國古代社會研究》（外二種）上，河北教育出版社，2004年，277頁。

〔註19〕楊向奎：《宗周社會與禮樂文明》（修訂本），人民出版社，1997年，415頁。

〔註20〕楊向奎：《宗周社會與禮樂文明》（修訂本），人民出版社，1997年，45頁。

的「道」與「德」，在孔子那裡轉化爲「仁」與「禮」。孔子復「禮」，老子復「道」，實際是一回事。老子認爲，「禮」要復歸於「道」，「失道而後失德，失德而後失仁，失仁而後失義，失義而後失禮」。孔子則認爲，「禮」要復歸於「仁」，「人而不仁如禮何？人而不仁如樂何？」（《論語·八佾》）禮樂文明在西周初以「德」爲核心，到春秋末，孔子以「仁」爲核心。老子以「道」代天，「道」是「德」與「仁」之間聯繫的根據。孔子是在老子的基礎上以「仁」代「德」。

　　第三，在《論語》中，「義」與「命」是分立的。「命」是客觀的法則，「義」是主體的自覺主宰。這是孔子修正了殷周以來的天命觀，也是繼老子「人法地，地法天，天法道，道法自然」的進一步發展，突出人的主體性——「義」與「仁」，把客觀的法則與限制歸於「命」。「自覺主宰」的領域是「義」，在此領域中只有是非問題；「客觀限制」的領域是「命」，在此領域中則有成敗問題。孔子說：「道之將行也與，命也；道之將廢也與，命也；公伯寮其如命何？」老子認爲天道自然，人道無爲。孔子說：「仁者安仁，知者利仁」。（《論語·里仁》）程樹德注釋爲：「無所爲而爲謂之安仁，若有所爲而爲之，是利之也，故止可謂之智，而不可謂之仁。」〔註21〕老子承認有「命」的領域，從而推出「自覺」或自我在此領域中根本無所作爲，人應瞭解此種「命」的領域，孔子以此有「知天命」的人生領悟。老子的「無爲」即是這種邏輯的必然，孔子的「無爲而治」也是這種邏輯的必然。孔子說：「無爲而治者，其舜也與？夫何爲哉？恭己正南面而已矣。」（《論語·衛靈公》）在對「一」的直覺把握和「無爲」的觀念之間，似乎存在著深刻的內在關聯。如果君子能在某種程度上獲得「一」的感覺，即可與「道」保持一致，並且他們的行爲最終爲「道」所支配。

三、孔子「仁」學與老子「自然」觀念

　　老子思想以天道自然，人道無爲，「無爲」成爲「人道」的規定方式。在《論語》中，「仁」的精神境界〔註22〕，宋明儒學稱之爲「孔顏樂處」，與老子的「自然」有相似之處。從邏輯上看，有以下幾個方面的關聯：

〔註21〕程樹德：《論語集釋》，中華書局，1990年，229頁。
〔註22〕「無爲」觀念實受老子影響，這早已得到胡適、黃方剛、李泰棻、張岱年等學者的論證。

　　第一，孔子提出了認識論的標準「義」，「義」在《論語》中有二個內涵：一是指「道理」，二是指「正當」。〔註23〕孔子說：「君子義以爲質，禮以行之，孫以出之，信以成之。君子哉。」（《論語·衛靈公》），「義」是「禮」的實質，「禮」是「義」的表現。在老子之前，禮中滲透著宗教的意義，老子否定了祖先崇拜眞理的認識標準，提出以「自然」爲標準的新認識論。「禮」作爲社會的秩序，不再以習俗傳統作爲它的基礎。孔子將「自然」的觀念社會化，以「義」作爲「禮」的基礎。孔子在「義」的基礎之上，又提出了「仁」。「仁」將「禮」從天道的束縛中解放出來，以人的自覺意識作爲根據。

　　第二，老子「自然」的基本含義是指「自身」，孔子將此意義納入了倫理層面的思考。在中國古代的宗法社會中，「孝」是人最自然的血緣感情，也是孔子仁學的邏輯出發點。老子說：「絕仁棄義，民復孝慈。」（19章）孔子說：「本立而道生。孝悌也者，其爲仁之本與！」（《論語·學而》）具體而言，老子的「天道」與「人道」在孔子那裡轉化爲「義」與「利」。從公心出發求「義」，從私念出發則求「利」；「仁」指公心，「仁」爲「義」之本。公心實爲公田的意識生產，私心則爲私田的意識生產。「禮」以「義」爲其實質，「義」又以「仁」爲其基礎。

　　第三，老子「自然」的另一層含義是指「萬物」、「百姓」的自發性、自律性，孔子把它發展爲「仁」，即人的自覺性、自律性。「仁」包含諸德，是全德之名；同時，「仁」又居於「玄德」之首，是至德之名，有如老子的「玄德」。「仁」是「最自然，最合宇宙自己的變化」。〔註24〕從老子的「修之身」、「修之家」、「修之鄉」、「修之邦」、「修之天下」，到孔子的「修己以安人」、「修己以安百姓」（《論語·憲問》），這揭示出了「德」、「仁」的發展過程。例如，孔子吸收了老子「大器晚成」的思想，提出「君子不器」。「大器晚成」是指「道」最後才完成它自己，即「道」是一個整體，是天下萬物的總和，因此天下萬物成就了，「道」才成就。「君子不器」是君子不僅發展成就自己，而且也要肩負世界。君子在道不在器，孔子把老子的「道」的作用內在爲人的精神境界。

〔註23〕勞思光：《新編中國哲學史》（1卷），廣西師範大學出版社，2005年，83～85頁。

〔註24〕梁漱溟：《孔子所謂「仁」是什麼》，《東西文化及其哲學》，商務印書館，1999年，134頁。

第四，老子「自然」與「仁」的精神境界。老子「自然」境界是多層次的，從宇宙生成的角度來看，「萬物負陰而抱陽，沖氣以為和」（42 章）；從本體的根據來講，「道法自然」，是世界自身的最高目標；從理想的社會秩序來看，「小國寡民」是老子的精神樂園。孔子的「仁」也有精神境界，是從個體的角度來說：

> 子曰：「飯蔬食飲水，曲肱而枕之，樂亦在其中矣。不義而富且貴，於我如浮雲。」（《論語·述而》）

> 子曰：「賢哉，回也！一簞食，一瓢飲，在陋巷。人不堪其憂，回也不改其樂。賢哉，回也！」（《論語·雍也》）

> （曾點）曰：「莫春者，春服既成。冠者五六人，童子六七人，浴乎沂，風乎舞雩，詠而歸。」夫子喟然歎曰：「吾與點也！」（《論語·先進》）

在孔子看來，一切「仁」的行為，都是出於個體內心的自然要求，是自然而然的。《老子》中也有類似的表述：「執大象，天下往；往而不害，安平太，樂與餌，過客止。道之出口，淡乎其無味，視之不足見，聽之不足聞，用之不足既。」（35 章）在這裡，老子與孔子都將個體價值與社會價值聯繫在一起，老子強調的是在「聖人」對「道」的支配下所獲得的社會價值，孔子所追求的則是個體道德意識在改造社會中的人生意義。

四、孔子「仁」學的方法

孔子的「仁」學是有其自身的方法，而這種方法與老子「自然」觀念之間有著邏輯上的聯繫。

第一，事物之間不同類者相比，孔子既然以自然現象為比喻來證明他的政治、倫理學說，就必然將自然和人類看成同類而相互推論，這樣就完成了一種類比邏輯思想。「不過，孔子雖比喻自然不研究自然，就很容易不從自然性質裏認識人類性質，反而從自己推論出他人，再從他人推論出自然或宇宙。這樣一來，類比就成了主觀的演繹法。這種主觀的演繹法，和孔子政治論及倫理學上的維新調和精神，恰相一致。」〔註25〕孔子在這種調和矛盾的立場上，發現了老子「莫知其極」的矛盾律──「叩其兩端」。他說：「吾有知乎哉？無知也。有鄙夫問於我，空空於也。我叩其兩端而竭焉。」（《論語·子

〔註25〕趙紀彬：《中國哲學思想》，中華書局，1948 年，60 頁。

罕》)「兩端」或「異端」，雖是將宇宙萬物當作對立物統一的有機體而理解，雖是以內部矛盾的展開爲事物發展的動力，而「叩其兩端」，或「攻乎異端」，則是調和矛盾的折衷主義的認識方法，孔門的認識方法論，是後者而不是前者。〔註26〕對此，老子說：「故以智治國，國之賊；不以智治國，國之福。知此兩者，亦稽式。常知稽式，是謂玄德。」（65章）《老子》第十八章云：「六親不和，有孝慈。」接下去第十九章又說：「絕仁棄義，民復孝慈。」儘管這兩處都用了「孝」和「慈」這兩個詞語，但是在第十八章指的是制度化和規範化的社會關係，也就是孝慈之名，而在十九章指稱自然的和自發的父子關係，道出了孝慈之實。這反映出老子思想中詞語的多義性，其背後是觀念的「二律背反」。對此，老子採用了「正言若反」的言說方式，但並不能根本予以解決。孔子接其緒，提出「正名」的方法。孔子的「正名」是對老子「自然」觀念的倫理化與社會化，這種改造即是基於他們一致的社會基礎與類比的邏輯。

　　第二，老子類比的同一邏輯思想對孔子正名理論的影響。《論語·顏淵》說：「君不君，臣不臣；父不父，子不子。」在正名的倫理政治關係之後有著「自然」觀念的意義。孔子說：「其身正，不令而行；其身不正，雖令不從。」（《論語·子路》）這反映出孔子自覺的「正己」，與老子的「以身觀身」是一致的，但對老子思想有所改造。「名」不僅是一種指稱，而且是具有思想內容和理想涵義的命題。「正名」的同一性是指個體在社會倫理關係中的自身規範，即在中國古代血緣的社會生產中，「名」不僅是人的存在根據，也表示了人的自身認同。王弼說：「法自然者，在方而法方，在圓而法圓，法自然無所違也。自然者，無稱之言，窮極之詞也。」孔子說：「觚不觚，觚哉！觚哉！」（《論語·雍也》）老子與孔子的邏輯出發點是同中有異的，安繼民認爲，「道家從『人』的存在性出發，儒家從人都是人之『子』出發，這使得儒家和道傢具有了共同的理論實際出發點。」〔註27〕事實上，老子和孔子的邏輯出發點都是「子」，他們的不同：老子指向了「母」、孔子指向了「父」。宗法是一種特殊的「自然」。「父子」關係是文明社會的邏輯出發點，「母子」關係是人類社會的邏輯起點。老子「自然」觀念說明，人類的禮義皆出自於自然，是天地萬物等自然秩序的反映。「由於宗法家庭中，婦人和自己生養的孩子是同

〔註26〕趙紀彬：《古代儒家哲學批判》，中華書局，1948年，109頁。
〔註27〕安繼民：《儒道兩家理論起點的邏輯分析》，《社會科學戰線》，2007年第3期。

階的，因此他們的情感最自然，純是血緣的，而不是宗法的。蓋血緣純是自然，而宗法則涉及到社會權力的支配的問題。因此，母子的關係往往是極自然的，極親近，極深刻的，所謂『母子連心』所指在此。」〔註28〕與之相似的「父子天性」，則不僅是血源性的自然連結，因爲「天」不只是「自然之天」、而且也是「宗法之天」、「義理之天」，「道德之天」，「性」也不僅是「自然之生」，也是「宗法之生」，是「道德創生」。因此，孔子的「正名」將老子「自然」觀念具體化與實踐化。

　　第三，孔子吸收了老子「中和」的方法，提出了「中庸」的方法論。孫以楷注意到孔子的「中庸」源於老子的「中和」。他引用《中庸》爲證，「中也者，天下之大本也；和也者，天下之大道也。致中和，天地位焉，萬物位焉。」他進一步引用《廣雅》「庸，和也。」最後指出，「中」是本，」「和」是達道，「中和」即無往不達無處不在的本體，此即「萬物負陰而抱陽，沖氣以爲和」之演繹。〔註29〕在「和」之中潛藏著一個方法論「權」，金景芳認爲在《論語》中的「和」就是「權」，是「中」的一個「權」，並指出「中」與「和」是「時」的發展。〔註30〕趙紀彬注意到孔子把「權」字從「秤錘」轉化爲方法論的邏輯過程，把孔子的「權道」歸結爲「反而後至於大順」，並且認爲與老子的「反者道之動」是一脈相通的。〔註31〕這樣，我們發現老子、孔子的「中和」是以「反者道之動」爲邏輯前提，在「動善時」的情況下，達到「中和」的境界。因此，老子的「反」不是一個簡單的返回，而是包含了對立雙方的一個「中和」的返回。

　　「爲仁由己」一語，便表示「仁」必須通過人的生命的具體表現——不是表現一個外在的德目，而是「仁」自己實現其自己。因此，「仁」的實踐邏輯是同一律，是人的類概念在「自然」觀念下的必然結果。在這種意義下，「正名」理論是對老子「自然」的倫理化與社會化。

〔註28〕林安悟：《「三綱」的哲學理解與詮釋——以「血緣性」縱貫軸爲核心的展開》，《中華文史論叢》，第 58 輯。

〔註29〕孫以楷：《道家與中國哲學》（先秦卷），人民出版社，2004 年，159 頁。

〔註30〕金景芳：《孔子思想有兩個核心》，《史學集刊》，1999 年第 4 期。

〔註31〕趙紀彬：《釋「權」》，《中國哲學》（第 9 輯），生活・讀書・新知三聯書店，1983 年。

第二節　老子「道」與墨子「天志」的對立

　　關於老子與墨子（約公元前 480～約公元前 400 年）的思想關係，一直有兩種觀點：一是以章太炎、梁啓超、詹劍鋒、蔡尙思等爲代表〔註 32〕，他們認爲老墨思想是對立的；二是以張純一、陳鼓應、孫以楷等爲代表，他們認爲老墨是相通的。張純一的《墨子集解》是比較早的用《老子》文字爲墨子作注，陳鼓應在此基礎上，列舉了《墨子》早期作品與《老子》思想相同的十處文字〔註 33〕。張純一說：「非樂、非命、非儒皆墨家尙勞賤之要綱，墨無差等，平上下之序，皆務復歸於樸，與道家一致也。」〔註 34〕陳攖寧也說：「老子三寶：一曰慈，二曰儉，三曰不敢爲天下先。墨子皆得之。兼愛非攻，慈旨也；節用節葬，儉旨也；《備城門》、《備高臨》……等篇，皆極盡守衛之能事，自處於被動地位，而對於先發制人之戰略，則絕口不談，是眞能篤實奉行不敢爲天下先之古訓者。」〔註 35〕但是，墨子如何吸收老子的思想，以及這些共同點在《墨子》中又有什麼變化，其思想實質張、陳二位尙未揭示。孫以楷的《文子與墨子》一文通過對比《老子》、《文子》和《墨子》中的相同或相近的文句，分析出老子思想通過文子而影響到墨子的結論。〔註 36〕本文認爲，墨子學中有老子學的影響，並且這種相互影響是在二者相互對立的過程中發生，老墨之間的影響與區別、對立是共存的。墨子學說的出現，不能不以老孔的思想材料爲淵源，在這種學術影響的同時，因各自的社會根源不同，表現出不同的思想特徵。

一、「非樂」：墨子對禮樂文明的批評

　　班固《漢書・藝文志》說：「墨家者流，蓋出於淸廟之守。茅屋採椽，是以貴儉；養三老五更，是以兼愛；選士大射，是以上賢；宗祀嚴父，是以右鬼；順四時而行，是以非命；以孝視天下，是以尙同。」作爲「淸廟之守」的墨家精通禮樂，在禮崩樂壞之時，對禮樂文明進行了深刻的反思，試圖建

〔註 32〕詹劍鋒的《墨子的哲學與科學》一書，指出墨子認爲天地萬物始於有，與老子認爲天地萬物始於有，與老子認爲天地萬物始於無互相反對。
〔註 33〕陳鼓應：《墨子與〈老子〉思想上的聯繫》，《道家文化研究》（第 5 輯），上海古籍出版社，1994 年。
〔註 34〕張純一：《墨子集解》，成都古籍書店，1988 年，247 頁。
〔註 35〕轉引自秦彥士：《再論墨家與道教》，《道家文化研究》（第 5 輯），上海古籍出版社，1994 年。
〔註 36〕孫以楷：《文子與墨子》，《學術月刊》，2002 年第 3 期，37～40 頁。

立新的社會秩序。墨子不同於老子哲學的反思和孔子經學的態度，而是採用宗教的形式。墨子在形式上保留了宗教觀的「天」，在內容上卻將它否定。「天是什麼？天不過是王的影子。故結果是王的意志就是天的意志，王的是非就是天的是非。而反過來，所謂『天志』實在也不過就是王志了。」〔註37〕墨子將老子的天道觀用宗教的形式束縛起來，用自己的意志規範「天志」，建立一種不同於禮樂文明的秩序，提出了「非樂」的命題。

第一，墨子「非樂」的根據。《墨子·非儒》：「夫繁飾禮樂以淫人，久喪偽哀以謾親；立命緩貧而高浩居，倍本棄事而安怠傲，貪於飲食，惰於作務，陷於飢寒，危於凍餒，無以危之。是若人氣，鼠藏，而羝羊視，賁彘起。君子笑之，怒曰，『散人焉知良儒。』」這正是老子所說的「禮者，忠信之薄，而亂之首」。孔子對禮樂也有所批評：「禮云，禮云，玉帛云乎哉？樂云，樂云，鐘鼓云乎哉？」（《論語·陽貨》）《淮南子·要略訓》：「墨子學儒者之業，受孔子之術，以為其禮煩擾而不悅，厚葬靡財而貧民，（久）服傷生而害事，故背周道而用夏政。」以上說明，老子、孔子、墨子都已經不滿西周禮制，而要進一步改造禮制。老子說：

> 五色令人目盲，五音令人耳聾，五味令人口爽，馳騁畋獵令人心發狂，難得之貨令人行妨，是以聖人為腹不為目，故去彼取此。（12章）

> 服文采，帶利劍，厭飲食，資貨有餘，是謂盜竽。（53章）

> 不貴難得之貨，使民不為盜。（3章）

> 民之饑，以其上食稅之多，是以饑。民之難治，以其上之有為，是以難治。民之輕死，以其上求生之厚，是以輕死。（75章）

老子反對禮樂文化的異化，主張限制統治階級的欲望。墨子在此基礎上，反對氏族貴族的意識形態，即「非樂」。《墨子·非樂》說：

> 必務求興天下之利，除天下之害，將以為法乎天下，利人乎即為，不利人乎即止。且夫仁者之為天下度也，非為其目之所美，耳之所樂，口之所甘，身體之所安，以此虧奪民衣食之財，仁者弗為也。是故子墨子之所以非樂者，非以大鐘、鳴鼓、琴瑟，竽笙之聲，以為不樂也；

〔註37〕郭沫若：《孔墨的批判》，《中國古代社會研究》（外二種），河北教育出版社，2004年，563頁。

非以刻鏤、華文章之色，以爲不美也；非以犓豢煎炙之味，以爲不甘
也；非以高臺、厚榭、邃野之居，以爲不安也，雖身知其安也，口知
其甘也，目知其美也，耳知其樂也，然上考之，不中聖王之事；下度
之，不中萬民之利。是故子墨子曰：「爲樂，非也！」

在這裡，墨子指出「非樂」的兩條根據：一是「上考之，不中聖王之事」，二
是「下度之，不中萬民之利」。從《孟子・梁惠王下》中的首句即可表明直到
公元前 4 世紀末期，在社會的公共話語中仍然不能迴避「利」這個話題。「聖
王之事」是墨子先王觀的反映，也是老子的觀念。墨子肯定「萬民之利」，老
子也肯定民的利益，「絕知棄辯，民利百倍」（楚簡甲本 19 章）。但同時，老
子又說：「民多利器，而國家滋昏」（57 章）。老、墨的區別在於，老子是氏族
貴族的意識形態，墨子是國民顯族的意識形態，因此，「唯毋爲樂，虧奪民衣
食之財」的禮樂與民是對立的。墨子提出：「利乎人即爲，不利乎人即止」，
老子則認爲「人之道」是沒有前途的，「人之道則不然，損不足以奉有餘。」
（77 章）人應該效法「自然」，「無爲」而爲，主張「使有什伯之器而不用……
雖有周輿，無所乘之；雖有甲兵，無所陳之；使民復結繩而用之」（80 章）。
這樣，墨子用「利」代替了老子的「無爲」，進一步提出，「賴其力者，生；
不賴其力者，不生」（《墨子・非樂上》）。墨子「興天下之利，除天下之害。」
老子也說：「勇於敢則殺，勇於不敢則活。此兩者，或利或害」（73 章），「天
之道，利而不害」（81 章）。墨子明確地區分了習俗（禮）與道德（義）。〔註
38〕趙紀彬認爲將墨子的「非樂」命題解釋成「反對藝術」，無疑將「特稱命題」
誇張成「全稱命題」，在邏輯上是一個明白的錯誤。墨子的「非樂」，實質上
是從古代自由人階級的勞動生產觀點出發，來反對氏族貴族的消費剝削文
化，並不是反對一般的藝術或文化。〔註 39〕鄒昌林的研究表明，在文明起源
之時，社會財富的分配是按禮樂進行，其目的是維護社會公共職能。到春秋
戰國之際，這樣的公共職能已經演化爲奢華的宮廷文化，墨子認爲這是對本
來用於百姓生活的資源的浪費。墨子的「非樂」即是對按禮樂分配的一種批
評與否定，提出了「強」、「力」的新標準。

〔註38〕【美】查德・漢森著，張海燕譯，《先秦諸子論人與社會》，《管子學刊》，1992
年第 4 期。

〔註39〕趙紀彬：《論墨子「非樂」的經濟思想》，《困知錄》（上），中華書局，1963
年，47 頁。

　　第二，老墨對禮樂精神的取向不同。孔子的「和」反映了辯證法的思想，而墨子的「同」表現了形而上的性質。「作爲觀念的『和』，形成於氏族公社解體後的社會分工下，它反映社會對勞心者君子與勞力者小人的和平相處的要求，是宗法文明秩序的體現。」〔註40〕老子超越「和」，在氏族公社的社會基礎上提出了「同」。「部落、氏族及其制度，都是神聖而不可侵犯的，都是自然賦予的權力，個人在感情、思想和行動上始終是無條件服從的。」〔註41〕老子把這種氏族公社政治共同體的性質抽象爲「同」，「挫其銳，解其紛，和其光，同其塵，湛兮，似或存」（4章）。墨子在老子的基礎上，把老子形而上的「同」具體化爲一種權力主義。趙紀彬看出了「和」與「同」的社會學說：

　　　　與「和」字對待者即是「同」字。如前所述，「和」爲折衷可否而泯滅其對立，則「因」即應一反其道，而爲判別可否以強化其區分；「和」爲相對主義的矛盾調和，則「同」亦應一反其道，而爲形而上學的絕對自同。孔門是「和」而非「同」，所以説：「君子和而不同，小人同而不和。」〔註42〕

「墨子首先考慮的是導致健康、富裕與社會安定的道德行爲的綜合效果。由於他是從社會共同體及其統治者而非個人的角度來考慮，這個普遍秩序的正義並不基於對每個人的絕對正義。」〔註43〕墨子的「兼」爲老子「和」的進一步發展，「兼即仁矣、義矣」（《墨子·兼愛下》），他肯定「兼」，否定「別」，在政治思想上抽象出「尚同」：「天之欲一同天下之義也，是故選擇賢者立爲天子。……天子又總天下之義，以尚同於天。」（《墨子·尚同下》）這「一」雖然與老子的「一」內涵不同，卻形式是一致的。老子說：「天得一以清，地得一以寧，神得一以靈，谷得一以盈，萬物得一以生，侯王得一以爲天下正。」（39章）孔子也說：「吾道一以貫之」。顯然，墨子繼承了這種思想形式。然而，老子主張的「玄同」、「同其塵」是形而上的、沒有是非的平等，《呂氏春秋·貴公》：「老聃則至公矣」，老子說：「聖人常善救人，而無棄人；常善救物，而無棄物」（27章）。墨子則強調「別」與「兼」的是非分別的平等，「兼

〔註40〕羅祖基：《略論儒墨之異道——對思想文化中兩個對立傳統之反思》，《中國哲學史》，1996年第3期。

〔註41〕恩格斯：《家庭、私有制和國家的起源》，人民出版社，1999年，100頁。

〔註42〕趙紀彬：《古代儒家哲學批判》，中華書局，1948年，108頁。

〔註43〕葛瑞漢：《論道者：中國古代哲學論辯》，中國社會科學出版社，2003年，61頁。

愛」指關懷每一個人而不論他是否與自己有血緣親屬關係，是一種道德原則而非社會平等原則，這是中國古代社會「死的抓住活的」特徵所決定的。因此，「兼愛」超越了血緣，但並不意味著所有人在經濟上和政治上的平等。《墨子・兼愛中》說：「視人之國若視其國，視人之家若視其家，視人之身若視其身。是故諸侯相愛則不野戰，家主相愛則不相篡，人與人相愛則不相賊，君臣相愛則惠忠，父子相愛則慈孝，兄弟相愛則和調」。老子根據「自然」的觀念，提出「以身觀身」，是同一律的形式，向內發展出孔子的「仁學」；墨子由外發展，返回到自身，提出「兼愛」的道德原則。

　　《墨子・尙賢》說：「今王公大人欲王天下，正諸侯，夫無德義，將何以哉……今大人欲王天下，正諸侯，將欲使得意乎天下，成名乎後世，故不察尙賢爲政之本也？」顯然，墨子的「尙賢」是對血緣的否定，是對「血緣及政治」秩序的否定。因此，墨子的「尙賢」與老子的「不尙賢」是對立的。老子的「不尙賢」中的「賢」，即是《說文》中所謂的「多財」，代表了國民階級在經濟上的要求，還沒有道德的含義，侯外廬據《商君書・開塞》篇，認爲：「這篇文字裏所說的尙賢，和『貴貨』或『土地財貨男女之分』是相聯結的，因爲土地私有，財貨佔有，男女國民的人格的存在，正是尙賢的經濟基礎。」〔註44〕春秋戰國之際，由老子的「不尙賢」到孔子的「尊賢」，再到墨子的「尙賢」，這是一個從公田到私田的轉變過程，反映到政治上就是顯族的難產，在思想意識上就是老子孔子的階級之間的調和，到墨子對氏族貴族的否定。「賢」的含義在老子是財富，發展到孔子賦予了道德標準，墨子則肯定智慧理性。在這個意義下，墨子從老子那裡的反對「強」與「力」，發展出「強」與「力」。「尙賢」意味著優勝劣汰的自然法精神，對此，老子說：「不尙賢，使民不爭。」進一步，老子反對「強」的標準：「不以兵強天下，其事好還。」（30 章）、「不敢以取強」（30 章）、「勝人者有力，自勝者強。」（33 章）、「強欲弱之，必固強之。」（36 章）、「柔弱勝剛強」（36 章）、「強梁者不得其死」（42 章）、「見小曰明，守柔曰強」（52 章）、「堅強處下，柔弱處上」（76 章）、「弱之勝強，柔之勝剛」（78 章）等。墨子提出了「力」的標準，使人的生存有了新的根據，人不僅僅是先天的「血緣」與「道德」，勞動才是人的本質。「力」就是勞動力，它的提出，說明春秋戰國之際隨著鐵器、牛耕的出現，私田興起，勞動者的作用與地位空前提高。「力」成爲

〔註44〕侯外廬：《中國古代社會史論》，河北教育出版社，2000 年，290～291 頁。

戰國時期社會財富創造的主要因素。此後，商鞅變法，也強調「多力」、「搏力」、「盡力」的重要性。與此同時，在意識形態方面，墨子又提出「兼愛」與「非攻」，這是土地財產私有權既經法定成立的意識反映，其核心就是保衛私有財產權。〔註45〕

二、「天志」與「道」的對立與聯繫

　　第一，墨子「非命」的思想意義。老子否定了宗教天命觀，提出了自然天道觀，「莫之命而常自然」，「天網恢恢，疏而不漏」（73 章），「天道無親，常與善人（79 章）。《墨子・法儀》：「愛人利人者，天必福之。惡人賊人者，天必禍之。」「墨子是一個強行人事者（眞好天下者），其尊天鬼而非命，似頗矛盾，故他把非命的強力說，亦作爲『規矩』同於天鬼，因此，天鬼變成爲『方法』性的手段。他把西周以來的天與命，第一步分做兩截，以命爲欺愚之物故棄之，以天鬼爲庶民所無之物故置之；第二步復分而合，使無命的條件附加於天鬼之意志中，而成爲沒有命定的天鬼，一按他的『方法』執行賞罰。因爲它的天論不是形而上學，而是方法觀，所以，天鬼的法則成了他自己的理想的法儀。墨子的天道觀已含有義理之天。」〔註46〕劉述先也有這種思路，把天命分爲二個層次：一是「命」指的常常是外在的命運；二是天命卻關聯到內在，常常顯示了很深的敬畏與強烈的擔負感。〔註47〕老子思想也是如此：一方面，「天網恢恢，疏而不漏」，另一方面，又具有「以天下觀天下」的擔當意識。墨子的「非命」所否定的就是外在的命運，而強調「天志」，墨家學者一般都具有「摩頂放踵，枯槁不含」的精神。根據史華慈的論述，墨子領悟到兩個世界之間的對立：一個世界是由深不可測的、非人格化的秩序（也許具有巫術和神秘主義的性質）操縱的，不受任何自由意志的控制（無論是宇宙的還是人類的）；另一個世界的秩序本身是諸神和人的自由意志長期艱巨努力的成果。「命運」的支持者們否定的正是諸神和人所具有的、積極的、意向性的意志。〔註48〕

〔註45〕郭沫若：《孔墨的批判》，《中國古代社會研究》（外二種），河北教育出版社，2004 年，564～565 頁。

〔註46〕侯外廬：《中國古代思想學說史》，國際文化服務社，1950 年，157 頁。

〔註47〕劉述先：《論孔子思想中隱涵的「天人合一」一貫之道——一個當代新儒學的闡釋》，《中國文哲研究集刊》，第 10 期，1997 年 3 月。

〔註48〕史華慈：《古代中國的思想世界》，江蘇人民出版社，2004 年，146 頁。

　　墨子「非命」基於「命」是氏族貴族的意識形態，「非命」意味著國民顯族在意識上的自覺。「周代的社會史，祀天者爲貴族，庶民沒有天道，同樣的，祖先鬼神亦氏族貴族所專有，庶民無姓，沒有祭鬼的必要。著者認爲這是土地國有制的宗教意識之反映，一直到春秋時代，土地國有制（不得買賣）尚存，這種意識形態亦存。」〔註49〕根據宇都宮清吉的研究，儒家學團與墨家學團集團原理上最大的不同點，「儒家學團否定由權力來支撐的單方面秩序，它把個人規定爲家族的個人，它所擁有的是根據家族制人際關係原理建立起來的秩序。與此相反，墨家學團則是完全否定『家族制』，把個人規定爲單個分子的個人，它所建立的是以首領制人際關係原理爲根據的秩序。」〔註50〕墨子利用宗教的形式，將老子的自然天道觀束縛於先王觀之下，「天志」中包含著國民階級的意志，以鉅子爲首領，形成了一種權力支配的秩序。

　　第二，從老子天道「無親」、「無爲」的哲學本體論，到墨子「天志」的宗教觀念。老子的「道」是本體，墨子的「天志」是方法。沒有老子對上帝宗教的否定，就沒有墨子把「天志」作爲自己學說的方法。墨子繼承了這一傳統，提出了「法天」。他說：「然則奚以爲治法而可？故曰：莫若法天。」（《墨子・法儀》）老子主張效法天道，「孔德之容，唯道是從」。「道」是天在哲學上的抽象和提升，使原始意義上的天命變成了哲學意義上的天道。墨子「則天」、「法天」的思想是對老子思想的繼承與發展。《墨子・天志上》說：「順天意者，兼相愛，交相利，必得賞；反天意者相惡，交相賊，必得罰。」墨子繼承了老子「道法自然」的思想，對「天志」進行了具體的社會規定，老子的「道」是本體，墨子的「天志」是方法。《墨子・公輸篇》說：「天雨庇其閭中」，以「天」字去記述自然的現象外，其他諸篇在單獨談到天時皆以天爲神。墨子常以「天地」連詞指謂自然宇宙，自然律爲天所安排。〔註51〕「天地」連詞繼承了老子思想，在《老子》中以「道」來統攝天地，「地」效法於「天」，這是老子對公族與顯族的調和。到戰國時，顯族登上歷史舞臺，「地」的觀念已經不能屈從於「天」，代表「天」的「道」已經不能滿足這種意識生產。於是，代表「地」觀念的「天志」出現。在這個意義上說，老子的「道」

〔註49〕侯外廬：《中國古代思想學說史》，國際文化服務社，1950年，156頁。
〔註50〕宇都宮清吉：《〈管子・弟子職篇〉探研》，《日本學者研究中國史論著選譯》（第三卷），中華書局，1993年，239～240頁。
〔註51〕李杜：《中西哲學思想中的天道與上帝》，聯經出版社，1978年，111～112頁。

轉化爲「天志」。於是，墨子第一次提出「地仁於天」的命題。〔註52〕相比之下，《易傳》的天尊地卑說，莊子、惠施的「天地萬物一起」說都不敢明確的提出「地」觀念的優越性。「天」在墨子之前是氏族貴族的意識形態，即「禮不下庶人」，《墨子》中「天」使天下萬民爲「天下之邑人」，它普遍無私的兼愛天下萬民。

第三，「天志」有爲與天道無爲的對立。墨子對「天志」進行了具體的社會規定。老子說：「天之道，損有餘而補不足。人之道，則不然，損不足以奉有餘。」（77章）墨子把天道與人道進行了倒置，人道成爲他的自然狀態，天道轉化爲「天志」，成爲社會法則與他的思想方法。墨子看到自然狀態與「天志」之間的背離，用「天志」來使不合理且矛盾的社會變得合理。老子的無爲是基於天道自然變化的內在規律，它是客觀存在的，不以人的意志爲轉移，「人法地，地法天，天法道，道法自然」。墨子的「天志」仍然依託於自然天道觀：「且吾所以知天之愛民之厚者有矣，曰以磨爲日月星辰，以昭道之；制爲四時春秋多夏，以紀綱之；雷降雪霜雨露以長遂五穀麻絲，使民得而利之。」（《墨子·天志中》）墨子繼承了老子的先王觀，並加以改造，使之成爲自己思想中的理想先王，是尚賢、尚同的擔負者，是「天志」的執行者。

老子與孔墨之間的這種歷史關聯是建立在春秋社會的秩序之上的。老子把禮樂精神昇華爲哲學本體論。他們從不同的途徑否定了西周的宗教鬼神觀。老子從超越的宇宙本體「道」出發，孔子則從社會主體人出發，他在老子「自然」觀念的基礎上，把「禮」中的「德」觀念內化爲「仁」；墨子在此基礎上，試圖對老孔進行綜合創新。他揚棄和改造禮樂中的宗教精神，提出了「天志」，「輪人之有規，匠人之有矩」，這個天從形式上主宰著宇宙人類，內容上卻是人的意義，既有超越的意義，又有現實的意義。以「天志」作爲「兼愛」的根據，關心庶民『利』的客觀價值，其「兼愛」側重於經驗主義。

〔註52〕佚文。詳見《藝文類聚》、《北堂書鈔》、《太平御覽》等書。

第三章　老子與戰國時期諸子的宇宙觀

　　老子思想爲戰國時期諸子思想提供了形而上的根據。本章主要討論老子和戰國時期儒道宇宙觀之間的關聯，當然這不是否定其他諸子在先秦宇宙觀方面的貢獻。〔註 1〕本文結合戰國時期社會特點，考察二種比較重要的宇宙觀：一是「自然」，二是「變化」。

　　「自然」與「變化」在先秦有自己獨特的歷史基礎。中國文明起源的特殊路徑決定了先秦諸子的思想特點，當然對老子思想的形成也起了決定性的作用。侯外盧根據恩格斯的「家族、私有、國家」三項來做文明路徑的指標，那麼，「古典的古代」是從家族到私產再到國家，國家代替了家族；「亞細亞的古代」是由家族到國家，國家混合在家族裏面，叫做「社稷」。因此，前者是新陳代謝，新的衝破舊的，這是革命的路線；後者卻是新陳糾葛，舊的拖住了新的，這是維新的路線。前者是人惟求新，器惟求新；後者卻是「人惟求舊，器惟求新」。這種「死的抓住活的」的特點，決定了中國文明的進程是維新的，也是漸變的、連續的，在思想觀念上是連續性思維，在這個意義上「氣」的觀念是中國獨有的。整個宇宙是有機一體的，老子的「道」即是對這種觀念的抽象，萬物各有自己的「德」，但卻不是孤立的，「道生之，德蓄之，物形之，勢長之」，彼此是開放的。老子說：「子孫以祭祀不輟」，個人生

〔註 1〕楊向奎指出了名家、墨家宇宙觀的意義：「這宇宙無限的概念同於墨家而不同於名家。名墨都追究物的本身而不及本體和道；道家談道不及物，但他們都注意時間空間，道家以之爲本體，是道體之自然，名墨則以之爲物，因爲無物不會有空間與時間。」（楊向奎：《論「道」》，《雲南社會科學》，1991 年第 4 期，35 頁）

命寄託於群族生命之中，在連續的血緣譜系中，個人的生死只是生命形態的變化，所以「死」只是「化」，而不是絕滅。老子的「自然」觀念即是對中國古代社會特點的抽象而提出來的。

「變化」作為時代的話題是在戰國時期，是人們對時代思考的產物。〔註2〕中國文明的起源是維新的路徑，侯外廬概括為「人惟求舊，器惟求新」的特點，以血緣生產作為其社會基礎，「同姓同德，異姓異德」（《國語‧晉語》）、「非我族類，其心必異」（《左傳‧成公四年》）。因此，種類的生產繁衍與社會氏族的延續成為自然而然的歷史路徑。戰國時期，社會階層之間的流動打破了種族的局限，在政治上表現為君主郡縣制，「人惟求新，器惟求新」成為其新的特點。這種「血緣即政治」的政治模式向君主郡縣制的轉變，不再是通過維新的路徑來完成的，而是通過流血的變革。老子的「自然」是宇宙論意義上的事物狀態，社會的人為被看作是對「自然」的否定，而諸子的心性論、治國思想分別從個體、社會的層面對不「自然」進行否定，使之回到「自然」，這個過程即是「變化」。老子提出的「化」，有「變」的意味，但是局限於自身。中國是農業社會，戰國時期社會的發展變化並沒有改變這一性質。農業生產不僅依賴自然，而且因順於自然的成長程序。這說明，「變化」觀念是以「自然」觀念為基礎，「變化」是「自然」的一種特殊形態，是從「不自然」向「自然」回歸的過程。

第一節　老子的「自然」宇宙觀

先秦宇宙觀〔註3〕有兩個概念需要澄清，即本體論與宇宙論，張岱年說：

　　關於宇宙哲學，西方分為「本體論」和「宇宙論」兩個部分。「本體論」（Ontology），日本譯為「存在論」，講萬物存在的根；「宇宙論」（Cosmoslogy），日本譯為「生成論」，講天地起源、宇宙變化的過程。老子提出的「道」有這兩個方面的含義，兩者是相互結合的。老子講

〔註2〕「變化的不同，似乎與黛密微 Demieville（3C）所說的中國知識分子的兩大趨勢有關，他稱為急進派和漸進派，前者是社會革命，後者是緩慢的改革。」（李約瑟著，陳立夫主譯：《中國古代科學思想史》，江西人民出版社，2006年，51頁）

〔註3〕《尸子》說：「四方上下曰宇，往古來今曰宙。」《宙合》說：「宙合之意，上通於天之上，下泉於地之下，外出於四海之外、合絡天地為一裹。」《文子‧自然》篇記載：「老子曰：往古來今謂之宙，四方上下謂之宇。」《莊子‧庚桑楚》：「有實而無乎處者，宇也，有長而無本剽者，宙也。」

宇宙有個開始，這個開始就是「道」，道生出天地萬物後，並不消滅，
它又作爲天地萬物的基礎。前者就是宇宙論，後者就是本體論。〔註4〕
宇宙論不一定是本體論，二者是既有區別又有聯繫。具體而言，在《老子》
中，這種情況有混合的蹟象，第一章討論「道」的本源與本體問題，但是還
沒有宇宙生成問題，三十九章的「萬物得一以生」也是如此，但是在四十二
章中又具有鮮明的宇宙生成色彩。

　　本文所謂的宇宙觀是指老子與諸子在對宇宙超越與內在化的基礎上所形
成的觀念或思想。這種超越與內在化的根據就是老子所提出的「道」，即本體
的意義。這種超越的意義是源於對社會的思考，社會結構的變化與社會秩序
的多樣化勢必會引起對宇宙或世界看法的變化。戰國時期，當社會秩序與政
治秩序發生變化之時，作爲理解和解釋世界的「天道」內涵也發生了一定程
度的改變。「天道」是宇宙時空秩序的根據，可以衡量世間事物的價值，「天
道」與它自身產生、變化所依託的社會結構之間是互動的。春秋戰國之際，「人」
從「天」之中逐漸分離出來，但現實的社會秩序、人生存在仍需要根據，因
此對於「天地」、「宇宙」的討論，並不僅僅是天文學、地理學的視野。「天道」
不是僅僅依據天文意涵來確定本源或自然變化的永恒法則，也不局限於形而
上的解釋，而是涵蓋了天文與人文之間互動的關係。

一、老子「自然」宇宙觀的起源

　　張岱年指出：「中國宇宙論之初祖，當推老子。否認天爲一切之最高主宰
而更深求至極究竟者，乃宇宙論之出發點。老子以前，可以說是先宇宙論時
期，自老子始，乃有系統的宇宙論學說。」〔註5〕因此，老子的自然宇宙觀源
於先宇宙論，這種關聯主要表現爲三個方面：

　　一是老子宇宙觀的形成離不開地理觀念的形成與發展。宇宙理論成型固
然較晚，但其根源可以追溯到殷商。早在 1941 年，胡厚宣就指出商代已有「四
方」觀念〔註6〕，與此同時，楊樹達認爲「四方」方名均與草木生長有關〔註7〕。
此後成果不斷，對殷商的宇宙觀研究不斷深化，艾蘭提出：「『方』的初義原

〔註4〕張岱年：《中國哲學中的本體觀念》，《安徽大學學報》，1983 年第 3 期。
〔註5〕張岱年：《中國哲學大綱》，中國社會科學出版社，1982 年，5 頁。
〔註6〕胡厚宣：《甲骨文四方風名考證》，《甲骨學商史論叢初集》（上），河北教育出
　　　　版社，2002 年，265～273 頁。
〔註7〕楊樹達：《楊樹達文集·積微居甲文說》，上海古籍出版社，2006 年，79～82 頁。

是指形而上的存在物；『方』可以與眞實的領土『土』重合，但它一般用於指神靈之鄉，是掌管雨水和豐收的『風』神的住所。」〔註8〕從而說明，殷商的宇宙觀是與祖先崇拜有一定關係，從考古來看，「亞」形的內涵之一，「一個把氏族的名姓和其他一些祖先記號包在內的『亞』形符號。」〔註9〕殷商之所謂「帝」、「上帝」，殷周之際又稱爲「天」，乃是社會生活和政治秩序的根源與根據，並與王權的支配結合在一起，「一切天時上的風雨晦冥，人事上的吉凶禍福，如年歲上的豐嗇，戰爭的勝敗，城邑的建築，官吏的黜陟，都是由天所主宰」。〔註10〕在這個基礎上，「地中」觀念得以出現，爲宇宙觀的出現奠定了基礎。所謂「天地之所合也，四時之所交也，風雨之所會也，陰陽之所和也，然則百物阜安」是「地中」的理論意義，其中「天地之所合」爲天地之「中」，「四時之所交」爲四時之「中」，「風雨之所會」爲風雨之「中」，「陰陽之所和」爲陰陽之「中」。這些「中」都是圍繞「地中」的觀點來實現的，所以說，地域中心觀念的確立，是所有這些「中」的基礎。〔註11〕「中」的意義在宇宙觀中也得到了體現：天圓地方的「蓋天說」是以視覺中北極爲中心的天體運行爲背景得來的一種宇宙知識，宇宙中永恒不動的極點使人們想像爲「一」或「太一」或「太極」，天地整齊的稱呼和天地規則的運動被人們理解爲一種精緻的宇宙格局和自然秩序。〔註12〕因此，天子以爲自己是宇宙的中心，儘管可能是以集體或一個氏族，但這種宇宙觀便是這種自然而然的不加反思的以自我中心的思想的反映。在《老子》中，天地的中心已被抽象爲哲學意義的「道」或「一」，「聖人抱一爲天下式」（22章），「天地相合，以降甘露，民莫之令而自均」（32章）、「天地之間，其猶橐籥乎？虛而不屈，動而愈出。多言數窮，不如守中」（5章）。《莊子・齊物論》說：「彼是莫得其偶，謂之道樞，始得其環中，以應無窮。」這樣，「地中」觀念轉化爲宇宙觀的核心概念。在這個過程中，宇宙觀在確立三代政治秩序中起著關鍵作用，因而是建構三代政治權力不可缺少的力量。

〔註8〕 艾蘭：《「亞」形與殷人的宇宙觀》，《中國文化》，第4期，35頁。

〔註9〕 艾蘭：《「亞」形與殷人的宇宙觀》，《中國文化》，第4期，36頁。

〔註10〕 郭沫若：《青銅時代・先秦天道觀之進展》，《中國古代社會研究》（外二種），河北教育出版社，2004年，251～31頁。

〔註11〕 鄒昌林：《中國古代國家宗教研究》，學習出版社，2004年，241頁。

〔註12〕 葛兆光：《眾妙之門——太一、北極、道與太極》，《中國文化》，1991年第3輯。

　　二是「氣」觀念的哲學化。元氣化生，陰陽結合。《老子》中，活動力的根源，難以爲名，強名之日道。道的生成作用，是生成混沌的一氣，一氣生成二氣，二氣生成合和湧動的沖氣而成三氣，三氣生成萬物，此爲根據氣思想的「一元、二氣、萬物」的宇宙生成論。這種「氣」的宇宙生成作用，在《左傳・昭公元年》中有所說明，「天有六氣，降生五味，發爲五色，徵爲五聲，淫生六疾。六氣日：陰、陽、風、雨、晦、明也；分爲四時，序爲五節，過則爲災；陰淫寒疾，陽淫熱疾，風淫末疾，雨淫腹疾，晦淫惑疾，明淫心疾。」這是醫和的醫學觀念，暗含將人類的生存同天地自然的大氣視爲同一序列的東西，而老子的「萬物負陰而抱陽，沖氣以爲和」（42 章）在宇宙生成的層面上將此意義凸現出來。

　　三是由「天命」向「道」的轉變。「天命」有兩層意義：其一指天文的意義。在《老子》中，宇宙與社會聯繫的根據何在？「執大象，天下往。」（35章）王弼注解：「大象，天象之母也。不寒不溫不涼，故能包統萬物，無所犯傷。」郭店楚簡丙本三十五章說：「天象亡（形）。」對此，丁原植注意到了「天象」與「大象」的不同內涵涉及了思辨方式的轉變。〔註 13〕從天文向哲學思辨的轉變中，「無」有不同的內涵。葛兆光論證了北極在古人心中有「以靜制動」與「無中生有」的意味。〔註14〕因此，「無」的意義不僅是將天文的原理作爲實踐人文的根據，「無」中也滲透了人文的思想內涵。在西周，周天子不僅是「天命」的持有者，而且是社會秩序的制定者。然而，「天命」已經不是僅僅依靠觀天受象即可讓天命有常，而是依靠天子是否有「德」。這個「德」在老子思想中已經從道德的意義，轉變爲哲學的意義。因此，老子用天道代替了王道的核心地位，「道」的存在與作用直接內在於萬物之中，而不是依靠於天子的解讀。在這個背景下，老子展開了對宇宙與社會的思考。其二指天命的意義。「道沖而用之，或不盈，淵兮似萬物之宗。」老子的「道」同時含有本體與根源的意義，這是對西周秩序反思的結果。西周是「血緣即政治」的秩序，意味著血緣的身份秩序與政治權力秩序是合一的，這種秩序特色源於西周的宗教觀——「天」。「天」有兩個方面的內涵：一是，天命是西周存

〔註13〕　丁原植：《楚簡〈老子〉思辨觀念的天文探源》，《郭店楚簡國際學術研討會論文集》，湖北人民出版社，2000 年。

〔註14〕　葛兆光：《眾妙之門——太一、北極、道與太極》，《中國文化》，1991 年第 3輯。

在的根據，這是「天」的本體色彩；一是，「天」是有譜系的，有祖先神的色彩，這是「天」的根源意義，兩個方面共同構成了西周的政治秩序的根據。而且這兩個方面是有文獻根據的，在《詩經・大雅・烝民》中說：「天生烝民，其命匪諶。靡不有初，鮮克有終。」這是說，人類來源於天，人的存在的長久爲天命所制約；「天生烝民，好是懿德，有物有則，民之秉彝」，這是說，人既爲天所生，則由天賦予的法則所規定。此外，《左傳・成公十三年》中記載：「民受天地之中以生，所謂命也。是以有動作禮義，威儀之則，以定命也。」「命」與「定命」是合一的，是根源與根據的統一。

二、老子「自然」宇宙觀的內容 [註15]

《老子》說：「有物混成，先天地生，寂兮寥兮，獨立不改，周行不殆，可以爲天下母。吾不知其名，字之曰道，強爲之名曰大。大曰逝，逝曰遠，遠曰反，故道大，天大，地大，人亦大。域中有四大，而人居其一焉。人法地，地法天，天法道，道法自然。」（25 章）這個混成之物即「混沌」。在先秦，關於宇宙「混沌」狀態的說法是很普遍的 [註16]。日本學者山田慶兒以先秦神話文獻研究爲基礎，梳理了《莊子》中「混沌之死」的神話原型 [註17]：

> 最初世界是由黃帝統治著的，他生了兒子和孫子以後，黃帝把
> 周圍的南海和北海讓他們來統治，把南海給了儵號，北海給了儵強。
> 然而這種分封統治的體制是極不穩定的。因爲面孔沒有眼、鼻、嘴
> 的黃帝沒法用自己的眼睛看清商定的邊界線，也沒法用自己的耳朵
> 傾聽兒子們的意見，所以不斷侵犯邊界，造成對兒子們的威脅。兒

〔註15〕池田知久認爲：「宇宙生成論之『混沌』或者進而言之宇宙生成論本身是比它更早的古代時期的原初性、根本性的知識——存在論（哲學）中的『混沌』之實體化、客觀化的結果，是其後在思想家出現的東西。」（池田知久：《中國古代哲學中的混沌》，《道家文化研究》，第 8 輯）

〔註16〕《莊子・應帝王》：「中央之帝爲渾沌。」《知北遊》：「夫昭昭生於冥冥，有倫生於無形。」長沙子彈庫帛書對宇宙未分之際的描寫：「夢夢墨墨，亡章弼弼」。屈原《天問》：「遂古之初，誰傳道之上下未形，何由考之冥昭普暗，誰能極之馮翼惟象，何以識之明明暗暗，惟時何爲陰陽三合，何本何化」，這也是對宇宙開闢於「混沌」流行說的發問。長沙馬王堆《經法》：「恒無之初，迥混同太虛。虛同爲一，恒一而止。濕濕夢夢，未有明晦……古故無有刑形，大迥無名。」「虛無刑形，其寂冥冥，萬物之所從生。」這與「混沌」也有相同景象。

〔註17〕山田慶兒：《空間・分類・範疇》，《日本學者論中國哲學史》，中華書局，辛冠潔等編，1986 年，46～50 頁。

子們有一次被邀請參加黃帝所沉溺的那種載歌載舞的宴會，他們按
預先約好了的計劃把黃帝殺掉了。於是他倆平分了天下，因此有秩
序的世界便產生了。在這種情況下，若按莊周所啓示的那樣，就是
它們不僅把空間，而且把時間也一分爲二了。

山田慶兒在對混沌神話與哲學的解讀中，概括出先秦空間的二種結構：三級
構造與二級構造。三級構造是指外部是秩序的對立，內部是混沌的無秩序。
與三級構造相反，二級構造是三級構造中的混沌之死引起的後果，是一個上
下對立的純粹空間。本文受此啓發，認爲這兩種空間結構不僅僅是天文學上
的二種宇宙結構論構成：蓋天說和渾天說，而且也是先秦社會結構變化的一
種反映。老子的「道」，作爲一種超越性的東西在內在化於萬物之中時，又具
體地作分類原理和思考的範疇而被概念化，而這又與社會的結構與社會價值
體系是緊密相聯的。

混沌神話中空間的三個構造

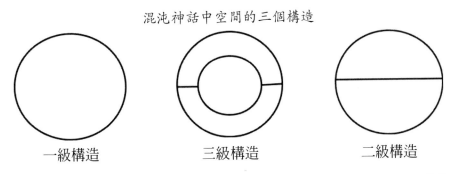

一級構造　　　　　　　三級構造　　　　　　　二級構造

　　老子的思想中既有繼承又有創新，「道生一，一生二，二生三，三生萬物」，
山田慶兒解釋爲：「道生一」的道是無，固然可以說是從無生有，可是「一生
二」都不是把空間分割爲上下，而是分割爲內外，「二生三」是把外部空間分
割爲上下，外部空間再行分割遂產生萬物；但外部空間總是單一的、原封不
動的。本文認爲，「上下」代表一種分裂的意識，「內外」代表一種連續的意
識。《周禮・夏官》中的「天下」觀正是這種內外空間理論的說明：以王城爲
中心在方五千里之地劃分爲九畿的區分，按它稱方一千里爲國畿、方一千里
爲侯畿、以下每增加五百里依次爲甸畿、男畿、採畿、衛畿、蠻畿、夷畿、
鎮畿、藩畿。這種從內到外的空間劃分價值序列，是連續的、階段性的，其
差別是相對的，中心是最高價值，但不是絕對的價值。從血緣社會的特點來
看，每一個個體都從「己」出發，一圈圈的推出去直到天下，構成一個網絡
系統。一個社會即有無數如此的網絡。在這個意義上，老子的「道」，即是一

個從特殊視角建構的無數秩序的總和。這樣，在老子的思想中「無」被視爲內在的特點，具有空虛的特性，並且這種空虛從「道」開始，一直貫穿到「萬物」。〔註18〕「道」的這種混成意義，使得萬物是自由的，以「無」的形式作爲其行爲的規範，自然而然，在其展開的過程中反對支配、控制別的對象。

「混沌」是老子對宇宙結構與秩序的描述與認識，在此基礎上老子發明了「道」。道有二個方面的涵義：一是根據，一是根源。根據與根源是合一的。從根據上來講，道是虛靜的；從宇宙根源上看，道是「周行不殆」。在老子中，根源是爲了論證根據，根據是爲了說明根源，二者是合一的。因此，「道」的宇宙秩序與天下的社會秩序是一致的。道「可以爲天下母」，「天法道，道法自然。」（25章）王夫之解釋說：「道散而爲天下，天下不能反而爲道。」（《老子衍》29章）「天下」之「器」歸於自然之「道」，而「道」是無爲的，因而「至人外其身於天下」。（《老子衍》13章）顯然，「道」爲「天下」的秩序。「人們生活在許多自然的村落中，一些自然的村落圍繞著一個叫強大的『城』形成共同體『邦』，這些自然村落的共同體又屬於一個龐大的聯盟，村落的共同體在聯盟內和平共處，人們實際上是生活在一個統一體內，這個統一體就是中國當時能夠瞭解的『天下』。因此，人們有一種意識，即『天下』不言而喻是應該統一在一起的。」〔註19〕老子使用「天下」這個概念51次。然而，春秋晚期的社會變動，使得社會結構發生變化，天下趨於分裂，老子「道」的內涵因而有所變化。「混沌」的烏托邦思想排斥在人類內部設定「君子」與「小人」的「分」。〔註20〕

在這種合一中，根據與根源同時也是對立的，一靜一動，動靜如何統一，老子只是用虛靜的方法來克服，對於這種對立在現象界的解決，老子則通過有無來說明，但是道與物之間的秩序並不清楚，就是說，具體的事物與形上之物之間是有無的關係，「道生一，一生二，二生三，三生萬物，萬物抱陰而負陽，沖氣以爲和」，這種模式並沒有解決萬物之間的秩序，因此，「道」的

〔註18〕 從本體的角度講，「道」是「沖氣以爲和」，「谷神不死，是謂玄牝，玄牝之門，是謂天地之根。綿綿若存，用之不勤」（6章）；從萬物的角度講，「三十輻，共一轂，當其無，有車之用。埏埴以爲器，當其無，有器之用。鑿戶牖以爲室，當其無，有室之用」。（11章）

〔註19〕 葛兆光：《中國思想史》（第1卷），復旦大學出版社，1998年，8頁。

〔註20〕 池田知久：《中國古代哲學中的混沌》，《道家文化研究》（第8輯），上海古籍出版社，1996年。

這種合一必然要分裂。顏世安對這種根據與根源之間的矛盾，描述為「道的目的是論證自然無為，宇宙起源理論不僅不能為這個目的提供自然哲學基礎，而且以知識語句描述自然本相，與以『無』等模糊詞表達的自然世界不可知原則剛好相矛盾。」這就提出了一個問題：把握「道」的根據與「道」的根源之間的關係，是正確理解老子宇宙觀的所在。這種關係，本文把它歸結為「自然」的觀念。對此，杜維明認為真正的問題在於宇宙和它的創造者是連續的還是非連續的，並提出了中國宇宙論的三個特點：整體性、動態性和連續性，並把它們歸結為「自然」的特點。〔註21〕因此，老子的宇宙觀就是「自然」，〔註22〕其基本結構就是「自然」與「非自然」，「常」與「非常」的對立與統一。在這個意義下，老子說：「道生一，一生二，二生三，三生萬物。」「生」，強烈的表達了老子的宇宙秩序，李豐楙是這樣認識「生」：

> 生與產只是表達了植物出生、成長的狀態，不過卻是蘊含有同一種類的植物、動物生命的延續，即為同種、同類相生的根本理解。

> 在古文獻中對於符合類概念的生、產，基於其相生相產所形成的宇宙萬物的生命形態，乃是自然的——自己如此而並非人為的，所以所有常態下的生命延續都不必特別注意、特別敘述，此即常中見道。〔註23〕

中國的宇宙起源沒有第一推動力或造物主，這就決定了當老子提出「道」論時，既包括本體，又含有宇宙根源，只有這樣宇宙才能通過道的自然作用產生。因此，道是整體的，變化的，並且不以人的價值觀來看待。天道自然無為，排除了上帝鬼神的作用，把宇宙的創造力歸之於宇宙本身。當對這種創造力的生物、成物而又非物的性能作理論抽象時，便形成老子的宇宙本體論；當對宇宙創生過程進行理論描述時，便形成老子的宇宙生成論。

〔註21〕 杜維明：《存有的連續性：中國人的自然觀》，226～229頁。方東美對此也有相似的看法，「中國先哲所謂宇宙，其實包含物質世界與精神世界兩方面，並須使之渾然化為一體，不像西洋哲學往往把它們截作兩個片斷來看。」「中國人的宇宙觀是精神物質浩然同流的境界，這浩然同流的原委是生命。」（方東美：《中國人生哲學概要》，臺北，先知出版社，1974年，12頁～13頁。）

〔註22〕 唐君毅在對中西宇宙觀研究時，就是以中國的「自然宇宙觀」為題，以此區別古希臘的「超自然的」或「形而上的」宇宙觀。（唐君毅：《中國哲學中自然宇宙觀之特質》，載於《中西哲學思想之比較論文集》）

〔註23〕 李豐楙：《先秦變化神話的結構性意義——一個「常與非常」觀點的考察》，《中央研究院文哲研究集刊》，第四期，1994年3月。

三、「自生」〔註24〕：《恒先》與老子「自然」觀

上博楚簡《恒先》被整理者李零認爲是道家軼文。《恒先》內容是關於宇宙觀的，與老子的「自然」觀念有關聯。老子對於事物的產生和變化的論述，主要是以「常道」視野來考察「道」的變與不變。但是這種「自然」宇宙觀並沒有展開，《恒先》在此基礎上提出「同類相生」，具體演繹了這種宇宙觀。

第一，《恒先》的宇宙生成過程符合老子的「自然」觀念。老子說：「道生一，一生二，二生三，三生萬物」，在《恒先》中沒有「道」，有「恒」。關於「恒」與「道」的關係有三種意見，一種是「恒」作爲天地的原始狀態等同於《老子》中的「道」〔註25〕；一種是二者在宇宙生成論或宇宙論的意義上是不相等的〔註26〕；還有一種意見認爲，二者之間既有相同之處，又有不同之處。〔註27〕這三種意見可以說是在邏輯上已經包含了它們之間的所有可能關係。

> 恒先無有，素、清、虛。素，太素；清，太清；虛，太虛。自厭不自刃，或作。有或焉有氣，有氣焉有有，有有焉有始，有始焉有往者。未有天地，未有作行、出生，虛清爲一，若寂水，夢夢清同，而未或明、未或滋生。氣是自生，恒莫生氣。氣是自生自作。恒、氣之生，不獨有與也，或恒焉，生或者同焉。昏昏不寧，求其所生。異生異，歸生歸，違生非〈違〉，非生違〈非〉，依生依，求欲自復，復生之。生行，濁氣生地，清氣生天。氣信神哉，云云相生，信盈天地……有出於或，生出於有，音出於生，言出於音，名出於言，事出於名……有人焉有不善，亂出於人。先有中，焉有外。先有小，焉有大。先有柔，焉有剛。先有圓，焉有方。先有晦，焉有

〔註24〕 《莊子》中也有「自生」的觀念，「萬物云云，各復其根，各復其根而不知；渾渾沌沌，終身不離；若彼知之，乃是離之。無問其名，無窺其情，物固自生。」（《莊子・在宥》）

〔註25〕 李零《「恒先」說明》、廖名春《上博藏竹書〈恒先〉簡釋》、李銳《〈恒先〉淺釋》、陳麗桂《〈恒先〉的斷句與義理詮釋》、趙建功《〈恒先〉意解》等，大多取「恒（恒先）＝道」之說。

〔註26〕 谷中信一：《〈恒先〉宇宙論析義》，已刊載於丁四新主編：《楚地簡帛思想研究（三）》，武漢：湖北教育出版社，2007年。淺野裕一《〈恒先〉的道家特色》（收於淺野前揭書）。淺野以數例論及其《老子》道家不同之處。

〔註27〕 郭靜云：《先秦自然哲學中的「天恒」觀念》，《儒家文化研究》（第一輯），2007年，生活・讀書・新知三聯書店，2007年，369～375頁。

　　明。先有短，焉有長。天道既裁，唯一以猶一，唯復以猶復。

在《老子》中，「自然」的實現是需要條件的，池田知久概括爲「主體→客體、原因→結果」的條件。同樣，在《恒先》中「自生」的實現，必須要有先決條件，如「或」作爲空間是「氣」的自生自作的先決條件，否則沒有「氣」的產生。「或」的產生又離不開「恒先」的「作」，依次萬物產生。老子宇宙生成論的問題「一方面，從本體論的角度，他必須抽象出一個純粹存在者；另一方面，從生成論的角度，他又不能把這一邏輯要求貫徹到底，因爲純無生有，在邏輯上是無法解決的。」〔註28〕因此，僅僅依靠宇宙生成論，將意味著「道」的死亡。然而，在《恒先》中則沒有這種危險，萬物雖然依靠類自生，但是卻都離開「恒先」。陳麗桂說：「有先後關係、相與關係，而沒有母子相生關係。作爲空間概念的『或』與創生質素的『氣』，都是『自生自作』，都沒有外在動力……自然而然的顯現興生。」但同時，「類生者，如萬物萬類，各循萬類，各循其軌，同時氣化分生，有子母關係，沒有先後問題。」〔註29〕在《恒先》之中，「先後」與「母子」關係同時出現，並且在一種情況下，二者只能出現一種方式，這反映了戰國期間，地緣與血緣的並存，「或」的意義學界眾說紛紜，廖名春認爲，「或」，通「域」、「宇」。〔註30〕《恒先》的生成論有二個部分組成，一是描述自然秩序的生成，二是論證社會秩序從自然秩序中產生。

　　第二，「自生」是老子「自然」觀念在宇宙生成中的體現。《恒先》中強調「同類相生」，「異生異，鬼生鬼，韋生韋，非生非，哀生哀」。在「自生」的觀念裏包含了對老子「自然」本體涵義的繼承，「有物混成，先天地生。」「道」的這種先天性，包含了這種意義，而在《恒先》中「恒」、「或」、「氣」只有先後關係，沒有子母關係。《老子》說：「致虛極，守靜篤。萬物並作，吾以觀其復。」《恒先》的「自生」是對老子「自然」觀念的宇宙論的闡釋。

　　第三，「復生」是宇宙生成的方式。張岱年把中國宇宙變化的規律歸納爲「反覆」，並指出「復」有兩層意義：一爲終則有始，更新再始；二爲復返於

〔註28〕孫以楷、甑長松：《莊子通論》，東方出版社，1995 年，132 頁。

〔註29〕陳麗桂：《從出土簡帛文獻看楚國道家的道論及其相關問題——以帛書、〈道原〉、〈太一生水〉、〈恒先〉爲核心》，《中國文哲研究集刊》，第 29 期，2006 年第 9 期，132 頁、140 頁。

〔註30〕廖名春：《試論郭店楚簡太一生水篇的綴補》，《出土簡帛文獻叢考》，湖北教育出版社，2000 年，56 頁。

初，回到原始。〔註31〕老子講「復」有二個層次：一是強調「道」的規律，「大曰逝，逝曰遠，遠曰返」，「反者道之動」；二是在主體修養的方式來講，「歸根覆命」。《恒先》也是如此，一是講宇宙生成的方式爲「復」，「復生之生行」；二是從萬物的本性說，「紛紛而復其所欲」。於是，《恒先》明確將「復」作爲「自然」觀念在宇宙生成的方式，在《老子》中主要是對「道」的規定。進一步來講，「道法自然」，「復」也是「自然」的方式。《恒先》與《老子》表達「自然」方式的不同源於老子的思想主要從本體來講「道」，對於宇宙生成的過程則語焉不詳。《恒先》則對「道」進行了離析，「恒」、「或」、「氣」三者分別說明「道」的本源性、空間性、構成因素。因此，《恒先》側重於宇宙生成過程，但又吸收了老子的本體思維。

第四，宇宙生成中自然與社會的關聯。「推天道以明人事」是中國古代的思維方式之一，《恒先》用宇宙生成的方式說明萬物「自生」的法則也適用於人事。《恒先》認爲自然與社會共同存在的基礎都是「或」。具體而言，「或」不僅是自然界的「氣」，也是人類社會的「有」的先決條件，這就決定了二者的法則是相同的。因此，「同類相生」的觀念便被轉化爲社會的「同一邏輯」，名實相符，「或非或，無謂或；有非有，無謂有；生非生，無謂生；音（意）非音（意），無謂音（意）；言非言，無非言；名非名，無謂名；事非事，無謂事。」

然而，《恒先》已經深刻意識到「道」的危機，「有人焉有不善，亂出於人」。這種危機與《莊子》中的「混沌之死」有相同的主體意味，「混沌」代表道家理想中的「先天自然世界」，「混沌」死後所形成的則是儒家理想中的「禮教人文世界」。〔註32〕這種觀點是對「混沌」歷史意義的理解不足所造成的，「混沌」代表一種秩序，它的死亡預示著舊秩序的結束，新秩序的重建，這是先秦諸子共同努力的方向，而不能帶有偏見說是儒家的「禮教人文世界」。當然，老子已經意識到這種「道」的危機，「道」不僅包括「常道」，也包括「非常道」。於是，老子提出「道法自然」。然而，在《老子》中，宇宙論與本體論混合在一起言說，但主要強調的是本體論。因此，「道法自然」即是「非常道」向「常道」回歸的過程，這個過程促成了「變化」觀的產生。

〔註31〕張岱年：《中國哲學史大綱》，中國社會科學出版社，1982年，101頁。
〔註32〕陳啓云：《中華古代神話的「轉軸」理念和心態》，《中國古代思想文化的歷史論析》，2001年，81頁。

第二節　「變化」觀念的產生及其演變

在戰國時期之前，人們對於變化現象理解，局限於種、類的生產範圍之內。《詩經・小雅・小苑》記載：「螟蛉有子，蜾蠃負之」。螟蛉與蜾蠃之間的關係，人們並不能正確解釋，鄭玄《〈毛詩傳〉箋》：「蒲盧取桑蟲之子負持而去，煦嫗養之以成其子」，這說明人們的農業生產經驗尚不能解釋生物之間的一些變化。從社會的發展來看，殷周之際，正如王國維所說是一個變革期，並且產生了《易》〔註33〕，其中卦象含有數學變化的規律，但是「變化」觀念並沒有產生。其原因是：西周時「人惟求舊，器惟求新」的維新路徑尚未突破種類的限制，在觀念上仍局限於宗教天命，把事物的變化歸之於神意的變化，「變化」還達不到客觀意義的層面。這樣，便出現了看得到的變化現象，卻不能產生「變化」觀念。因此，「變化」觀念產生的一個前提即是老子「自然」觀念的提出，打破了宗教天命的束縛。「自然」觀念向「變化」觀念的衍變是一個歷史過程，考察其衍變的歷史路徑，對於理解老子與先秦諸子思想之間的關係有重要意義。

一、戰國時期「變化」觀念產生的社會原因

三代以來的維新路徑，在戰國時發生了一定程度的改變。侯外廬已經指出了戰國時期社會變遷的整體趨勢，本文研究戰國時期社會路徑轉化的具體問題。諸子「變化」觀念的產生是建立在戰國時期社會的變化之上，具體而言，包含以下幾個方面：

第一，社會的生產方式決定了戰國時期社會環境是一個變化的時代。春秋以前，城市支配農村，國與野分治，這是建立在農業生產的分工之上。戰國以後，「私田」得到了各個諸侯國的認可，國家實行授田制，把小塊土地分配給自耕農耕作，結束了「公田」的耕作。授田制包括依軍功授田和「一夫百畝」式的「分田」、「轅田」兩種方式，這兩種方式促進了土地私有化，也加速了軍功地主和自耕農階層的形成；同時，也擴大了社會的分工，手工業、

〔註33〕《周易》這部著作包括《易經》與《易傳》兩部分。《易經》大約形成於殷周之際，《易傳》則形成於戰國後期。《易經》的卦象包含有變化的觀念，其框架結構體現了數學變化的規律，但是「— —」、「——」兩個基本符號與陰陽範疇的結合，是到《易傳》才出現的。因此，本文不討論老子與《易經》之間的關係。（參考任繼愈主編：《中國哲學發展史・先秦卷》，人民出版社，1983年，582～611頁。）

礦業、冶鐵術的不斷取得進步，這也爲戰國時期戰爭進攻與防禦武器的進步提供了基礎。另外，授田使原來政治權力的下移變爲上移，國家只能從原來以維護貴族政治轉向國家對於編戶齊民的統治中心，「寡人之民不加多」，而君主郡縣制對農民的支配權力之一，即是實行郡縣徵兵制度。因此，戰國時期的戰爭帶有持久性、長期性的特點，戰爭的錯綜複雜使得戰爭指揮專業化，兵家得以產生，在這個意義上兵家即是在研究戰爭的變與不變。此外，春秋時期，自然經濟占絕對的統治地位，及至戰國以後，社會分工進一步擴大，交換經濟對自然經濟起到了支配作用。這樣，由春秋時期的實物交換，發展爲戰國的金屬貨幣的確立。因此，物價的計算以貨幣爲中心標準，物價隨著市場的波動。交換經濟的支配作用主要表現爲二個方面：一是自然經濟被納入了交換經濟的體系，《荀子·王制》說：

> 北海則有走馬吠犬焉，然而中國得而畜使之。南海則有羽翮、
> 齒革、曾青、丹幹焉，然而中國得而財之。東海則有紫絟、魚鹽焉，
> 然而中國得而衣食之。西海則有皮革、文旄焉，然中國得而用之。
> 故澤人足乎木，山人足乎魚，農夫不斲削不陶冶而足乎械用，工賈
> 不耕田而足乎菽粟。

社會各個階層都被納入了交換經濟之中，根據需要進行交換。二是，交換經濟對社會造成了一定的影響，「一是破壞了氏族公社的束縛，使公社的成員從公社的桎梏中爬出來，成爲自由農民。二是，跟著又破壞自由小農經濟，使小農破產、流亡、一部分成爲奴隸，最後成爲農奴、依附民。」〔註34〕春秋時代的兼併，純粹是政治的方式；戰國時代的兼併，除政治方式外，還有一種買賣的方式。〔註35〕王國維說：「都邑者，政治與文化之標徵也。」侯外廬根據商周社會分工的不同，指出：「受土受民，政則以商，法則以商。政爲氏族共同體，周代爲政在『故舊』，故沿商之舊習。而疆土之制，周爲創始，故用周索。前者『人惟求舊』，後者爲『器惟求新』」〔註36〕。西周時，社會分工局限於農業內部，到戰國時，社會分工則更爲擴大，尤其是手工業比較發達，《莊子·馬蹄》討論物性的殘害，一是木匠，一是陶者，成玄英疏：「陶，

〔註34〕何茲全：《戰國秦漢時代的交換經濟和自然經濟，自由民小農和依附性佃農》，
　　　　《史學理論研究》，2001年第3期，14頁。
〔註35〕李劍農：《先秦兩漢經濟史稿》，生活·讀書·新知三聯書店，1957年，93頁。
〔註36〕侯外廬：《中國近代啓蒙思想史》，人民出版社，1993年，328頁。

化也」，這說明莊子已經意識到手工業對自然本性的改變。在三代，城市是「宗子維城」制，是宗法的，不是經濟的，因此，即使遷國，其內容還是氏族共同體；戰國的都市則是建立在私有經濟基礎之上，它的城牆雖然堅固，但其市場資源卻頻繁流動，所以是經濟的，不是宗法的。因此，繁華的都市成爲強國之間爭奪的對象。

　　第二，戰國時期的政治特點是「人惟求新，器惟求新」，王公諸侯的權力被轉化爲君主集權。春秋以前，古代共同體的人不變，但其制度在變，這謂之「維新」，「人惟求舊，器惟求新」。據許倬雲的研究，所謂「新人」指那些與大家族無關的出身寒微者。他的統計數據表示了戰國時期社會流動性：

> 在公元前 464 年以前，出身不明平均占到了總人數的 26%，但此以後的平均數則達到 55%。這說明公元前 464 年後，大多數歷史人物都是出身寒微，白手起家的。這種趨勢，與春秋晚期卿大夫階層的衰落一起，不僅可以表示戰國初期各階層間的更多流動，而且可以顯示出前一時期占主流的卿大夫階層已經完全崩潰。那些舊家族的消失可能是許多更老、更小的國家被幾個更新的國家兼併以後的結果。小國被兼併後，其家族被解散，而融入到更大的家族中去了。然而，如果原來的社會秩序仍舊起作用，新的強宗巨室應當在這些大國的朝廷出現。對戰國時期不同執政人物的背景分析後發現，即使這樣的家族也是微乎其微。簡言之，在戰國時期，所發生的不僅僅是社會階層間更自由的流動，而且是原有社會階層分化的消失。〔註37〕

春秋時雖然滅國，但不能征服其種族。這是因爲氏族制僅僅通過政治的形式，並沒有容納支配或隸屬關係的空間，血緣的先天性保證了階層的穩定性。戰國時期，土地的私有化，促進了土地兼併與市場資源的流動，在這個過程之中產生了新興的地主、投機者、商人、以及破產的農民；君主郡縣制產生了巨大的支配力，爲階層之間的流動提供了制度保證，而「士」則成爲這種制度的服務者；戰爭爲農民獲得軍功提供機會的同時，也使一些亡國的貴族淪爲貧民。所謂「器新」是指君主郡縣制創造了強有力的國家權力，使「法」在政治上代替了氏族祖先崇拜的神聖性，正如法家所說，

〔註37〕許倬云：《中國古代社會史論——春秋戰國時期的社會流動》，廣西師範大學出版社，2006 年，45～46 頁。

「事因於世，而備適於事」，「世事變而行道異」（《韓子・五蠹》）。一是諸侯之間的兼併，國家數量的減少，氏族共同體政權的解體。春秋時代，各氏族國家至少有一百三十三國，至戰國中期形成了七個主要國家。兼併使農民的身份性質發生改變，在兼併之前，農民被治於領主，純屬私人臣僕關係，之後被國家郡縣制支配，逐步變成國家與人民的關係。二是，世卿貴族兼併是隨著新興的地主階級建立統治政權而發生的。春秋末年禮崩樂壞，天下秩序發生了一些新的變化〔註38〕：由過去的「血緣即政治」秩序，分裂爲君主支配自耕農的政治秩序與家族制的社會秩序，前者是一君萬民體制的官僚本質，後者是社會內部所存在的本來秩序，二者之間的對立，成爲戰國時期社會秩序變化的因素之一；三是，戰國時期「器」的新舊之間的對立，迫使各國開始變法。由於各國的發展不平衡，其變法的時間最多可相差幾十年〔註39〕，其變法的結果就是確立了君主支配人民的正當性。《商君書・開塞》指出了君主權力支配的正當性：「作爲土地貨財男女之分。分定而無制，不可，故立禁。禁立而莫之司，不可，故立官。官設而莫之一，不可，故立君。」這也說明了戰國時期文明的路徑：土地私有、公權制度、法律三者之間的相互關係〔註40〕。

第三，宗教的先王轉化成理想的先王，宗教的天命觀轉化成自然的天道觀，這也是戰國時期文明進步的路徑之一。理想的先王觀是多種意義的，《韓非子・顯學》說：「孔子墨子俱道堯舜，而取捨不同，皆自謂眞堯舜。」先秦諸子的世界觀受先王觀的約束，「到了戰國，諸子才各道自己的先王而非他人所道之先王，有類宗教改革之各道上帝而非他人所道之上帝。」〔註41〕

〔註38〕 公元前 562 年，魯國的大夫季孫氏、叔孫氏、孟孫氏三家「三分公室而各有其一」（《左傳・昭公五年》），用武力瓜分了公室的土地和奴隸。到戰國前期，這種變化遍及各國。公元前 403 年，三家分晉，正式產生了趙、魏、韓三個封建諸侯國；公元前 402 年，「盜殺楚聲王」，地主階級擁立楚悼王；公元前 386 年田齊取代姜齊政權，齊國建立了地主階級的政權；公元前 385 年，長期流亡在外的公子連回到秦國，取得了政權，即位秦獻公。

〔註39〕 魏國於 445 年任用李悝進行改革；趙國於 403 年，相國公仲連進行了政治改革；吳國也於 390 年，楚悼王啓用吳起實行變法；公元前 357 年，齊威王任用鄒忌進行改革；公元前 356 年，秦孝公任用衛鞅變法；公元前 355 年，韓昭侯任用申不害進行改革。

〔註40〕 侯外廬：《中國古代社會史論》，河北教育出版社，2000 年，367 頁。

〔註41〕 侯外廬、趙紀彬、杜國庠：《中國思想通史》（第一卷），人民出版社，1957年，49 頁。

侯外廬是從「政治主張與階級觀點」來討論諸子的「先王」觀的內涵，本文從戰國時期社會的具體路徑來進一步探討諸子思想的性質。要研究自然「天道」觀與理想「先王」觀要從老子開始，老子提出了「道」，「道」與現實有著對立的一面，即「常道」與「非常道」的對立。「道」的形而上的恒常性需要適應變化的春秋戰國時期社會，如此，「非常道」才能回到「常道」，「常道」與「非常道」之間才能統一，而這個「歸根復靜」的過程，本文指稱為「變化」。戰國時期社會的「非常道」即是社會階層之間的流動引起的一系列變化。根據侯外廬對西周「維新」道路的概括——「人惟求舊，器惟求新」，「人」與「器」是考察文明路徑的主要指標。在戰國時期的社會，「人」涵有個體的意義，「器」當為「君主郡縣制」。因此，老子的「道」在戰國的社會要讓「非常道」回到「常道」，其思想的軌蹟即是「道」的形而下化。在「道」的形而下化中，一是「道」與個體相結合，二是「道」與「器」相結合。對於前者，在思想觀念上主要表現為個體在變動之中，需要精神的支持，社會也需要對人與人、人與社會以及人與國家之間的關係進行規範，這樣出現了「道」的心性化。侯外廬說：「西周的『德』字成為非國民的，而為公族君子的。」〔註42〕戰國時期私有經濟之下的「性」字，則反映了個體意識逐步覺醒，道德觀念以平等的形式出現。理想的先王取代宗教的先王，自然天道觀支配理想的先王觀，或為理想的先王觀所支配，無論哪種形式，都反映出個體的社會屬性。在戰國中期，尤其是秦國未稱「西帝」之前，君主的支配權力尚沒有完全成熟，理想的先王體現為「聖人」在心性方面的意義，也就是說君主對「道」的支配，是要經過「道」與個體相結合的這個階段，這是與社會發展的歷史相一致的。西周的「德」是制度之「德」，專屬於氏族貴族，直到戰國時，「德」才成為個體的心性之「德」。「性」字出現的同時，「心」也出現，「性」是對個體自身而言，「心」一方面表示個體對自身的控制，另一方面也表示個體與社會之間的關係。孟子主張人皆有「四端」，聖人的意義在於能夠擴充「性善」，「我善養吾浩然之氣」（《孟子・公孫丑上》）。莊子則主張「齊物論」，承認天地萬物的價值是平等的。然而，無論孟子的「性善」還是莊子的「心靈轉化」都必須說明「性」、「心」是可以變化的。因此，孟子提出「盡性」的方法，莊子則提出「心齋」、「遊心」等方法，二者都試圖讓「性」回到其本來的狀態。這是「變化」觀念與心性論之

〔註42〕侯外廬：《中國近代啟蒙思想史》，人民出版社，1993年，321頁。

間的關聯。

另一方面，「器惟求新」之「器」是指「社會階級分化以來統治者對被統治者的政權形式」，「禮」是舊貴族專政的法權形式，「法」是國民階級統治人民的政權形式。〔註43〕在戰國時期，「法」主要是以君主郡縣制的形式體現出來，為了有效地控制流動的社會，君主需獲得對「道」絕對的支配權力。這種對「道」的支配力，體現了君主支配臣民的普遍性。

> 這種思想以「道」比擬「君主」、「帝王」，以「物」、「萬物」比擬「民」和「百姓」，如果在理論上難以使前者對後者的一元的支配正當化，就勢必動搖作為其基礎的「道→物」、「道→萬物」的存在論的支配關係，也就必然失去其中「道」作為決定「物」和「萬物」存在和運動的根源性實在的意義。〔註44〕

那麼，戰國時期君主支配力的普遍性是如何形成的？春秋戰國時期的社會變動與氏族制解體，是君主支配力形成的重要條件，但是作為普遍性的君主郡縣制是通過什麼樣的秩序來達到這種普遍性，這是其問題的核心所在。對於這個問題的解決，必須考察西周政治的特點。西周時期，天命的維新在於是否有「德」，這個「德」專屬於氏族貴族。到戰國時，「德」逐漸被普遍化、個體化，君主成其為君主，即在於對人民是否有「德」。對此，必須說明德治的概念是如何在君主郡縣制中被具體化的。日本學者西嶋定生在 20 世紀 80 年代就已經提出，這種權力的普遍性的形成是依靠禮的秩序。他的觀點概述如下：君主權力有兩個方面，一是德治主義，二是專制主義。專制主義不是君主肆意行動，而是國家結構中的權力只集中於君主一人之手的支配體制。專制主義與德治主義是一致的，這是因為君主與人民是互相依賴的。因此，君主對人民的支配必須以德治主義來體現，二者之間存在著一個媒介物——「禮」。君主郡縣制打破了「禮不下庶人」的傳統，將庶人也納入了禮的範圍，禮的秩序被普遍化。他以春秋以來戰士的範圍擴大到庶民以及戰國時代庶民賜爵為例來說明：庶民進入到爵制的秩序中。〔註45〕君主的權力空前增強，

〔註43〕 侯外廬、趙紀彬、杜國庠：《中國思想通史》（第一卷），人民出版社，1957年，15～16頁。

〔註44〕 池田知久：《中國思想史中「自然」的誕生》，《中國的思維世界》，溝口雄三、小島毅主編，江蘇人民出版社，2006年，29頁。

〔註45〕 西嶋定生：《中國古代帝國形成史論》，《日本學者研究中國史論著選譯》（第二卷），中華書局，1993年，48～87頁。

戰爭的規模空前擴大〔註 46〕，促進了文明路徑的改變，擴大了社會的進一步分工。諸子對於君主支配「道」的權力規範不同，或主張「禮」，或贊同「法」，形成禮法之爭的治國思潮，無論是「禮」或「法」都與「無爲」觀念有著關聯。西周禮制的意義，老子將其抽象爲「無爲」。然而，禮崩樂壞之下，「無爲」的觀念在老子思想中有著辯證法的意義：

> 一方面，在對自的形式上傾向於這樣一種看法：由於「道」、「聖人」的「無爲」態度，在目的意識上導致「萬物」、「百姓」的「自然」；另一方面，在即自的內容方面又傾向於這樣一種看法：因爲「道」、「聖人」的「無爲」，不能採取任何行動，「萬物」、「百姓」進而滿足於「自然」。這種矛盾關係，使兩者處於互相排斥的形式。

〔註 47〕

老子的「自然」、「無爲」觀念包含了他對一個新舊時代的思考，他的思想裏有著形式與內容之間的對立。戰國時期，君主郡縣制試圖統攝家族秩序，「無爲」的觀念再次與「禮」或「法」發生聯繫。然而，「禮」與「法」已經有著交換經濟中度量衡的統一色彩，一種西周時期先天的「禮」與「刑」，被轉換成後天的「禮」與「法」。老子的「自然」、「無爲」徹底被改造爲一種在「禮」或「法」秩序下君主對人民支配的「術」，老子的「自然」、「無爲」徹底被政治化。這種思想的轉變是與戰國時各國的變法平行的，體現了「變化」觀念在治國思想中的意義。

「自然」是建立在維新的路徑之上，是「舊——新」的結構；「變化」是以變法的路徑爲基礎，是「新——新」的結構。「變化」是以「自然」爲基礎，否則不成其爲「變化」。「自然」與「變化」之間的交織，體現了中國維新的傳統。侯外廬說：「在中國後來的郡縣制下，也就是把氏族公社的單位，保存下來，產生了中世紀鄉黨族居的自耕農制。」〔註 48〕

〔註 46〕公元前 288 年，秦昭王自立爲「西帝」，開始了進行統一的戰爭。在此前後，秦國嚴重削弱了六國的戰鬥力，奠定了秦國統一戰爭的勝利。在公元前 293 年伊闕之戰，白起大勝韓魏聯軍，斬首 24 萬；公元前 293 年鄢之戰，白起淹死楚國軍民數十萬；公元前 273 年華陽之戰，白起大勝趙魏聯軍，斬首 15 萬；公元前 260 年長平之戰，白起坑毅趙軍主力 45 萬。

〔註 47〕池田知久：《中國思想史中「自然」的誕生》，《中國的思維世界》，溝口雄三、小島毅主編，江蘇人民出版社，2006 年，24 頁。

〔註 48〕侯外廬、趙紀彬、杜國庠：《中國思想通史》（第一卷），人民出版社，1957 年，11 頁。

二、老子的「自然」觀念與戰國時期的「變化」觀念

在戰國時期之前，人們對宇宙的秩序基本是按種類的方式來描述，「在古文獻中對於符合類概念的生、產，基於其相生相產的宇宙萬物的生命形態，乃是自然的——自己如此而並非人爲的，所以所有常態下的生命延續都不必特別注意、特別敘述，此即常中見道。」〔註 49〕在這種宇宙觀下，春秋以前社會的秩序是以血緣關係相生而延續到宗法分封制。《國語‧晉語九》記載：「趙簡子欺曰：『雀入於海爲蛤，雉入於淮爲蜃。黿鼉魚鱉，莫不能化，唯人不能。哀夫！』」趙簡子死於公元前 458 年，這說明在春秋時期，人類還未能衝破血緣的限制，局限在種族的束縛之中。「非常道」下的生命形態則是「變」與「化」，其中「變」字段玉裁注爲「治絲易棼，絲亦不絕」，李豐楙考證「變」與蠶變的生物形態有關，蠶歷經成長——擬似死亡——改變形體而再生。在這種形態的生命觀中包含了生命的不朽意識。〔註 50〕戰國時期社會階層之間的流動在廣泛的領域內展開，而西周傳統的制度已經難以維繫，只能變革。因此，無論是自然形態的變化，還是社會形態的變革，都是試圖由「非常道」回到「常道」的表現。社會階層之間的頻繁流動，本身就意味著必須突破社會階層的氏族限制，而這正是在觀念上對傳統宇宙觀的突破。在戰國之前，人們已經注意到自然界的變化：一是在「常道」意義下的種類自身的內部變化，一是「非常道」意義下的種類之間的變化。《呂氏春秋》記載：

> 仲春之月……始雨水，桃李華，蒼庚鳴，鷹化爲鳩。（《呂氏春秋‧仲春紀》）

> 季夏之月……涼風始至，蟋蟀居宇，鷹乃學習，腐草化爲。（《呂氏春秋‧季夏紀》）

> 季秋之月……侯雁來賓，爵入大水爲蛤。（《呂氏春秋‧季秋紀》）

> 孟冬之月……水始冰，地始凍，雉入大水爲蜃。（《呂氏春秋‧孟冬紀》）

上述記載說明，人們已經在農業生產中發現了變化的「常」與「非常」的意

〔註49〕李豐楙：《先秦變化神話的結構性意義——一個「常與非常」觀點的考察》，《中央研究院文哲研究集刊》，第 4 期，1994 年 3 月。

〔註50〕李豐楙：《先秦變化神話的結構性意義——一個「常與非常」觀點的考察》，《中央研究院文哲研究集刊》，第 4 期，1994 年 3 月。

義。下面將這種意義延伸至戰國時期諸子的思想層面，以此說明老子與諸子在「變化」觀念上的關聯。

　　老子所意識到的變化，是在「自然」的意義上講，「萬物將自化」（37 章），「我無爲而民自化」（57 章）。《說文解字》說：「化，教行也。從匕從人，匕亦聲。」《說文解字》將「匕」字解爲：「變也。從到人。凡匕之屬皆從匕。」日本學者白川靜進一步認爲，這「顚倒之人」代表死人，而此死人之象代表去世的過程。佐藤將之在白川靜的基礎上，認爲：「古代人造『化』字的意義應該不在於結合活人和活人之象，或結合死人和死人之象，而在於結合活人和死人的不同之象。由於並列兩種不同之象，一定要經過（出生→生活→死亡）的過程，盡能表達『死亡』象的具體意涵。」〔註51〕據李豐楙的研究，「變」隱喻著蟲爲同一形體而完全改變，且是較短時間的突變；而「化」則是同一形體的緩變、漸變，是人由少至老的形狀上的緩慢的改變。〔註 52〕從中我們可以看出，「自然」觀念中的「化」，是指事物自身的發展變化。「自化」是指在「常道」的狀態下，事物或人自身的發展變化，這是老子講的理想狀態。事實上，事物或人往往陷入「非常道」的狀態下，「非常道」向「常道」的復歸的結果就是「變化」觀念的產生。

　　「變」字在《論語》中的主題是人或邦國，「變」字停留在動詞的意義上，「變」的過程本身還沒有成爲句子中的主題。在《孟子》中「變」的意義延伸到心的層面。「變化」觀念主要體現在《黃帝四經》、《莊子》、《易傳》以及法家。在春秋以後，「變化」觀的討論主要變現在五個方面：一是神話意義上的「變形」，主要集中在神話傳說之中，如《山海經・北次三經》中記載：「女娃遊於東海，溺而不返，故爲精衛。常銜西山之木石，以堙於東海」。在這裡，「精衛」成爲「女娃」的另一種生命形式的延續，表面是對於「自然」觀念的一種違反與對抗，事實上是通過「變形」的方式回歸「自然」。二是名學中「類」概念的討論，以公孫龍的《通變論》爲其典型。在《通變論》中，公孫龍提出「變非變」的命題。其意義在於，公孫龍揭示出概念形位「變」的同時，又有其本質「非變」的一面，這「非變」的本質正是「變」的中介。

〔註51〕佐藤將之：《中國古代「變化」概念之演變暨其思想意義》，《政大中文學報》，2005 年，第 3 期，57～58 頁。

〔註52〕李豐楙：《先秦變化神話的結構性意義——一個「常與非常」觀點的考察》，《中央研究院文哲研究集刊》，1994 年 3 月，第 4 期。

這是公孫龍關於概念類屬變化的辯證觀點；〔註53〕三是心性論中的「變化」觀念，孟子主張性善意義的擴充，莊子則主張心靈的轉化。孟子、莊子都試圖讓心性從「非常道」回到「常道」；四是治國論中強調通過制度的變革，建立新的秩序，有「禮」、「法」、「道」的三種秩序，使社會秩序從無序回到有序。《商君書》中第一篇即是《更法》，「更」即「變」的意思。在《韓非子·南面》則明確說：「不知治者，必曰『無變古，毋易常。』變與不變，聖人不聽，正治而已。然則古之無變，常之毋易，在常古之可與不可。」五是宇宙觀中的變化觀念，此爲本文討論的主題，宇宙觀的生成變化是其他四個方面的基礎，這是中國古代思維中「推天道以明人事」的思維所決定的。宇宙生成有兩個層面：一是不變的「道」，二是變化的天地萬物，「道」的分裂引發天地萬物的生成變化。佐藤將之注意到《黃帝四經》中「變」與「化」開始與「一」、「道」等「本體」和「本源」等的觀念詞相結合，並且由此提出「不變化」的概念：〔註54〕

> 在陰不腐，在陽不焦，一度不變，能適蚑蟯。（《黃帝四經·道原》）

> 見於度之外者，動而不可化也。靜而不移，動而不化，故曰神。
> （《黃帝四經·經法·名理》）

在這裡，「道」是一個本體概念，自身及其作用「神」是不變的，是《老子》中所說的「常道」。「變化」，即「非常道」回到「常道」的過程，說明「變化」也是「道」的意義之一，具有本體的意義。

三、「自化」：莊子的變化觀念

老子講變化，「大曰逝，逝曰遠」，孔子也意識到變化，「子在川上曰：逝者如斯夫，不捨晝夜」。（《論語·子罕》）但是老子、孔子講的變化是「常道」的視野，老子還提出了「非常道」，「非常道」如何能回到「常道」，這是戰國時期的諸子所關心的問題。《恒先》強調事物「以類相生」，《莊子》則強調不同事物之間轉化和變化。莊子對「常道」的變化繼承了老子的思想。

> 以道觀之，何貴何賤，是謂反衍；無拘而志，與道大蹇。何少

〔註53〕胡曲園、陳進坤：《公孫龍子論疏》，復旦大學出版社，1987年，52～53頁。
〔註54〕佐藤將之：《中國古代「變化」概念之演變暨其思想意義》，《政大中文學報》，2005年，第3期，64頁。

何多，是謂謝施；無一而行，與道參差。⋯⋯道無終始，物有死生，不恃其成。一虛一滿，不位乎其形。年不可舉，時不可止。消息盈虛，終則有始。是所以語大義之方，論萬物之理也。物之生也，若驟若馳。無動而不變，無時而不移。何爲乎，何不爲乎？夫固將自化。

侯外廬注意到了莊子的無常變化，「變化裏的『形』爲無常性，是假象，所以變化是一個空虛而無實在的『變』，或『變』的移動，或幻變。」〔註55〕莊子說：

死生存亡，窮達富貴，賢與不肖，毀譽饑渴寒暑，是事之變，命之行也。日夜相代乎前，而知不能規乎其始者也。（《莊子・德充符》）

這種「無常性」反映了戰國時期社會流動的頻繁性，不僅包括社會階層分化的流動，而且還包括經濟、政治、戰爭、觀念的變化。爲此，清代學者王夫之在《讀通鑑論》中稱戰國時期是「古今一大變革之會」〔註56〕。在這個意義上，莊子的「變化」是具有普遍性的，不僅僅指自然環境，還包括人類社會，其意義有兩個層面，一是萬物皆變化，是相對的；二是從「道」而言無所謂變化，是絕對的。

第一，莊子繼承老子的「自然」觀念，規定、統攝「變化」觀念。從「變化」觀念的表達來看，《莊子》中「變化」一詞出現五例，《天下》中有三例，《外篇》的《天道》、《天運》各出現一次。《莊子》中大量出現的是「化」，有「物化」、「造化」、「風化」、「百化」、「萬化」、「治化」、「化作」、「化育」等。《老子》中出現「化」三次，與「自然」觀念有關聯。老子講到了宇宙的根源，「谷神不死，是謂玄牝；玄牝之門，是謂天地根。綿綿呵其若存，用之不勤。」老子用「天地根」、「玄牝」，《莊子》則用「本根」，它們共同指稱中國思想中對宇宙起源的概括，在這起源的意義之中又包括了萬物的根據。莊子的「化」從老子的「化」的意義中，衍生出從一物變爲另一物的變化意義。戰國時期，社會流動使得種類之間界限得以突破，平等的觀念在君主郡縣制下得以產生。《莊子》說：「天地與我並生，而萬物與我爲一。」天地萬物是

〔註55〕侯外廬、趙紀彬、杜國庠：《中國思想通史》（第一卷），人民出版社，1957年，331頁。

〔註56〕王夫之：《船山全書》（第13冊），嶽麓書社，1988年，1180頁。

一個不可分割的整體，而事物間的界限是主觀的偏見，這是源於莊子反對戰國時期秩序的分裂。因此，莊子宇宙觀的一個鮮明特色就是「變化」觀念，即萬物變動不居，一切都由氣組成，所有的變化只是「一氣」自身的變化，或「聚」或「散」，不存在種類之間的區別。

> 人之生，氣之聚也；聚則爲生，散則爲死。若死生爲徒，吾有何患！故萬物一也，是其所美者爲神奇，其所惡者爲腐朽；腐朽復化爲神奇，神奇復化爲腐朽。故曰「通天下一氣耳」。聖人故貴一。
> （《莊子・知北遊》）

在這裡，莊子用「氣」來指稱整個宇宙的構成，並作爲「道」與「天地」之間的中介，得出「通天下一氣耳」的結論。「天地者，形之大者也；陰陽者，氣之大者也；道者爲之公」（《莊子・則陽》），這說明「天地」、「氣」、「道」是統一的，一切變化只是「一」。在這個意義下，老子「道法自然」的命題得到深化與進一步論證。

第二，莊子「化」觀念的宇宙生成論意義〔註57〕。「混沌之死」預示著老子的宇宙觀在莊子那裡演變爲宇宙生成論。《老子》中宇宙的根源是「道」，「道生一，一生二，二生三，三生萬物，萬物負陰而抱陽，沖氣以爲和」（42章），宇宙和諧的狀態爲「沖氣」。在戰國時期，老子的「道」轉化爲「精」與「氣」，《莊子》中「陰陽」、「六氣」成爲描述宇宙生成變化的基本概念。其中，「陰陽」既是描述萬物的和諧狀態，也是萬物不和諧的原因。對此，周幽王時期的伯陽父曾用「陰陽」二氣的「失其序」來解釋地震原因。伯陽父的意義在於指出了「非常道」（失其序）的「變化」〔註58〕，莊子則把「變化」統攝於「常道」的意義之下。《莊子・大宗師》記載一則故事：

> 俄而子輿有病，子祀往問之，曰：「偉哉！夫造物者將以予爲此拘拘也。」曲僂發背，上有五管，頤隱於肩，肩高於頂，句贅指天，陰陽之氣有沴。其心閒而無事，蹁而鑒於井，曰：「嗟乎，夫造物者，又將以予爲此拘拘也。」

「有沴」，陰陽之氣不和所成的變化，在莊子看來，這是陰陽自身變化運動的

〔註57〕 「化」觀念不僅包含事物的產生，也指事物的消亡。莊子說：「已化而生，又化而死」（《莊子・知北遊》）

〔註58〕 《國語・周語上》記載：「夫天地之氣，不失其序，若過其序，民之亂也。陽伏而不能出，陰迫而不能烝，於是有地震。」

結果，是一個自然的結果。《莊子·至樂》：「察其始而本無生，非徒無生也而本無形，非徒無形也而本無氣。雜乎芒芴之間，變而有氣，氣變而有形，形變而有生，今又變而之死，是相與為春秋冬夏四時行也。」生命的形成從宇宙論的變化來看，由「無」變而有「氣」，由「氣」變而有「形」，由「形」變而有「生」，由「生」變而有「死」。「氣」說明萬物的本質是相同的，生命具有不中斷的連續性和統一性，在空間和時間中沒有界限，可以無限地擴展。

　　第三，莊子「化」觀念的主體意義。「化」的主體意義最早出現在《老子》的「自化」觀念中，但沒有達到高度普遍的形上領域。換言之，老子「化」的主體與「道」關聯起來，尚需要「侯王」或「我」作為中介〔註59〕。莊子徹底把「道」內在化，提出了「物化」概念：「不知周之夢為蝴蝶與？蝴蝶之夢為周與？周與蝴蝶，則必有分矣。此之謂物化。」（《莊子·齊物論》）「物化」是指萬物的自然變化，郭象說：「夫時不暫停，而今不遂存，故昨日之夢，於今化矣。死生之變，豈異於此，而勞心於期間哉」，這其中有二層涵義：一是蝴蝶身體的變形，二是莊子精神的轉化。莊子繼承了老子「生而不宰」、「道生之，德蓄之」的思想，強調「物化」是事物自身的變化，並不需要外在的推動力。萬物處於流變過程中，物與物之間的界限是虛假的，這樣便打破人心靈的束縛與限制。莊子蝴蝶的變化，隱喻著一種推陳出新的內在轉變。〔註60〕這是符合老子的「自然」觀念，「自然」是一個復合詞，它包含著：「一切作為物之自身方向指示性的『自』與回答了哲學性『發問』之事的『然』」。〔註61〕莊子豐富了老子的「自化」觀念，突出了變化的主體性與方向性。因此，「變化」不僅是物的本性，也是人心靈的存在形態。物與心、對象與認識都被統一到「變化」之中。

　　莊子的「變化」觀一方面吸收了氣化的宇宙觀，可以轉化與變化，另一方面又繼承了老子的「自然」觀念，認為天地萬物為一體，「天地與我並生，萬物與我為一」，天地間的變化都是「道」自然而然的變化。因此，莊子綜合了前面兩種宇宙觀，把「變」與「不變」的兩種觀念統一起來，其中既有「自生」的觀念，又有「變化」的觀念。

〔註59〕《老子》中，「化」字出現三次：「道常無為無不為。侯王若能守之，萬物將自化。化而欲作，吾將鎮之以無名之樸」（37章）「我無為而民自化」（57章）

〔註60〕【美】愛蓮心：《嚮往心靈轉化的莊子——內篇分析》，江蘇人民出版社，2004年，79～85頁。

〔註61〕丁原植：《〈老子〉哲學中「自然」的觀念》，《哲學與文化》，1993年，20卷第1期。

第三節 《易傳》的「變化」宇宙觀

　　戰國時期，「變化」觀念成爲諸子思想提出的依據。儒家的「變化」宇宙觀主要集中在《易傳》學派。對於老子與《易傳》之間的關係，學者集中於道家易與儒家易的爭辯，其論證的內容與方式主要表現爲：一是老子無爲，《易傳》有爲；二是辯證法；三是宇宙觀。〔註62〕「《易傳》的作者正是引入了老子的自然天道觀以發展儒家思想，爲孔子的道德本位主義尋求到自然主義本原本體論基石。」〔註63〕《易傳》的思想意義不僅如此，在引入自然天道觀的同時，也創立了一種德性化的宇宙觀。

一、《易傳》宇宙觀的意義

　　《易·繫辭上》說：「易有太極，是生兩儀。兩儀生四象，四象生八卦，八卦定吉凶，吉凶生大業」，這是講太極爲天地的根源。這個觀點，可以上溯到老子，往下可以發展爲《呂氏春秋·大樂》、《禮記·禮運》的宇宙觀。可以說，天地起源於混沌是與老子的宇宙觀有關。太極即爲太一，是混沌未分之元氣，兩儀是元氣造成的天地。那麼「太極生兩儀」一段話，自然是講宇宙生成了。然而，老子與《易傳》不同的是：老子強調陰陽之間的和諧，「萬物負陰而抱陽，沖氣以爲和」（42章），《易傳》則比較突出變化是兩種對立事物和力量相互作用的結果，其方向是「窮則變，變則通，通則久」，儼然以時間在過去有固定形式或始點，只是向未來奔逝無窮，因此，《易傳》有「太初有始」、「大哉乾元！萬物資始」之基本假定。〔註64〕學術界有一個誤區，總想把《繫辭》的「太極」與老子的「道」的意義等同起來〔註65〕，事實上，

〔註62〕這種看法成爲學術界的主流意見，如馮友蘭：《中國哲學史新編》（上卷），北京：人民出版社，1998年；又如任繼愈編《中國哲學發展史》（第一冊），人民出版社，1983年；還有餘敦康的《論易傳和老子辯證法異同》（《哲學研究》，1987年第7期）、楊柳橋的《易傳與老子——我國先秦哲學思想兩大體系》（《中國哲學史研究》，1981年第1期）

〔註63〕孫以楷：《道家與中國哲學》（先秦卷），2004年，人民出版社，241頁。

〔註64〕方東美：《中國形而上學中之宇宙與個人》，《方東美卷》，河北教育出版社，1996年，389～390頁。

〔註65〕例如，劉大杰先生說：「老子……將宇宙的各種問題，構成一個有條理而又合乎人情的哲學系統……《易傳》內所講的太極兩儀，是由這個系統來的。」（劉大杰：《魏晉思想論》，上海古籍出版社，1998年，36頁）高亨先生也說：「《易傳》作者對於宇宙形成過程的方法與老子基本相似。」（高亨：《周易雜論》，山東齊魯書社，1962年，36頁）

二者既有相同的一面，又有不同之處，它們反映了不同的兩種社會秩序，老子反映的是「血緣即政治」，《繫辭》反映的是血緣與政治的分裂，這種分裂的秩序滲透在社會的方方面面。李約瑟認爲《易傳》把人類文明所產生的特殊社會秩序反映到大自然的世界，但是他只注意到是中國社會行政制度的映像。〔註66〕葛瑞漢看到了另一方面：

> 其八卦與家族聯繫起來，這對於儒家道德與《易傳》中作爲由父天母地而來的相生循環的宇宙過程的一般觀念都很重要。在這種情況下，關聯完全被家族關係所束縛。陰爻與陽爻必須與雌雄關聯，八卦統一於父母，往上的秩序與出生的秩序統一。正是由於它是這樣一條規則，即無論全卦是『陰』或『陽』，它都固定爲與其他二者相對應的單一的爻，所以都遵循於此。〔註67〕

這是《易傳》探求宇宙生成的根本立場。在《易傳》中，「太極」與「道」是分開的。對於這點，任繼愈是自覺的，「有時爲了內容上的需要，《易傳》根據唯物主義的思路，把《周易》的框架結構看作是一個反映世界客觀外界的體系。有時爲了強調《周易》框架結構的神秘性質，又根據唯心主義的思路，把它看作是一個先驗的體系。」〔註68〕事實上，這是中國先秦思想的特點所決定的，不是唯物還是唯心的問題。因此，《易傳》中的「太極」只是具有宇宙本源的意義，而沒有本體的意義，這是與老子「道」的最大不同。這是根據與根源分立的現象，在郭店楚簡《太一生水》與《恒先》中也有反映。

　　「道」的分裂引起了由「生」到「生生」的轉向。老子的宇宙觀中強調「道」的「生」、「長」、「成」等作用；《易傳》則提出「生生之德」，「天生物而其生德即復眞內在於物，而使其所生，更成能生，生生不已，而亦成其生生之德、存在之性者。是天地之繼其生生存存之德性於物，而天地之道乃可眞言是善也。」〔註69〕唐君毅的觀點無疑是正確的，但儒道價值觀差異的背後，也有著宇宙觀之間的不同，老子強調「道」的價值，宇宙萬物自身的價值構成了「道」的一部分，「天地尚不能久，而況人乎」，因爲「道」的價值已經隨著宇宙生成內在於萬物之中，萬物自然而然，人只需要無爲，即可「自

〔註66〕李約瑟：《中國古代科學思想史》，陳立夫譯，2006年，411～416頁。
〔註67〕葛瑞漢：《論道者：中國古代哲學論辯》，中國社會科學出版社，2003年，419頁。
〔註68〕任繼愈：《中國哲學發展史》（先秦），人民出版社，1983年，613頁。
〔註69〕唐君毅：《中國先哲之自然宇宙觀》，《中國文化之精神價值》，廣西師範大學出版社，2005年，87頁。

化」、「自然」。事物的這種內在能力被稱爲「德」，是萬物和人得以復歸於道的內在動力。因此，「德」是一個宇宙論概念，萬物各有其德，物物各有中心，老子注重的是事物之間的和諧，而不是對立，「有無相生，難易相成」，事物能夠「生成」、「變化」，動力是來源於「道」。因此，《易傳》中強調「剛柔相推」。老子認爲只要看到對立雙方，即可「沖氣以爲和」。《老子》說：「曲則全，枉則直，窪則盈，敝則新，少則多，多則惑。是以聖人抱一爲天下式。」（22 章）在《易傳》中，對立雙方已經發展爲矛盾，其原因是對立雙方不能相感通。因此，《易傳》提出「變化」，對立雙方擴大其感通之物範圍，即可達到中和，這是老子所沒有的。

二、老子「自然」觀與《易傳》「變化」觀的比較

老子的「自然」觀念適應於西周「血緣即政治」的社會秩序，但戰國時期是兩種秩序的並存，因此在《易傳》中宇宙秩序與人生規律是分立的，將二者看作受同一原理或規律支配，而這一規律即是「道」。「易」在《易傳》中，張岱年概括爲三種不同意義：一是自然變化，一是易卦或意象，即《周易》上下經一書，一是簡易之易。〔註 70〕本文在這裡主要討論自然變化之「易」與老子「自然」觀念之間的關聯。〔註 71〕張岱年指出，中國哲學中的「大化」觀念是指「宇宙是一個生生不已的變易歷程」，且中國哲學家認爲現象即是實在。〔註 72〕臺灣學者吳展良也認爲，中國思想中的「本體」本身也會變化，因而認爲所謂西方哲學的「本體——現象界」之間的區別在中國思想中是不存在的。〔註 73〕對於「變化」的研究，主要集中在對「變」或「化」的概念的闡釋，張立文認爲「變」有三個特色：一是「變

〔註 70〕張岱年：《論〈易大傳〉的著作年代與哲學思想》，《中國哲學》，第一輯，生活・讀書・新知三聯書店，1981 年。

〔註 71〕陳鼓應先生注意到了這二者的關聯，「老子思想中的變常關係實則仍是宇宙論層次的實體根源問題，反映其變動觀仍未顯題化的思考特質，《繫辭》則針對變動規律，將之顯題化進行哲學討論，可以視爲是繼老子建立道論之後，爲尋找系統完備之更進一步的細緻建構。」本文與陳先生的觀點正好相反，認爲老子將「變化」作爲「自然」內涵的一部分，並且既是宇宙論層次，也是本體論範疇的問題。（陳鼓應：《〈老子〉與〈周易〉經傳思想脈絡詮釋》，《詮釋與建構》）

〔註 72〕張岱年：《中國哲學史大綱》，北京，中國社會科學出版社，1982 年，162 頁。

〔註 73〕吳展良：《古代道家思想中的變化觀》，《臺大歷史學報》，1996 年，第 19 期，262 頁～279 頁。

有通」，二是一事物向相反性質事物的轉化；三是事物運動的過程。〔註74〕
此外，近騰浩之指出，「變」主要與「四時」等時間的概念相關，「化」主
要指物體的質變。〔註75〕佐藤將之在上述研究基礎上，更加強調「變」的
內涵。〔註76〕然而，《易傳》中的「變化」觀念要解決什麼思想問題，與「自
然」觀念的關聯尚不清楚。〔註77〕

　　《易傳》表達變化觀念的詞彙有「變」、「化」、「變化」、「生」、「化生」、
「生生」、「易」、「動」、「變動」等，其中「變」字總共出現 37 次，「化」字
出現 16 次，「變化」一次出現 12 次。〔註78〕現將「變化」一詞的全部用例抄
寫如下：

　　（一）乾道變化，各正性命，保合太和，乃利貞。(《乾·象》)

　　（二）天地變化，草木蕃；天地閉，賢人隱。(《坤·文言》)

　　（三）日月得天而能久照，四時變化而能久成，聖人久於其道
　　　　　而天下化成。觀其所恒，而天地萬物之情可見矣。(《恒·
　　　　　象》)

　　（四）在天成象，在地成形，變化見矣。(《繫辭上》)

　　（五）聖人設卦觀象，繫辭焉而明吉凶，剛柔相推而生變化。
　　　　　(《繫辭上》)

　　（六）是故，吉凶者，失得之象也；悔吝者，尤虞之象也；變
　　　　　化者，進退之象也。(《繫辭上》)

　　（七）擬議以成其變化。(《繫辭上》)

〔註74〕張立文：《中國哲學發展範疇史》（天道篇），中國人民大學出版社，1988 年，
　　　　435 頁。
〔註75〕近騰浩之：《「變通」「趣時」之思想》，「中國文學發展史與思想中的概念變遷」
　　　　國際學術研討會，2005 年，7～9 頁。
〔註76〕佐藤將之：《中國古代「變化」概念之演變暨其思想意義》，《政大中文學報》，
　　　　2005 年，第 3 期，73～76 頁。
〔註77〕學術界一般把這二者的區別，歸結為辯證法思想的不同。如陳鼓應認為老子
　　　　與《易傳》的辯證思想在四個方面有一致性：一是相反相成；二是對立面轉
　　　　化；三是物極必反；四是循環往復。(陳鼓應：《乾坤道家易》，《中國哲學史》，
　　　　2000 年第 1 期）
〔註78〕佐藤將之：《中國古代「變化」概念之演變暨其思想意義》，《政大中文學報》，
　　　　2005 年，第 3 期，73 頁。

（八）凡天地之數，五十有五，此所以成變化，而行鬼神也。
　　　　（《繫辭上》）

（九）子曰：知變化之道，其知神之所爲乎！易有聖人之道四
　　　　焉，以言者尚其辭，以動者尚其變。（《繫辭上》）

（十）是故，天生神物，聖人則之；天地變化，聖人傚之。
　　　　（《繫辭上》）

（十一）變化云爲，吉事有祥，象事知器，占事知來，天地社
　　　　　位，聖人成能，人謀鬼謀，百姓與能。（《繫辭下》）

（十二）故水火相逮，雷風不相悖，山澤通氣，然後能變化，
　　　　　既成萬物也。（《説卦》）

從上述材料來看，「變化」觀念有以下幾個層面的內涵：一是「變化」是宇宙萬物和諧的原因。朱熹《周易本義》解釋「太和」的意思是「陰陽會和，沖和之氣」。老子說：「萬物負陰而抱陽，沖氣以爲和。」（42 章）老子雖然沒有說明「陰陽」是變化的，但老子是基於「道生一，一生二，二生三，三生萬物」來闡釋的，老子強調的是「化」，而不是變；二是「變化」是天地的功能之一。孔穎達《周易正義》解釋：「天地變化，謂二氣交通，生養萬物，故草木蕃滋。」《老子》中的天地也有類似的表達，「天地相合以降甘露」；三是「變化」的意義是「恒」，有本體的意蘊。老子說：「昔之得一者，天得一以清，地得一以寧，神得一以靈，谷得一以盈，萬物得一以生，侯王得一以爲天下貞。」（39 章）四是「變化」回答了對立雙方轉化的原因。在《老子》中，把這種轉化歸結於「自然」觀念；五是「變化」是自然而然的，韓康伯注：「夫變化之道，不可爲而自然。」六是《易傳》對「變化」功能的價值判斷。

《易傳》的「變化」觀念是建立在老子「自然」觀念的基礎上，《易傳》首先把老子的「自然」觀念客觀化，具體轉化爲宇宙萬物生成變化的規律，在這個意義上，《易傳》才能談「變化」。

雲行雨施，品物流行。（《彖·乾》）

天地感而萬物化作。（《彖·咸》）

天地解而雷雨作，雷雨作而百果草木皆甲坼。（《彖·解》）

天地順動，故日月不過，而四時不忒。（《彖·豫》）

「自然」的本意可以包括自己如此、本來如此、勢當如此的意思。〔註 79〕劉笑敢對「自然」涵義的理解突破了「自然而然」的解釋範圍，根據中國宇宙觀的特點，「自己如此」、「勢必如此」也是「變化」觀念所具有的。在這個意義上說，老子「自然」觀念中也包含了變化的意義，只是老子是從「常」的視野來看，如：「動而愈出」（5 章）、「萬物並作」（16 章）、「合抱之木，生於毫末；九層之臺，起於累土；千里之行，始於足下」（64 章）。「反者道之動」，「夫物芸芸，各復歸於根」，一切都復歸於「道」。「道」不僅是「常道」，也包含了「非常道」，也就是說「道」是一切變化的根源與目的。因此，「自然」是恆常與變化的統一。與之相反，《易傳》強調「變動不居」、「上下無常」、「唯變所適」的「非常道」。「自然」與「變化」的區別在於事物是否「本來如此」，能否保持原有狀態的持續。「變化」觀念更加強調動態，但是有時很難區分二者，因此，方東美說《易傳》是「一部萬有含生論之新自然觀」〔註80〕。

其次，《易傳》中「變化」的原理是自然的。《繫辭》說：「《易》無思也，無爲也，寂然不動，感而遂通天下之故，非天下之至神，其孰能於此？」「無思」、「無爲」說明《易》理出乎「自然」，非「思」、「爲」所致。《周易正義》說：「任運自然，不關心慮，是無思也；任運自動，不須營造，是無爲也。」《無妄》卦《彖》曰：「無妄，剛自外來而爲主於內，動而健，剛中而應；大亨以正，天之命也。其匪正有眚，不利有攸往，無妄之往何之矣？天命不祐，行矣哉！」「無妄」，指客觀的天命，即萬物的自然之理。人要效法這種自然之理，「先王以茂時育萬物」，《無妄》強調了順應客觀的自然變化，這一方面是與老子思想相一致的，「不知常，妄作凶」（16 章），老子反對「妄作」，強調人應該因順於「自然」。

最後，老子的「自然」觀念中也包含了變化的涵義，但與《易傳》有所不同：一是「化」純屬於自然，而「變」則多主乎人力，二者是天人之別；二是變化之辨，即功業與自然之辨，老子尚自然，故主言化，《易傳》尚功業，則主言變。在這個意義上，錢穆說：「功業又貴其不悖乎自然，故變者不能悖化以爲變，貴乎因化之自然而裁制之以其變，此易傳言變之宗旨」；三是老子尚靜，《易傳》尚動；四是老子主張道物之間的關係，《易傳》則注

〔註79〕劉笑敢：《〈老子〉自然觀念的三種含義》，《中州學刊》，1995 年，第 2 期。

〔註80〕方東美：《中國哲學之精神及其發展》，《方東美卷》，河北教育出版社，1996年，104 頁。

意道器之間的聯繫，「是知變通之形與器，其本皆起於自然，而又皆主於人事。其極則皆達於神，其要則不離乎陰陽氣化。然而與道家之純言夫陰陽氣化以爲宇宙之蘊奧，窮人物之能事者，有間矣。」〔註81〕在這個基礎上，《易傳》把老子所說的「自化」解釋爲「剛柔相推」。《繫辭》中說：「剛柔相推而生變化」，「剛柔相推，變在其中。」《易傳》試圖解決不自然的問題，因此用陰陽來說明宇宙的變化，在這變化之中發現人生價值的根源。人的價值在於「道」，在於世界存在的根據，而不是根源，「吉凶悔吝，生乎動者也」（《繫辭》）。因此，《易傳》中的「變化」是由「化」到「變」的過程，「化而裁之謂之變」（《繫辭》），在這個意義上，老子的「自然」觀念到《易傳》的「變化」轉化，是突破「種」、「類」觀念的發展，是對「血緣即政治」秩序的徹底否定。老子「自然」所描繪的狀態「負陰而抱陽，沖氣以爲和」，是常道的宇宙存在方式，與之相對立的是「非常道」，其原因是事物的變化，違反或對抗邏輯思維的因果關係，使得出現另外一種存在方式。「氣」的思想在戰國時代成爲主流，就是因爲適應了這種「變化」觀念的需要，使得物類之間因「氣」可以互變，自然與變化之間因氣可以轉化，但無論如何，「自然」是「變化」的邏輯基礎。李豐楙揭示了「自然」的社會意義，他說：「從宗教學關心的魂到哲學家所提出的氣，其實只是一體的兩面，都是用以描述一種不可言述而又可體驗的存在體，凡是自然終結正常處理的都有神主可資憑依，祖先崇拜即是安定、安息的信仰形式，使得人神均安，此界彼界得以溝通，而成爲一種延續的家族生命共同體。」〔註82〕然而，戰國時期，以血緣爲基礎的家族受到了前所未有的挑戰和危機，這種家族制必須適應郡縣君主制的秩序，於是這兩種秩序便交織在一起，互相適應，互相影響，產生了一種新的社會存在方式。

三、老子「自然」觀與《易傳》「變化」觀的不同價值取向

隨著戰國時期本體論與宇宙生成論的發展，《易傳》意識到宇宙萬物的變化，是源於本體的變化，本體的變化引起了價值取向的不同。一般對價值的研究總是訴求於本體論或宇宙論的角度來理解。「宇宙論與人生論，相即不

〔註81〕錢穆：《易傳與小戴禮記中之宇宙論》，《中國思想史論叢》（二），東大圖書公司，1981年，272～273頁。

〔註82〕李豐楙：《先秦變化神話的結構性意義——一個「常與非常」觀點的考察》，《中央研究院文哲研究集刊》，第4期，1994年3月。

離，有密切之關係。哲學之人生論，皆根據於其宇宙論。」〔註83〕然而，勞思光認爲，以「客體性」解釋「價值」，存在根本困難。〔註84〕

第一，「有無」與「陰陽」。「有無」有本體意義上的「有無」，也有宇宙觀層面上的「有始、有未始有始」。在老子宇宙觀中是一個對於血緣追問的問題，即究竟有沒有開始或祖先的問題。老子對此的回答是，「無，名天地之始；有，名萬物之母」（1章）。因此，「始——母」的問題通過有無來表達。「天下萬物，生於有，生於無。」（楚簡本）有無是宇宙共同的本源表達。有無在「道」中是對立統一的，有即是無，無即是有。臺灣學者郭梨華注意到了這點，並且把老子後學對有無的觀點分爲五類：一是《黃帝四經・道原》描述其爲「混」的狀態；二是《莊子・天地》中所說的「泰初有無」；三是《莊子・齊物論》對於「有無」提出質疑；四是《莊子・大宗師》用「無有」來描繪根源之境的狀態；五是《莊子・知北遊》對「有無」之批評〔註85〕。「有無」是一種狀態，不能反映動態的變化。因此，有無發生了分裂，「無」成爲描述本體的存在，是根本，「有」則描述世界萬物的存在，屬於現象界；同時，「無」也被虛無化〔註86〕。帛書《老子》說：「天下萬物生於有，有生於無。」這對往萬物的根源回溯，是宇宙生成論向宇宙本體論追溯根據的表達。

老子是用「有」與「無」描述宇宙萬物的起源，而《易傳》則是用「陰陽」來表達對宇宙的看法。《莊子・天下》說：「易以道陰陽。」戰國中期，「道」被解釋爲「氣」或「精氣」，而陰陽二氣是貫穿於萬物變化過程的最本質的要素。《易傳》吸收這種天道學說，將剛柔概念發展成爲陰陽思想。朱熹在《周易本義序》中說：「《易》者，陰陽之道也。卦者，陰陽之物也。爻者，陰陽之動也。」在《老子》中，陰陽的觀念只是表達萬物的基本構成及自然狀態的方式，「萬物負陰而抱陽」（42章）。在《易傳》中，陰陽則進一步發展爲宇宙運行的兩種根本力量。從方法論上看，老子對於陰陽對立及陰陽和氣的論述過於抽象簡單，《易傳》則從多角度、多層面對陰陽二氣的對立統一及陰陽和氣的性質、形式進行了深入的論述。這只是思想形式及內容的表層分析，

〔註83〕馮友蘭：《中國哲學史》（上冊），華東師範大學，2000年，4頁。

〔註84〕勞思光：《新編中國哲學史》（二），廣西師範大學出版社，2005年，89頁。

〔註85〕郭梨華：《〈恒先〉及戰國道家哲學論題探究》，《中國哲學史》，2008年第2期，40頁。

〔註86〕丁四新：《本體之道的論說——論帛書〈道原〉的哲學思想》，4～5頁，「紀念馬王堆漢墓發掘三十週年國際學術討論會」，2004年。

二者的根本區別是對社會秩序的不同認識，而這又是不同的歷史條件所決定的。

第二，「無爲」與「成德」。《易傳》闡述了一個創造的宇宙觀，在「三才」中人居於中心地位，由此建立一個德性化的宇宙觀。老子的「無爲」是以「自然」觀念爲基礎展開的，然而，隨著戰國時期社會的流動與變化，「自然」觀念存在的社會基礎發生了變化，「血緣即政治」的單一秩序演化爲郡縣制與家族家長制並存的秩序，人們需要面對這兩種秩序對立與統一之間的分與合。因此，莊子提出「兩行」的觀點，呼喚心靈的轉化。《易傳》則站到儒家的立場之上，主張「成德」。老子在「自然」的視野下，福禍是相隨的，人只能隨遇而安；在《易傳》中，兩種秩序相對立，人們對之有所選擇或平衡秩序之間的衝突，強調「成德」，確立在宇宙間自己的位置。《文言》說：

> 夫大人者，與天地合其德，與日月合其明，與四時合其序，與鬼神合其吉凶。先天而天弗違，後天而奉天時。天其弗違，而況於人乎？況於鬼神乎？

老子主張人應該效法「天道」，所以人的主體性、自覺性受到「天道」的制約。《易傳》則提出「裁成天地之道，輔相天地之宜」的命題，《繫辭》說：「範圍天地之化而不爲過，曲成萬物而不遺。」老子說：「以輔萬物之自然而不敢爲。」《易傳》講「贊天地之化育」。顯然，《易傳》的「變化」是以老子的「自然」觀念爲基礎，強調先天與後天的統一，「這裡所謂先天指引導自然，所謂後天是指適應自然。在自然變化尚未發生之前先加以之前引導、開發，在自然變化既發生之後又注意適應。」〔註87〕《易傳》中「變化」的觀念包含推陳出新的涵義，「革，去故也；鼎，取新也。」（《雜卦》）在《老子》中，世界的生成是「道」自然而然的結果。《易傳》在繼承老子「自然」觀念的同時，又進行了改造。老子的宇宙是自然的宇宙，《易傳》則認爲宇宙是善，因其生生不已的精神，成爲宇宙最大的仁愛。此外，老子主張「沖氣以爲和」，《易傳》也有此意，陰陽之交感而產生和諧，和諧爲善。在萬物生生不已當中，自然之母對萬物不偏私。在人與宇宙合一的過程中，宇宙爲善，人性則必善。

第三，天、地、人的不同意義。在先秦，思想家對宇宙的構成認識模式都是天、地、人，只是老子第一次把它哲學化，因此，錢穆曾指出：「《老子》

〔註87〕 張岱年：《論〈易大傳〉的著作年代與哲學思想》，《中國哲學》，第一輯，生活‧讀書‧新知三聯書店，1981年。

始以人地天並稱……，此後《易傳》天地人三才之說，即從《老子》轉出。」
〔註88〕事實上，諸子對天、地、人的內涵認識是不盡相同的，侯外廬早已指
出：

> 對於天、地、人三方面，他們都有自己的認識。儒家有「天命」、
> 墨家有「天志」，老子有「自然」，都指天道的假定。儒家有周道，
> 墨家有尚同，老莊有小國寡民，法家有「今世」。儒家稱親仁，墨家
> 稱兼愛，老莊稱真人，法家稱利民。各家各有理想中的天地人，來
> 迎接客觀歷史將出現的新世界，這種思想系統，便是他們的「世界
> 觀」。〔註89〕

侯外廬的觀點無疑是正確的，指出了諸子的思想結構，本文試圖進一步指出天、
地、人之間的不同關係。周繼旨對《易》的「三才」思維有深刻的認識〔註90〕：

> 《易》邏輯的理論基礎不是形式邏輯的「同一律」，而是「天、
> 地、人」的「三才同構」。在「物」與「物」、「事」與「事」之間就
> 沒有也不可能有絕對的界限。當然，「《易》邏輯並非完全不講同一，
> 但只是在形而上的陰陽大化之道的最高層次上講同一。因為在《易》
> 哲學看來，在形而下的具體「器」的層次上，由於生生不已的變易，
> 所有的同一隻具有相對性，不能也不應把同一性絕對化。

顯然，《易傳》的「三才」源於老子的思想，「域中有四大，而王居其一焉。
人法地，地法天，天法道，道法自然。」「三才」有三個層面的意義：一是以
類比為思想基礎。《易傳》認為天道、地道、人道雖都有「道」支配，並且三
者表現同一秩序，但占卜中的意義在於人道。對於老子，在「自然」觀念的
支配下，人應該因順「天道」。《易傳》則認為，世界的吉與凶取決於對「動」
的把握。《繫辭》說：「是以君子將有為也，將有行也，問焉而以言，其受命
也如何，無有遠近幽深，遂知來物。」二是在《老子》中，天地是整體作為
形而上學與宇宙論，而在《易傳》中，「三才」之中又貫穿著陰陽「二體」，
體現了「變化」的意義。《說卦》言：「立天之道曰陰曰陽，立地之道曰柔與
剛，立人之道曰仁與義。……分陰分陽，迭用柔剛。」《繫辭》說：「方以類

〔註88〕錢穆：《莊老通辨》，生活・讀書・新知三聯書店，2004 年，150 頁。

〔註89〕侯外廬：《中國古代社會史論》，河北教育出版社，2000 年，244 頁。

〔註90〕周繼旨：《論「象思維」、「〈易〉邏輯」與中國傳統思維模式的基本特色》，《國
　　　　學研究》，北京大學出版社，2005 年，第 15 卷，160 頁。

聚，物以群分」，以類分建立宇宙秩序。「天、地、人三者各有其道，但又是相互對應、相互聯繫的，這不僅是一種「同」關係，而且是一種內在的生成關係和實現原則，天地之道是生成原則，人之道則是實現原則，二者缺一不可，在這一點上，天、地、人真正統一起來了。」〔註91〕《易傳》主張「天尊、地卑、乾坤」，這與《老子》文本的傳播演變也是有一定的關聯。三是人在「三才」之中的主體地位，這是《老子》中所沒有的。《易傳》中天地人之間的聯繫已經超越了僅僅是「域中」的聯繫，轉變為一種內在的生命聯繫，《序卦》：「有天地，然後萬物生焉。盈天地之間者唯萬物。」「有天地然後有萬物，有萬物然後有男女，有男女然後有夫婦，有夫婦然後有父子，有父子然後有君臣，有君臣然後有上下，然後禮義有所錯。」這是講天地萬物生成過程中的變化規律，即事物之間互為條件，又互相對立的兩種規律。

綜上所述，「變化」是事物從「非常道」回覆到「常道」的過程，其形式是突變的，一種事物變成另一種事物；「自然」是「常道」下的事物自然而然的一種生成和變化，表現為宇宙生成就是「同類相生」。具體而言，事物的本性在「生成」的過程中，以符合自身發展的本性、趨勢的展開，但是這種展開，必須滿足相應的條件和環境。在「變化」的宇宙觀中，主要是從「氣」的變化說明事物可以突破種類的限制，實現變形，使得生命通過另一種形式而延續。在這個意義上說，宇宙生成觀中包含著豐富的變化理論。莊子的「自化」主張人要順從自然，用「自然」來統攝生成變化，用相對的方法達到內心絕對的統一；《易傳》吸收了老子的自然天道觀，主張用儒家絕對的道德價值作為標準，來消解變化的客觀相對性。

〔註91〕蒙培元：《天地人──談〈易傳〉的生態哲學》，《周易研究》，2000 年第 1 期。

第四章　老子與戰國中期諸子的心性論

　　侯外廬提出的中國文明起源的特殊路徑——「人惟求舊，器惟求新」，決定了中國古代的思維方式重視主體。春秋前的血緣社會的延續是取決於「身」，「身」通過血緣的傳遞體現了連續性，這種連續性的思維，使得主體面對客觀世界的變化時，就會產生由主體去推認客體，同時也促進了主體意識的覺醒與自我反思；與此同時，血緣社會向地緣社會的轉變過程中，「小國寡民」式的「欲望」因膨脹而被理性的「需要」所取代。〔註1〕孔子在「禮」的基礎上，提出了「仁」對欲望進行梳理，「性」與「心」尚未關聯在一起。到戰國中期，諸子從「心」的意義上對「性」加以認識。

　　這種心性論的發生與戰國中期社會的變遷緊密結合在一起。由土地的公有向私有的轉變，是戰國時期土地制度發展的主旋律。戰國時期的土地私有主要表現在兩個方面，一是貴族官僚以及封君的土地私有；一是個體農民的土地私有。〔註2〕在這個過程中，出現土地兼併的問題，以至於士民無恒產，亦無恒心，遊士日益增多，民生也日益困苦。〔註3〕此外，社會組織由血緣向地緣轉變，宗法血緣制度下的氏族公社或村落作為緊密的血緣集體給予個體的庇護和控制功能，逐步轉移到高度集中化的郡縣制和越來越城市化的君主國家裏。隨著這種轉移，那些自耕農、士、商，就越來越脫離了原先較為密

〔註1〕參考費孝通：《從欲望到需要》，《鄉土中國　生育制度》，北京大學出版社，1998年，81～86頁。

〔註2〕晁福林：《先秦社會形態研究》，北京師範大學出版社，2003年，650頁。

〔註3〕戰國四君子各有食客三千人，其中孟嘗君薛邑的收入竟不夠供給賓客食用。（《史記·孟嘗君傳》）孟子出行從者數百人，輾轉受諸侯供養；許行弟子數千人，以捆席織屨為生；宋銒聚徒立學，不過欲固置五升之飯（《荀子·正論》）；莊周家貧，貸粟於監河侯。（《莊子·外物》）

切的、地域性的血緣和庇護群體。在戰國中期君主郡縣制的各個國家裏，個體要依靠自己謀生立業，他們的流動性——地域和社會意義增加了。在戰國中期，諸子對於個體與社會之間關係的思考，主要有三種思路：一是孟子認為，外在社會的意義是微不足道的，人的「四端」對「性」起決定作用。二是告子認為，這種與生俱來的意義相對來說並不重要，人的「性」源自於社會的影響。三是莊子認為，內在與外在之間，個體與社會之間存在著互動效應。因此，諸子的心性論或是偏重前者，或是強調後者。但無論哪種觀點，都意味著自我意識的興起，而這種自我意識的興起是與戰國中期商品經濟的繁榮、國家開始形成，以及君主的權力的壯大、士的自由流動與自耕農的出現是緊密相聯的——特別是鐵器的使用使得人們對於自然的獲取能力得到增強有著密切的聯繫。

從思想觀念的發展來看，戰國中期諸子心性論與老子有莫大的關聯。老子的先王觀被束縛於自然天道觀之下，人的主體性不能得到體現；老子用「德」、「樸」、「嬰兒」、「赤子」指稱「性」，「性」只是一種客觀的、與「道」相關的一種形而上特徵，「心」的主體性與能動性被「無為」所規範。但到了莊子、孟子時代，禮樂的外在規範已經不足以約束社會，人的存在需要與形而上的「道」建立內在的聯繫。於是，諸子將「道」內化為的人的精神境界，將內在化的主體與社會融合在一起。《老子》中「道」生一切，但既生之後，身（形）與德便分離開來；至莊子、孟子將這一點發展得更為成熟、清楚。同時，「變化」觀念的形成，為人的心性變化提供了形上的根據，而心性的變化也說明了人的社會流動與身份變遷具有某種合理性。於是，在身心的問題上出現了一些變化，「禮」從社會的外在規範走向個體的內在自覺；同時，這也是諸子試圖為流動變化的社會找到不變的意義，對變化的社會做出一定程度的理論解釋。例如，在《老子》中不強調身心的分離，二者是平等的，然而在《管子》四篇、《孟子》、《莊子》中則強調心對身的統攝作用，再通過身體的作用將這種規範的意義表達於社會。在這種意義上，心性論具有社會實踐的內涵。

第一節 《管子》四篇的心性論

老子「道」論提出以後，在一定程度上影響了孔墨，但是因為其思想與社會的現實差距太遠，並未像儒墨一樣成為顯學。因此，老子思想作為一個學派，

是在齊威王、宣王時代，新興政治秩序獲得穩定的時候，在一種高等的文化政策保護下在稷下學宮發展起來〔註4〕。其中，宋鈃、尹文在「道」的精氣化方面取得一定的成就；慎到、田駢一派把老子的理論向法理的方向發展了。《管子》四篇〔註5〕是稷下黃老的代表作，因而本節通過分析它的氣論思維，來看稷下道家如何繼承老子思想〔註6〕，並且說明它的心性論的展開是以氣論爲基礎的。

陳鼓應說：「中國心學可謂始於孟、莊。孟子將心學以倫理化，莊子將心學以哲學化。」〔註7〕然而，心學的開始是有一定的理論基礎，這點是學術界所忽視的。《管子》四篇是在老子思想的基礎上將「氣」提高到本體的地位，深入地思考了「氣」與天地萬物的關係，指出了「氣」對於身心的作用〔註8〕。關於對自然之氣的描述，突出了老子以來天地人之間的關係。在此基礎上，用「氣」與「心」來闡釋整個世界的圖景，將戰國的政治、社會抽象爲價值義理之「道」，並將「禮」與「法」納入其體系中來。整體觀之，老子的「自然」觀念成爲《管子》四篇思想前進的動力，「自然」作爲眞理的認知方式，在戰國時得到進一步明確，從描述客觀世界的狀態，向人的主體狀態發展，從而開啓了戰國中期諸子的心性論。在這種思想的暗流之中，「氣」成爲其中間的紐帶。張岱年指出：「氣之觀念，實即由一般所謂氣體之氣而衍出的。」〔註9〕

〔註4〕郭沫若：《十批判書・古代研究的自我批判》，《中國古代社會研究》（外二種），2004年，河北教育出版社，530頁。

〔註5〕《管子》四篇是郭沫若先生在20世紀四十年代提出的，是指《管子》中的《心術》上下、《白心》和《內業》四篇文章。關於其學派性質，蒙文通在《略論黃老學》一文中指出：「這些學者都是黃老派，他們同在稷下，必然互相影響，說這幾篇書是黃老的學說就可以了，似不必確認其爲何人的書。」本文贊同蒙先生的觀點。

〔註6〕從學術師承來看，「老子是南方道家泰斗，而范蠡以其橫放傑出，成爲老子與稷下黃老學派的津梁。」（魏啓鵬：《范蠡及其天道觀》，《道家文化研究》，第六輯）胡家聰在《稷下道家從〈老子〉哲學繼承並推衍之什麼？》一文說：「《心術上》和《內業》這兩篇稷下道家作品與《老子》中的『道』的學說作比較研究，可以清楚地看到：一、它繼承老子『道』的學說，推衍而爲明確的精氣說；二、它繼承老子怎樣『得道』的學說，推衍而爲《心術》、《內業》的內心修養說。」（《社會科學戰線》，1983年第4期）

〔註7〕陳鼓應：《道家在先秦哲學史上的主幹地位》，《中國文化研究》，1995年第2期。

〔註8〕日本、臺灣學者已經深刻的注意到這點，不過他們把注意力落實到「身體觀」上，如楊儒賓：《〈管子・心術下〉〈內業〉兩篇的精氣說與全心論》，《儒家身體觀》，中央研究院中國文哲研究所籌備處，2004年。

〔註9〕「中國哲學中所謂氣，是未成形質之有，而爲形質所由以成者，可以說是形

一、「道」論演繹的邏輯轉向

戰國中期社會的一個重要特徵是社會流動性，老子的「道」顯得抽象而難以說明這種階層流動性。此外，自耕農的出現，使得個體意識覺醒，個體與自然、社會之間的關係便提上日程。對此，個體需要認識世界存在的根據是什麼，需要知道世界的構成是什麼。從《管子》四篇中可以看出，這是一個氣化的世界。《管子・內業》：「凡道，無根，無莖，無葉，無榮，萬物以生，萬物以成，命之曰道。」這裡的「道」，一方面繼承了老子「道」的超感覺、形而上的本體；另一方面，用「精氣」的概念闡釋老子的「道」論，把老子的「道」具體化。精、氣、神、心在《老子》中的地位是不平等的，性質也不同。《老子》說：

> 道之爲物，惟恍惟惚。惚兮恍兮，其中有象。恍兮惚兮，其中有物。窈兮冥兮，其中有精。（21 章）

> 未知牝牡之合而全作，精之至也。終日號而不嗄，和之至也。
> 知和曰常，知常曰明，益生曰祥，心使氣曰強。（55 章）

在《老子》中精、氣、神只是道的屬性，心是不能發揮作用的。在《管子》四篇由於「道」的精氣化，心與精、氣、神，乃至於道是性質相同的。人通過心性的修養可以貫通於道，這樣個體的限制得到突破，人與天地萬物即可成爲一體。《管子・內業》描述了這種狀態：「是故民氣，杲乎如登於天，杳乎如入於淵，淖乎如在於海，卒乎如在於己。」這與孟子的「浩然之氣」、「上下與天地同流」的境界是相似的。

第一，「德者道之舍」的心性化意義。《管子・心術上》說：

> 虛無無形謂之道，化育萬物謂之德。……天之道，虛其無形。
> 虛則不屈，無形則無所位　，無所位　，故徧流萬物而不變。德者
> 道之舍，物得以生生，知得以職道之精。故德者，得也；得也者，
> 其謂所得以然也。以無爲之謂道，舍之之謂德，故道之與德無間，
> 故言之者不別也。間之理者，謂其所以舍也。

在這裡，《管子》四篇明確提出了「德者道之舍」的命題，這將老子「道」與「德」之間的關係由宇宙生成的客觀化描述指向了心性化，這爲戰國中期諸子

質之『本始材樸』……以今日名詞說之，便可以說是一切有形之物之原始材料。唯氣論即認爲形質之原始材料即是宇宙之究竟本根。」（張岱年：《中國哲學史大綱》，北京，中國社會科學出版社，1982 年，40～41 頁）

的心性論奠定了理論基礎。在西周，周公發出了「天命靡常」的感歎，「德」隨時會失去，老子把周公人文化的思考哲學化、普遍化和客觀化。但在老子中對「德」的獲得以及道與德在個體生命中的關係是模糊的，「德」具有「化育萬物」的作用，但個體如何能夠通過「德」與宇宙生命「道」相融合併不是十分清楚。《管子》四篇指出，「道」就在「德」之中，「道」與「德」是同一的。裘錫圭說：「道停留在物之中的那部分就是德。……物從道那裡得到的德就是精。」〔註10〕《管子》四篇不僅將「道」視作宇宙萬物的本源，還認為「道」與構成此本源的物質是相統一的，而構成世界本源的物質是「精氣」。一切的修心養身，即「氣」之充養與調攝。〔註11〕丁原明注意到了《管子》四篇把「道」詮釋為由精氣所構成的物質性存在，從而實現了「道」、「氣」合一。但丁原明認為「道」由一種抽象存在演變成一種物質性實體〔註12〕，這是不全面的。「氣」並不能僅僅定義為一種物質性實體，它還包含一種能力。〔註13〕

第二，「精」是連接「道」與「氣」之間的中間環節。「精」是「道」的本質規定，「精」觀念的出現具有里程碑的意義，突破了血緣的種類限制。《左傳·昭公七年》記載一段子產的觀點：「人生始化曰魄，既生魂，陽曰魂，則魂魄強，是以有精爽至於神明。」在子產看來，「精」的多少可以決定人的智慧。金春峰根據《左傳》、《國語》、《禮記》等文獻資料，認為：「中國傳統思想中，什麼東西都可以成精，有木精、石精、水精、老鼠精、狐狸精等等。這些精都有他的物質基礎，都是由物精發展而成的。其奧秘就是積聚的物精甚多，超出正常的水平。」〔註14〕「精」有能變、能化的神妙之意。在這種思想背景下，《管子》四篇創造性地把「精」與「氣」結合在一起，《心術下》說：「一氣能變曰精」。胡家聰指出：「《內業》中精氣說的發明權不屬於黃老學作者，而是作者承繼並

〔註10〕裘錫圭：《稷下道家精氣說的研究》，《道家文化研究》（第2輯），上海古籍出版社，1992年。

〔註11〕陳麗桂：《戰國時期的黃老思想》，臺北：聯經出版社，1991年，144頁。

〔註12〕丁原明：《黃老學論綱》，濟南：山東大學出版社，2000年10月，143頁。

〔註13〕唐君毅認為，「氣」這一概念包含物質與能力兩層意思。具體來說，天即天道，指能力之遠；說地即指地道，指物質之形。中國哲人所謂地即指靜的，不動的，散殊的，載他物的，相當於西方所謂物質。所謂天即指動的，不息的，合同而化的，自強的，順生的，相當於西方所謂能力。所以中國哲人論天地，並非專指蒼然在上者為天，然在下者為地。（唐君毅：《中國哲學中自然宇宙觀之特質》，《中西哲學之比較論文集》，臺灣學生書局，1988年，116頁）

〔註14〕金春峰：《漢代思想史》，中國社會科學出版社，1997年，549頁。

推衍老子『道』的本體論生發出來的。」〔註15〕在老子那裡，用陰陽來指稱對道的二種相反的運行方式與作用，他說：「道生一，一生二，二生三，三生萬物。萬物負陰抱陽，沖氣以爲和。」（42章）「氣」是指構成萬物的生命力，以陰陽的和諧來表達萬物的生成本源。《管子》四篇則將道與精氣連結在一起，《內業》說：「凡物之精，化則爲生，下生五穀，上爲列星；流於天地之間，謂之鬼神；藏於胸中，謂之聖人。是故名氣。」這樣，《老子》中的「道」、「一」、「二」、「三」再也不是抽象的概念，通過「氣」，它們具象化，進入天地萬物之中。「它將作爲運作中的『道』，指出運作得以界定的『精』，與確定運作質素的『氣』，三者統合在天地萬物運作的力量之中。而以『氣』表示此種力量的觀念性說明。」〔註16〕這樣，「德者道之舍」命題中「道」與「德」的關係即可用「氣」與「德」來表示。老子的「道」與「德」具有抽象普遍性，尚缺乏主體的實踐性。這樣，「道」與「德」須經過「氣」的倫理化，成爲主體的根據。

第三，「氣」的倫理化是「道」與「物」關係展開的結果。《管子・內業》中「道」已經是內在經驗的對象，由於情之靜，精入體內，「氣」按照道德上的規範自然流動，侯外盧稱之爲「道家自然天道觀的倫理化」〔註17〕。「氣」的倫理化是「道」與「物」關係展開的結果。「道」的超越性，雖然被內在化爲萬物的「德」，但是這種本性與道之間的關係還很抽象，尚需要對「道」作進一步的說明。《管子・內業》說：「包物眾者莫大於天地，化物多者莫多於日月。」尹知章注曰：「日，陽也；月，陰也。物皆稟陰陽之氣然也。」可以看出，天地也被氣化。「道」與「氣」的連結中，「道」不僅是氣的根據，也是氣的法則。於是，人乃至於萬物與道之間的關聯，不再僅僅依靠一些抽象的概念，或僅僅是聖人的體悟，而是存在著物質與能量之間聯繫的真實性。人間秩序與自然秩序的和諧成爲可能，並有「天道」作爲依據。此外，這引出了「氣」內涵的變化。《管子・內業》：「凡道，必周必密，必寬必舒，必堅必固。守善勿捨，逐淫澤薄，既知其極，反於道德。……氣意得而天下服，心意定而天下聽。」至此，「道」作爲本體的意義在「氣」與「心」的兩個層面中得到顯現，這便是戰國中期諸子心性論的根據。

〔註15〕 胡家聰：《管子新探》，中國社會科學出版社，1995年，93頁。
〔註16〕 丁原植：《精氣說與精神、精誠兩觀念的起源》，《安徽大學學報》，1998年第3期。
〔註17〕 侯外盧、趙紀彬、杜國庠：《中國思想通史》（第一卷），人民出版社，1957年，353頁。

二、「精氣」與「心性」的理論轉化

　　《管子》四篇的心性論深深紮根於氣化的連續性之中。楊儒賓認為：「道家認為萬物的底層是氣的流通狀態，物之生（包括人在內）乃是氣之聚，所以一種沒有受到干擾的精神經驗，它不可能是純粹私人性的，它必然以個人意識為中心，但其底層卻通向於周遭的具體情況。」〔註 18〕「氣」對於人而言，人由「精」和「形」組成，「精」是人之為人的根據，也就是「德」的意義。「精也者，氣之精者也。氣，道乃生，生乃思，思乃知，知乃止矣。」（《管子‧內業》）「形」則與「身」相當，「精」是氣的本源。

　　第一，「氣」對於人的意義。關於人與氣的關係，老子說：「專氣致柔能嬰兒。」但是氣的內涵並不是很清楚。（8 章）《管子‧內業》：「凡人之生也，天出其精，地出其形，合此以為人。和乃生，不和不生。」「氣」是一個被納入貫穿人和天地萬物生成理論過程中的概念。「以『陰陽消息』為宇宙運動的總規律，以農業社會（『土』）為宇宙的中心，把物質（陰陽、五行）和時間、空間看作不可分的統一體，這是中國哲學特有的有機自然觀〔註 19〕」。老子已經提出人在宇宙四大中的意義，但是作為個體的意義尚不清楚。在戰國之前，「身」由血緣來規範，「血緣」向「地緣」的過渡，使得「身」的問題突出，「身」從宗法關係中脫離出來。《管子‧內業》說：「大心而敢，寬心而廣，其形安而不移，能守一而棄萬苛，見利不誘，見害不懼，寬舒而仁，獨樂其身，是謂出氣，意行似天」。「氣」成為連接人與自然、社會的中介，而「氣」的意義就在於「自然」。老子的「自然」觀念是抽象的，《管子》四篇將人效法「自然」的路徑具體化，即在於對「物之精」的獲得，把老子抽象的「自然」意義分解為「精」與「氣」，指出人與天地萬物的性質是相同的。這種能力的獲得，在於《管子》四篇認識到了「心」的意義。

　　第二，「心中之心」的指向意義。〔註 20〕春秋末期，「心」的意義主要是「欲」與「智」，因此，老子警戒「心」使「氣」為強，主張「以柔勝剛」，「心」的作用主要是表現為「虛」、「靜」，「心」沒有支配的意義，而是接受「道」的一個場所，是因順、無為的存在方式。對此，《管子‧心術上》予以明確的

〔註 18〕楊儒賓：《技藝與道——道家的思考》，《古典新詮》，252～253 頁。

〔註 19〕李存山：《中國氣論探源與發微》，中國社會科學出版社，1990 年，4～5 頁。

〔註 20〕這從《管子》四篇的篇目即可看出，《心術》的意義是心的功能，《內業》為心性的修養，《白心》為潔白其心。

表達，「世人之所職者精也，去欲則宣，宣則靜矣，靜則精，精則獨立矣，獨則明，明則神矣。」日本學者小野澤精一注意到了這點，他說：

> 《管子·心術上》，敘述了爲去情慾，經過宣、靜、精、獨、明
> 這樣依次的純化，最後到獲得神的昇華過程。這樣向靜、明、神的
> 境地深化的過程，在《荀子·不苟》、《莊子·庚桑楚》、《老子》及
> 《中庸》等文獻中也多次説到。〔註21〕

　　《管子·心術上》：「心之在體，君之位也；九竅之有職，官之分也。」劉長林指出，「體」實際包含兩個方面：一是指「體」的生理結構，二是指「體」的社會行爲。〔註22〕西周是血緣社會，人的身體不僅僅代表自然的血緣意義，而且也具有血緣的社會意義。戰國以來，血緣政治向地緣政治轉變，「心」的意義變得重要起來。一方面，心對身體有主宰意義，《管子·內業》說：「平正擅匈，論治在心，此以長壽。」另一方面，心又有社會意義，「心安是國安也，心治是國治也，此以長壽。」在這種背景下，《內業》進行了高度的概括：

> 心以藏心，心之中又有心焉。彼心之心，意以先言，意然後形，
> 形然後言。言然後使，使然後治。

《心術下》也說：

> 我無利心，豈無安處哉？我無安心。心之中又有心，意以先言。
> 意然後刑，刑然後思，思然後知。

蒙文通說：「這個『心中之心』，就是人的本性。」〔註23〕這就意味著在社會流動的過程中，人的富貴貧窮是隨著社會的變動而有所改變，但「心中之心」是恒常的。這樣，「心中之心」即成爲人的精神家園，爲社會的變動進行本質性的規範。

三、「心性」的本體化

　　關於道家「性」的判定，高亨指出，《老子》所謂「德」其實就是「性」。〔註24〕張岱年則說，道家所謂「德」，乃「萬物生長的內在根據」，即「物所得

〔註21〕（日）小野澤精一、福光永司、山井湧編，李慶譯，《氣的思想——中國自然觀念與人的觀念的發展》，上海人民出版社，2007年，55頁。

〔註22〕劉長林：《〈管子〉論攝生和道德自我超越》，《道家文化研究》（第5輯），上海古籍出版社，1994年。

〔註23〕蒙默編：《蒙文通學記》，生活·讀書·新知三聯書店，1993年，24～25頁。

〔註24〕高亨：《重訂老子正詁》，古籍出版社，1957年，8～14頁。

以生」的內在依據，而「這種內在根據，儒家謂之性，道家謂之德」。〔註25〕
鄭開說：

> 「性」字原作「生」，但後來的「性」字比「生」字多了一個「心」
> 符，而我們知道，戰國文字出現了大量的「心」符，這從一個側面
> 說明了，從「生」（「生之謂性」的舊傳統）到「性」（新的闡釋）的
> 轉變大致發生在戰國期間。〔註26〕

《管子》四篇中「生」與「性」的並用，說明了「生」向「性」開始轉向，
其中包含了人的主體性的自覺，「性」不僅僅是對個體的本質規定，也包含了
個體與天地、個體與社會之間的關係〔註27〕。

第一，心性的思想內涵。在《老子》中「性」有二個層面：一是「自然」，
它的內涵不僅僅是「生之謂性」，有形上學的意義——「無善無惡」；二是「無
為」，它的內涵是「自然」之性向社會的延伸，規定了社會之性。在《管子》四
篇中，「自然」之性無條件地保留下來，但對於社會的意義，則強調義、禮、法。

先秦諸子都繼承了春秋以來「生之謂性」的傳統，《管子》四篇也是如此，
主張人性的自然性。告子主張所謂性是由外在的社會環境所決定，孟子則是
用道德來說人性。顯然，《管子》四篇繼承了老子的人性論，將「性」向「心」
擴張，在「內靜」的基礎上，提出「外敬」，特別強調詩、樂、禮的功能與作
用。因此，社會中存在著「身」與「神」，或「形」與「性」的對立，「形性
相符」即是對二者的統一。《管子·白心》說：

> 欲愛吾身，先知吾情。君親六合，以考內身。以此知象，乃知
> 行情。既知行情，乃知養生。左右前後，周而復所。執儀服象，敬
> 迎來者。今夫來者，必道其道。無遷無衍，命乃長久。和以反中，
> 形性相葆。

人是生理、心理、情感和社會實踐的結合體，在血緣社會中「情」作為重要
的心理要素，是社會結合體的中心。「中」是血緣社會個體的完美狀態，老子
在宇宙論的意義上描述了本源的狀態——「中和」，聖人要「守中」，《中庸》

〔註25〕張岱年：《中國古典哲學範疇要論》，中國社會科學出版社，1989年，154頁。
〔註26〕鄭開：《道家心性論及其現代意義》，《道家文化研究》（22輯），生活·讀書·
　　　　新知三聯書店，2007年，172頁。
〔註27〕「從《管子》四篇可以看出，中國心學涉及人的三個層面：自然的生理層面；
　　　　人文的社會層面；天人合一的精神層面。」（劉長林、胡奐湘：《管子心學與
　　　　生命的自我超越》，《中國文化月刊》，第165期，6～22頁）

也說：「喜怒、哀、樂之未發謂之中，發而皆中節謂之和。」這種「中和」的社會實踐，符合倫理社會的規範。「為善乎，毋提提。為不善乎，將陷於刑。善不善，取信而止矣。若左若右，正中而已矣。懸乎日月，無已也。」老子強調對「欲」的否定，「五色令人目盲，五音令人耳聾，五味令人口爽，馳騁田獵，令人心發狂。」（12 章）但沒有重視「情」。《管子》四篇強調詩、樂、禮、敬對「情」的梳理，使之平正和諧歡快。郭店楚簡《性自命出》說：「凡人雖有性，……喜怒哀悲之氣，性也。」（簡 1～2）這說明，喜怒哀悲之「氣」內在於「性」之中。因此，性、情、氣三者之間的關係在《管子》四篇中成為理解其人性論的關鍵之處。

第二，「心性」的主體境界。「變化」觀念是「心性」得以修養的依據，《內業》說：「一物能化謂之神，一事能變謂之智。化不易氣，變不易智，唯執一之君子能為此乎！執一不失，能君萬物。君子使物，不為物使，得一之理。」郭沫若指出：「神在原義上本是能伸萬物的天神，但後來轉變而為了人的內在精神，使神得到與心相等的意義，大約是從這兒才開始的。……這『道』化生萬物，抽繹萬理，無所不在，無時不有，無方能圍。隨著作者的高興，可以稱之為無，稱之為虛，稱之為心，稱之為氣。」〔註28〕在這裡，《管子》四篇將老子「自然」的客觀意義，轉化為主體的精神。具體而言，精、氣修養的自我完成，使「氣」的本體轉化為心之本體的作用「神」。

老子強調對於本性的恢復，「摶氣致柔如嬰兒」、「谷神不死」，突出了對於本源狀態的嚮往。《內業》：

> 摶氣如神，萬物備存。能摶乎？能一乎？能無卜筮而知吉凶乎？
> 能止乎？能已乎？能勿求諸人而得之己乎？思之，思之，又重思之，
> 思之而不通，鬼神將通之。非鬼神之力也，精氣之極也。

「氣」論為人在社會中的存在提供了依據，主要表現在兩個方面：一是，氣在質上的純粹化或是還原，這是老子「復歸於樸」而來的；二是，對老子「人法地、地法天，天法道，道法自然」的吸收，表現為氣的規律。戰國中期，個體在形而上學的危機中，人們把自己放入一個能解決自己「吉凶」、「得之己」的體系或宇宙中來，以此能超越個體與環境之間緊張的狀態。因此，《管子》四篇把「精」、「氣」、「神」三個概念放在一起討論，這在《老子》中還

〔註28〕郭沫若：《青銅時代‧宋鈃尹文遺著考》，《中國古代社會研究》（外二種），2004年，河北教育出版社，431 頁。

沒有。《管子‧內業》中說：

> 有神自來，一往一來，莫之能思，失之必亂，得之必治，敬除
> 其舍，精將自來。

精、氣、神這組概念，從身體的意義講，是養生術，是個體生命在宇宙中的角色定位。就戰國中期社會的流動而言，這成為階層變動的依據，貴族與平民的分殊是源於自身的修養，是對「道」的分有差異的不同。此外，更重要的是主體層次與本體層次之間的溝通。在戰國中期，地域精神與統一的趨勢交相滲透，封建割據和中央集權的政策同時並進，諸侯需要統治的合理性，這一點在《孟子》中強烈的表現出來。漢學家史華慈注意到了這一點，「只有當統治者打算在他統治域內建立『仁政』時，他才有資格成為真正的王；或者說，他才能證明自身有資格在即將誕生的新秩序之中生存下去。」〔註29〕孟子否定了世襲制的血緣基礎，這樣由「心」→「氣」→「道」的主體通向本體成為可能。《管子》四篇所關注的主體向大道的回歸與老子回歸「嬰兒」、「赤子」成為可能，個體的「心」通過「氣」，可以與「道」接近，這是哲學層面的反思，表現在政治秩序上就是施行「仁政」。《管子‧白心》說：「故子而代其父曰義也，臣而代其君曰篡也。篡何能歌？武王是也。……故曰：思索精者明益衰，德行修者王道狹，臥名利者寫生危。」因此，心性的主體境界必然向治國的層面展開。

第三，「心性」展開的方式。一是，老子「自然」觀念對「心性」展開的意義。《管子‧內業》說：「凡心之刑（形），自充自盈，自生自成。」這說明了「心」的自然性，在《老子》中「自然」觀念是一種客觀的態勢，還沒有用來對「心」的分析。不僅如此，老子的「自然」還被貫穿到精氣之中，《管子‧內業》說：

> 精存自生，其外安榮。內藏以為泉源，浩然和平，以為氣源。
> 淵之不涸，四體乃固。泉之不竭，九竅遂通。乃能窮天地，被四海。

精氣的自然生長的過程、狀態，以及所達到的境界，無疑給孟子的性善論奠定了堅實的基礎。因此，老子對先秦諸子思想的影響有直接的效果，也有通過老子後學的繼承和發展，間接給諸子思想以影響。二是，老子「虛靜」的觀念成為《管子》心性的基本內涵。《管子‧心術上》說：

> 毋先物動，以觀其則。動則失位，靜乃自得。

〔註29〕史華慈：《古代中國的思想世界》，江蘇人民出版社，2004 年，294 頁。

> 潔其宮（心），開其門（九竅）

> 虛者，無藏也。

> 因也者，捨己而以物為法者也，感而後應，非所設也；緣理而
> 動，非所取也。

《管子‧內業》也說：

> 修心靜意，道乃可得。

> 我心治，官乃治；我心安，官乃安。

> 靜則得之（道），躁則失之。

> 心能執靜，道將自定。

《管子》四篇與老子「虛靜」方式不同的是，將「性」與詩、樂、禮、靜、
敬關聯在一起，揭示出人與社會之間的和諧，是心靈寧靜的前提。《白心》說：
「和以反中，形性相符。」以老子「歸根復靜」的方式達到心之「和」，這是
戰國中期諸子心性論的一個基本特點。在老子的「小國寡民」裏，欲望為傳
統力量所規範，且欲望是與社會生存條件相一致；在地緣社會的商業都市裏，
欲望則被轉化為需要，接受文化事實的規範。「和」是生命的源泉，有身心統
一自然和諧的意思。從「和」出發，即可達到人與社會的和諧。「和」在老子
思想中主要是突出宇宙本源狀態的和諧，以及人與天地的和諧，《管子》四篇
則將其社會化、倫理化。

第四，《管子》四篇心性論的價值意義。《管子》四篇認為，心性包含了
社會性，這也是老子「道」與「物」關係向社會展開的結果。《內業》說：

> 凡人之生也，必以平正，所以失之，必以喜怒憂患。是故止怒
> 莫若詩，去尤莫若樂，節樂莫若禮，守禮莫若敬，守敬莫若靜。內
> 靜外敬，能反其性，性將大定。

在這裡，心性的價值意義包含了社會的價值，如詩、樂、禮、敬、靜，可以
看出這是將社會價值與心性的本質連結在一起。對心性的價值認識將衍生出
對事物名實關係的認識。《管子‧心術上》：「物固有形，形固有名。此言名不
得過實，實不得延名。」趙紀彬指出：「『實』並不是一般語義上的『事物』
或『實在』，它只是指當時的倫理教條和政治制度。……而是要求邏輯的概念
從屬於倫理及政治的需要。」〔註30〕《管子》四篇與老子的不同在於，它沒

〔註30〕趙紀彬：《宋尹心理主義名辯方法的研究》，《困知錄》，中華書局，1963年，

有和老子一樣對禮樂文明下的天道觀和禮制之間繁瑣的「名」進行批評，而是對這種「名」予以肯定，用「心」來加以調和。《管子・心術上》：「天之道虛，地之道靜。虛則不屈，靜則不變。」用「虛靜」統一天地萬物。此外，《管子・心術上》用「虛靜」來解釋「無爲」：

> 是以君子不怵乎好，不迫乎惡，恬愉無爲，去智與故。其應也，非所設也；其動也，非所取也。過在自用，罪在變化。是故有道之君子，其外也若無知，其應物也若偶之。靜因之道也。

這是《管子》四篇對老子「無爲」思想的心性化。《老子》說：「道常無爲而無不爲，侯王若能守，萬物將自化。」（37 章）黎翔鳳說：「『白心』之『白』，即《老子》『大白若辱』，心清靜也。」〔註 31〕在《管子》四篇中將虛靜與無爲聯繫在一起，提出「靜因之道」的命題。

　　《管子》四篇深入地討論了「道」通過「氣」與天地人發生聯繫，進而分析人的物質生命與精神生命如何在「氣」觀念的導引下，闡發心性，接近本體。在這種思路下，可以反觀《管子》四篇如何創造性地理解或詮釋《老子》「道」的本體與規律兩個層面的意義。同時，《管子》四篇深化了心性與政治的討論，在這種意義下，開啓了戰國中期諸子的心性論。也可以說，老子的「道」與「德」經「氣」的環節，被心性化，通過心性的自我修養，「道」與「德」具有社會實踐的意義。與此同時，心性成爲諸子思想結構中具有絕對基礎和中心的地位。因此，心性成爲戰國中期社會實踐和突破人的族、類觀念限制的出發點，以此展開對自我意識本性的討論。

第二節　老子「自然」觀念與孟子「性善」論的可能聯繫

　　戰國中期，社會階層流動頻繁，以士階層來說，士或降爲自由農民，或選拔爲戰士，或成爲求取「干祿」的遊士。在這種巨變之中，大多數人既無恒產、亦無恒心。對此，孟子（約公元前 372～約公元前 289 年）的性善論試圖對這種身份地位的變動在人性層面上加以解釋，並且對人性加以引導、規範。具體來說，春秋時期的禮制局限於外在的社會規範，完全依靠於身體的

---

312 頁。
〔註 31〕 黎翔鳳：《管子校注》，中華書局，2004 年，788 頁。

實踐，因此很容易被社會異化。老子反對異化的禮，主張寡欲；禮經過戰國時的社會變化而瓦解，孟子強調對身體應該予以轉化，使之具有天道的意義，而不是變動不居，或善或惡。

一、老子與思孟學派的可能聯繫

蒙文通曾說：「儒家心性之論，亦以兼取道家而益精。」〔註32〕這提示了儒、道兩家在心性論方面相互影響的關係。到戰國時，血緣組織不斷遭受破壞，個人從血緣的束縛中解放出來，因此國民的個性得到發展。顯然，公田向私田的轉變，反映出土地獨佔意識形態的「天」喪失威信，從而僅靠外在的「德」，是很難保證社會的道德。在這種背景下，在戰國早期出現楊朱的「為我」〔註33〕，墨子的「兼愛」，告子的「生之謂性」，孟子則提出「性善」論。老子的「自然」觀念是這種思想發生的重要學術動力，「老莊是拿自然天道觀來超越先王，子思孟軻卻是在自然天道觀的影響之下，把先王和自然天道的形而上學融合起來」〔註34〕。老子對孟子的影響可能有以下途徑：一是《老子》文本在戰國中期已經形成，分組流行，孟子完全有機會接觸《老子》文本；二是孟子曾游學於稷下〔註35〕，在稷下學宮可能受到別的學派特別是道家的影響；三是楊朱是老子的學生，孟子曾批評說：「楊朱、墨翟之言盈天下，天下之言不歸楊則歸墨」，「楊子取為我，拔一毛而利天下，不為也」（《孟子·盡心上》），「楊氏為我，是無君也」。（《孟子·滕文公下》）顯然，楊朱作為老子的後學，在戰國中期已經形成了學派，並對社會發生了一定的影響。可見，孟子應該熟悉老子思想，並且是有一定程度的研究。

此外，從思想觀念上的聯繫來看，《中庸》是老子影響孟子的一個間接途徑。老子的「道」論是《中庸》的哲學基礎或理論前提。《中庸》：

> 誠者自成也，而道自道也。誠者物之終始，不誠無物。是故君
> 子誠之為貴。誠者非自成己而已也，所以成物也。成己，仁也；成

〔註32〕蒙文通：《蒙文通文集》（1卷），巴蜀書社，1987年，256頁。

〔註33〕《呂氏春秋·不二》評價楊朱「陽朱貴己」，《淮南子·氾論篇》稱陽朱「全性保真，不以物累形」。張岱年說：「楊子可以說是中國思想史上第一個注重個人的。」（《中國哲學大綱》，282頁）

〔註34〕侯外廬：《中國古代社會史論》，河北教育出版社，2000年，324頁。

〔註35〕關於孟子曾游學於稷下，曾有徐幹《中論·亡國篇》、《鹽鐵論·論儒》、錢穆的《先秦諸子繫年·考辨九十八》以及孫以楷的《道家與中國哲學》（先秦卷）先後都有所考證。

物，知也。

郭沫若指出，「看他這所謂『誠』便是天，而具現在人身上的便是聖人，分明是從老子的思想演化下來的。誠是道體『獨立而不改周行而不殆』的一個簡括。誠便是道，便是本體。『誠者自成而道自道』是本體自因的說法，比老子的『不知誰之子』，『道法自然』的話更進了一步。」〔註36〕《中庸》的「誠」和老子的「道」，在功能上也有相似之處，即「誠」不僅是人的內在本源，而且是一切事物的內在本源。〔註37〕孟子繼承了《中庸》的「誠」，進一步提出「浩然之氣」：「我善養吾浩然之氣。……其爲氣也至大至剛，以直養而無害，則塞於天地之間。」（《孟子・公孫丑上》）老子最早確立了聖人的主體精神，「故道大、天大、地大、王亦大。域中有四大，而王居其一焉！人法地，地法天，天法道，道法自然」（25 章）。這爲孟子的「萬物皆備於我」（《孟子・盡心上》）提供了理論基礎。根據老子的論述，人與天地是一體的，共同構成有機的宇宙。因此，人與天地是一致的，把人擴大起來就是天，便是神。孟子對此種精神境界描述道：

　　君子所過者化，所存者神，上下與天地同流。（《孟子・盡心上》）

　　充實之謂美，充實而有光輝之謂大，大而化之之謂聖，聖而不可知之之謂神。（《孟子・盡心下》）

孟子的「性善」論是老子以「德」配「道」思想的發展，是天道觀與先王觀相結合的進一步具體化。「孟子的先王相薦論，帶著一種自然法的意思，他所謂的『天』，是指當然之理。」〔註38〕孟子吸收了老子的自然天道觀，把自然天道觀束縛於先王觀的形式之下，他把孔子的「仁」抽象爲純粹的形而上形式。在孟子時代，那個被孔子所論證的客觀的社會與文化秩序——「禮」，已經蕩然無存。對於孟子來說，那個內在的、先天的、普遍的、客觀規範的文化秩序與人的精神、道德存在著緊密關聯。

二、老子對孟子「性善」論的可能影響

孟子的認識論具有先驗主義的特徵，這是學界所熟知的。這種先驗主義，以人性本善爲直接的根據。對於人性的追問，在老子的思想中已經表現出來

〔註36〕郭沫若：《先秦天道觀之進展》，《中國古代社會研究》（外二種），2004 年，河北教育出版社，284 頁。
〔註37〕郝大維、安樂哲：《孔子哲學思微》，江蘇人民出版社，1996 年，39 頁。
〔註38〕侯外廬：《中國古代社會史論》，河北教育出版社，2000 年，325 頁。

——「自然」。孟子即是根據這種自然而然、生而本有的觀念，來證明「善」的先天性。這種先驗主義只從人性論上來說，是不能自圓其說的。它需要本體論的證明，老子思想中的宇宙觀，爲孟子提供了其思想的邏輯出發點。這樣，孟子就可以打通人與宇宙的鴻溝，得出「萬物皆備於我」的結論。於是，這種社會的流動在人性論上得到證明。

從《孟子》中可以得知，他的時代討論人性的方法基本有兩種：一是從經驗的層次觀察人與世界的關係，「性可以爲善，可以爲不善，是故文武興則民好善，幽厲興則民好暴」，「有性善，有性不善，是故以堯爲君而有象，以瞽瞍爲父而有舜。」（《孟子·告子上》）這種方法，被宋儒稱之爲「氣質之性」，也就是孔子所說的「性相近，習相遠」，包含了「私田」意識下的心理要素。從現象界只能看到兩種對立的結論，對於人性的本質並沒有觸及。二是類比的邏輯方法。告子與孟子就此展開了激烈的辯論。告子以動物性來類比人性，提出「生之謂性」的觀點。告子看到了事物之間的共同屬性，卻沒有理解事物的不同屬性，也就是說混淆了「類的特徵」與「種的差異」。孟子所要追問的是人之所以爲人的原因，這是老子「自然」觀念的具體化。「自然」一個基本涵義就是「自身」，另一個涵義是「自覺」。這是孟子「性善」論的邏輯出發點。老子雖然在用類比的方法，但老子是注意到事物之間的本質，而不是對現象的列舉。例如，老子談論水，集中到第八章和第七十八章，指出了水的本質：一是不爭，即處下的特點；二是柔弱。告子與孟子也討論到水，告子卻沒有注意到水的本質特點。以老子、告子〔註39〕、孟子討論水，可以看出三人思想的差異。

> 上善若水。水善利萬物而不爭，處眾人之所惡，故幾於道。居善地，心善淵，與善仁，言善信，正善治，事善能，動善時。夫唯不爭，故無尤。（第八章）

> 告子曰：「性，猶湍水也。決諸東方則東流，決之西方則西流。人性之無分於善不善也，猶水之無分於東西也。」（《孟子·告子上》）

> 孟子曰：「水性無分於東西，無分於上下乎？人性之善也，猶水之就下也。人無有不善，水無有不下。今夫水，搏而躍之，可使過

〔註39〕梁啟超《墨子年代考》和錢穆《先秦諸子繫年六十二》都認爲他是墨子弟子，年齡在墨子、孟子之間；郭沫若、孫以楷則認爲他是一位稷下先生，具有明顯的道家思想特色。

顙；激而行之，可使在山。是豈水之性哉，其勢則然也。人之可使
爲不善，其性亦猶是也。」(《孟子‧告子上》)

上述材料說明：一是老子、孟子進行了價值判斷，「善」成爲道或人的本性。
二是三人都用水類比性，表面上，結論的不同是因對水的看法不同，實質上
告子沒有注意到事物的主體性，老子的「自然」觀念是有主體性的，但是在
「非常道」下主體的意義卻沒有體現。也就是說，人在「非常道」下主體需
要通過自身的努力回到「常道」的狀態。

　　第一，《老子》中「心使氣曰強」的「心」沒有主體的意義，這是因爲春
秋時期「士」還沒有從封建關係中游離出來。孟子則看到了戰國中期人的主
體性，強調在社會變化中，人應該「不動心」，而「性善」是人具有實現其道
德能力的天賦，這不僅是對「性」的認識，也是對「心」的認識。老子說：「天
得一以清，地得一以寧，神得一以靈，谷得一以盈，侯王得一以爲天下正。」
（39 章）孟子也宣稱：「不仁而得國者有之矣，不仁而得天下者未之有也。」
這說明，在老子、孟子看來，理想的天下是有它內在精神。告子與孟子關於
「得」也有論辯：

　　告子曰：不得於言，勿求於心；不得於心，勿求於氣。不得於
　心，勿求於氣，可。不得於言，勿求於心，不可。夫志，氣之帥也，
　氣，體之充也。夫志至焉，氣次焉，故曰：持其志無暴其氣。(《孟
　子‧公孫丑上》)

在這裡，「得」，是指「得理」，與老子之「得一」是相近的。但是如何「得」，
老子沒有具體分析。告子與孟子就「言」、「心」、「氣」展開了論辯，這在《老
子》中也有一定的反映。老子最早提出心與氣的命題：「心使氣曰強」。「不見
可欲，使民心不亂」、「虛其心，實其腹，弱其志，強其骨」（3 章），《老子》中
「心」具有「知」的作用，「老子所主張的無欲，並不是否定人生理自然的欲
望（本能），而是反對把心知作用加到自然欲望裏去，因而發生營謀、競逐的
情形。」〔註40〕因此，在《老子》中的「心」不是「本心」。「氣」是個體與宇
宙關聯起來的生命力的實體或能量，老子把「氣」分爲二種狀態：「摶氣」和
「強」。並且，「德」與「知」、「欲」是對立的，進一步說，「德」與「心」、「身」
也是對立的。這種對立，並不是如徐復觀所說的，『德』與『心』，亦即是『性』

〔註40〕徐復觀：《中國人性論》（先秦篇），上海三聯書店，2001 年，302 頁。

與『心』，看作兩個互不相容的東西。」〔註41〕因爲，《老子》中「德」與「心」、「身」在對立的同時，還具有統一的一面，此時的「心」是具有價值意義的，「居善地，心善淵」（8 章），「知人者智，自知者明」（33 章）。但是，老子的表述不是很清楚，孟子對此有所發展，將心分爲「本心」與「心裏心」。

另外，在《老子》中「心」是「德」與「氣」的中介，如果「心」的功能「知」用於欲望，就會出現「心使氣曰強」。如果心能夠「知其雄，守其雌」，「常知稽式，是謂玄德」（65 章），那麼「德」與「氣」就會和諧，「德」就可以體現出來。對此，孟子也意識到了，「夫志，氣之帥也，氣，體之充也。夫志至焉，氣次焉，故曰：持其志無暴其氣」。（《孟子・公孫丑上》）孟子強調對氣的控制，他說：「或勞心，或勞力。勞心者治人，勞力者治於人。治於人者食人，治人者食於人：天下之通義也。」（《孟子・滕文公上》）個人力量（關係）由於分工轉化爲物的力量這一現象，不能靠從頭腦裏拋開這一現象的一般觀念的辦法來消滅，即告子的「不動心」，而只能靠個人分工的基礎上重新駕馭這些物的力量。《孟子・滕文公上》：「有恒產者有恒心，無恒產者無恒心。苟無恒心，放辟邪侈，無不爲己。及陷乎罪，然後從而刑之，是罔民也。」農民只想保存與鞏固現存的條件並自由的發展，士人則要像孟子一樣「善養浩然之氣」，「氣」是能量與物質，是這種分工角色中的意識形態的反映。孟子用「心」統攝「欲」，他說：

> 口之於味也，目之於色也，耳之於聲也，鼻之於臭也，四肢之於安佚也，性也，有命焉，君子不謂性也。仁之於父子也，義之於君臣也，禮之於賓主也，知之於賢者也，聖人之於天道也，命也，有性焉，君子不謂命也。

孟子對於「欲」歸於「命」，把「仁義禮智」歸於「性」。因而，他強調自然生命，「求之有道，得之有命，是求無益於得也，求在外者也」；與此同時，他關心以心言性，「求則得之，舍則失之，是求有益於得也，求在我者也。」（《孟子・盡心上》）這是孟子言「性」的方法、途徑，而在《老子》中「性」的意義並不是很清楚，孔子的「性相近」、告子的「生之謂性」以及楊朱的「爲我」，都是對「命」、「性」的不分。

第二，老子的「玄德」與孟子的「性善」具有相似性。對於老子的「常德」，侯外廬說：

〔註41〕徐復觀：《中國人性論》（先秦篇），上海三聯書店，2001 年，304 頁。

他對於人性也就不得不堅持「見素抱樸，少私寡欲」的傾向。
於是更進一步，他對於人性的認識，以爲有私是僞，無私是眞，把
人的本質看成一個「類概念」，靜止的抽象體，無古無今的絕對性—
—見素抱樸的「常德」。〔註42〕

這裡，老子主張人性是不自私的，「聖人無常心，以百姓心爲心。善者吾善之，不善者吾亦善之，德善；信者吾信之，不信者吾亦信之，德信。聖人在天下歙歙，爲天下渾其心，百姓皆注其耳目，聖人皆孩之。」（49章）老子闡述了絕對的善和絕對的信——「德善」或「德信」。但是，老子的「善」是宇宙論的倫理道德，是「道」的自然展開。孟子的「善」是心性的形而上學，具有倫理實踐性。

孟子「性善」論說明人性是變化的，由「四端」不斷擴充。但是這種心性的變化，必須以「自然」爲基礎。《孟子》中講述了宋國的一個農夫揠苗助長的故事，生動地說明了蓄意地勉強要求會對人成長的自然過程造成阻礙，生長中的萬物都有其自身的範圍和自然的速度，並且這種發展必須在自身成熟的過程中出現。這與莊子所說的「不以人助天」有相似之處，即不以「人爲」去助長「自然」。孟子所提及的「四端」，如果在沒有受到阻礙的情況下，會自然而然的不斷得到擴充，這是對老子「自然」觀念的繼承。老子所說的「玄德」是宇宙論的，人們並沒有獲得實現它的終極保證。孟子將這種根源和能力內化於人性之中，這種本性是自然的，上天賦予的，這樣人之所以爲人才得到內在的保證。對此，老子、孟子都認爲最終的價值根源是先天的，而告子認爲是後天的。《孟子·公孫丑上》說：「若火之始燃，泉之始達苟能充之，足以保四海，苟不充之，不足以事父母。」人的善心是在自然狀態下的運動，如果不受到阻礙就會持續的擴充，以至於完美。老子的「自然」是靜態的，沒有表現出動態的過程。孟子的「四端」不僅僅吸收了「自然」的意義，而且強調「四端」是一個動態的過程。他們最大的不同在於，孟子對「天道」不是順從，而是把社會價值內化爲「四端」，擴充爲整個宇宙的體現，這樣「人道」與「天道」便統一了。這表明，對於孟子來說，心能自生自長，以此成爲一更充實更擴大的心。因此，孟子的性善，在「四端」無所爲而爲之的自然擴充上，繼承了老子思想，但老子只是直觀到，而沒有清楚的表述。

〔註42〕侯外廬、趙紀彬、杜國庠：《中國思想通史》（第一卷），人民出版社，1957年，295頁。

另一方面，孟子的性善論，還指「良知」，已經超越了老子的「心善淵」。因為，老子沒有提出「本心」，他的「心使氣曰強」與告子的「不動心」是相似的，心是虛靜的，完全效法於天道，達到主客統一的境界。告子則是與外在世界隔離，造成主客之間的分離。孟子的「不動心」內外交融，在社會實踐中不斷辯證地發展出來，處於動態的過程中；老子與之相反，是靜態的。這種差別的原因是老子的「玄德」是宇宙本體論，孟子的「人性善」是心性本體論。

第三，由「人之道」與「天之道」的對立發展為「天人合一」。在老子、孔子時代，西周的禮樂文化變成死的教條，老子把先王觀束縛於自然天道觀之下，「天道」與「人道」之間產生了對立。從老子到《中庸》，都是以天合人，人所效法的是天，是外在的客觀對象。但是孟子時代，氏族貴族已經衰落，「士」從封建關係中完全游離出來，社會處於自由流動之中，這意味著先王觀能夠從自然天道觀中解放出來，天道觀又被束縛於先王觀之下。因此，以天合人的時代已經過去，孟子雖然滿腔文化理想，可沒有外在的寄託，這使得內在精神的出現成為必然，即「天道」式的文化理想內化到「人道」之中，心性的形而上學取代了宇宙的形而上學，這是孟子對老子的發展。《中庸》說：「天命之謂性」，孟子繼承這種觀念，「天與之」，並說：「莫之為而為者，天也。莫之致而至者，命也。」（《孟子·萬章上》）孟子在「天」與「命」分立的基礎上，是以人合天，將天的這種客觀性內化為主體性：

> 盡其心者，知其性也；知其性，則知天矣。存其心，養其性，所
> 以事天也。天壽不貳，修身以俟之，所以立命也。（《孟子·盡心上》）

孟子同老子一樣，把聖人作為最理想的統治者，然而無論老子的「道」，還是孟子的「天」都不能按照聖人的意志來選擇更合理的方式治世，老子只能說：「荒兮，其未央哉！眾人熙熙，如享太牢，如登春臺。我獨泊兮其未兆，如嬰兒之未孩。」（20章）孟子則宣稱：

> 五百年必有王者興，其間必有名世者。由周而來，七百有餘歲
> 矣！以其數，則過矣；以其時考之，則可矣。夫天未欲平治天下也，
> 如欲平治天下，當今之世，舍我其誰也？（《孟子·公孫丑》）

孟子在強調「性善」的同時，又強調只有那些具有道德意志的人才能實現。老子也是如此，人人在剛開始時都是「赤子」，在「非常道」下，「玄德」只有聖人才具有。孟子曰：「大人者，不失其赤子之心者也。」老子與孟子同樣

樂道「赤子」，但老子欣賞自然而然、不受人生欲望的拘束，而孟子則愛其心性的豐富活力與潛力。

三、從邏輯上看孟子對老子思想的改造

　　孟子「性善」論是以他的「類」、「故」、「理」的邏輯範疇爲基礎，即「心」或「誠」是如何從人的主觀心理狀態一躍爲宇宙本體，只要「知其心」或「至誠」，也就可以推論出一切未知的事物。因此，孟子強調道德的自覺性，「賢者以其昭昭，使人昭昭；今以其昏昏，使人昭昭」。(《孟子‧盡心下》) 這話是針對老子而說的。老子說：「俗人昭昭，我獨昏昏。」(20章) 孟子強調「昭昭」的意義，用人的道德意識來把握事物的本質，與老子的「自然」觀念既有相反的一面，也有一致的意義。

　　其一，孟子繼承了老子的「反」、「復」觀念，並將它改造爲一種溝通天與人之間的基本方法。老子的「反」、「復」是對春秋以前人們欲與天、祖先保持一致而出現的人文反思的一種哲學抽象，以此消除萬物與道之間存在的某種裂縫，特別是欲望造成的某種失衡。老子說：「致虛極，守靜篤；萬物並作，吾以觀其復。夫物芸芸，各歸其根。歸根曰靜，是謂覆命。」(16章) 老子以虛心的態度靜觀萬物，認爲萬物的變化最終回到它原來的出發點，其「反」、「復」是在宇宙論的意義上言說。孟子則將「反」、「復」作爲一種自覺的道德意識，這是源於他認爲天性與天命之間是一致的，由天性出發，即可認識天命，也就是說天性是天命的個體化結果。因此，「反」、「復」有兩個層次，一是個體回覆到自己的天性，「仁，人心也；義，人路也。舍其路而弗由，放其心而不知求，哀哉！人有雞犬放則知求之，有放心而不知求」《孟子‧告子上》；二是由天性出發回覆到「天」，盡心→知性→知天，達到「上下與天地同流」的境界。在這裡，孟子將老子的「道」內在化，這是戰國中期的共同要求。老子說：

　　　　孔德之容，惟道是從。道之爲物，惟恍惟惚。惚兮恍兮，其中
　　有象；恍兮惚兮，其中有物；窈兮冥兮，其中有精，其精甚眞，其
　　中有信。(21章)

老子對於「道」的闡釋從象→物→精→信展開，指出了「道」的眞實性。《說文》說：「信，誠也。」孟子說：「誠者，天之道也。思誠者，人之道也。」(《孟子‧離婁上》) 戴震《孟子字義疏證》說：「誠，實也。據《中庸》言之，所實者，知仁勇也。實之者，仁也，義也，禮也。」天道是實實在在的，沒有

一點人為的痕蹟，孟子賦予了它倫理的意義，由「自然」意義的天道轉向了具有「誠」的人道，這是他依據類思維類推的結果。

其二，孟子「類」思維對老子「自然」觀念的改造。老子的「自然」是在宇宙本源與生成的意義上言說，萬物的本性自然而然，或為「樸」，或為「嬰兒」，或為「赤子」。孟子將其具體化、倫理化，認為人的天性即是「善」。《孟子‧告子上》說：「故凡同類者，舉相似也」，「心之所同然者何也？謂理也，義也」。也就是說，「善」本來就內含於人性，「可欲謂之善」，作為人社會存在的出發點。孟子以「類」為出發點，認為不同的「類」有其不同的出發點，從而確立了「善」內在於人心中，是自然而然的。另一方面，孟子認為人的天性並不為類所限制，通過自己的「善」可以突破與超越個體的局限性，這是由天性類推天的結果。孟子的「浩然之氣」中「善」可以通過「氣」的特性，不斷擴散出去，「配義與道」，內在的力量外化成一種力量，「塞於天地之間」。在這個意義上，孟子說明了「誠」內在於「天道」之中的意義，為「善」提供了形而上的根據。

其三，孟子將老子「先王」的道德實踐改造為個體的人性實踐，更加具有倫理實踐的色彩。這種改造是基於老子與孟子對於血緣生產的認同，但是春秋戰國時期局限於血緣生產的意識已經不適應時代的要求，在血緣社會向地緣社會轉變的過程中，個體從封建關係中解放出來，對於倫理的實踐成為個體的需要。「倫」，就是從自己推出去的和自己發生關係的那一群人裏所發生的一輪輪波紋的差序。〔註43〕《老子》說：「吾所以有大患者，為吾有身。及吾無身，吾有何患？故貴以身為天下，若可寄天下；愛以身為天下，若可託天下。」（13 章）老子批評統治者的「倫」過於狹窄，應以天下為「倫」。孟子說：「養其小者為小人，養其大者為大人。」（《孟子‧告子上》）身體是氏族社會血緣生產的出發點，也是社會實踐的基礎。《孟子‧梁惠王上》：「老吾老，以及人之老；幼吾幼，以及人之幼。」中國的社會結構是以「己」為中心建立社會網絡，每一個網絡的中心都不同。在這種社會結構中從己到天下，一圈圈地推出去。《孟子‧盡心下》說：「可欲之謂善，有諸己之謂信；充實之謂美；充實而有光輝之謂大；大而化之之謂聖；聖而不可知之謂神。」最後達到「萬物皆備於我」，孟子說他「善推而已矣」。這種自然發展的思路承襲了老子。老子說：

〔註43〕 費孝通：《差序格局》，《鄉土中國 生育制度》，北京大學出版社，1998 年，27 頁。

修之於身，其德乃眞；修之於家，其德乃餘；修之於鄉，其德
乃長；修之於邦，其德乃豐；修之於天下，其德乃普。故以身觀身，
以家觀家，以鄉觀鄉，以國觀國，以天下觀天下。（54 章）

因而，孟子說：「人有恒言，皆曰：『天下國家。』天下之本在國，國之本在
家，家之本在身。」（《孟子・離婁上》）然而，在修養的方式上，老子強調內
心的虛靜，採取減損的方式。老子說：「是以聖人之治，虛其心，實其腹；弱
其志，強其骨；常使民無知無欲；使夫智者不敢爲也，爲無爲，則無不治。」
（3 章）孟子則主張對心性的磨練，《孟子・告子上》：「故天將降大任於是人
也，必苦其心志，勞其筋骨，餓其體膚，空乏其身，行拂亂其所爲，所以動
心忍性，曾益其所不能。」這種不同，是源於老子從「先王」治理天下的角
度出發，自上而下。在這種體系中，自然就會要求民「無知無欲」；孟子則是
從「士」的角度出發，自下而上，身體、感官活動經過道德的規範性、方向
的轉化，使人與人之間種族、階層的差別得以消解。

綜上所述，老子與孟子的比較有以下四點異同：一是孟子思想的邏輯起
點是人心的本然狀態——「本心」，老子認爲是自然、柔弱、虛靜；二是老子
的道之信，也就是孟子的「天」之「誠」；三是孟子對老子「專氣致柔」、「心
使氣曰強」的繼承和發展了，他提出了「夜氣」、「不動心」；四是老子主張順
其自然，也就是順應人性，孟子也是順應人的仁義本性，因其自然，而不是
強迫自己有意地推行仁義。總之，老子「自然」觀念中的主體性束縛於天道
之下，「無爲」成爲其人道的特徵，人性規定爲「樸」、「嬰兒」；孟子可能對
這種「自然」中的主體性加以倫理化、實踐化規定，突出人與社會的關係，
將人性規定爲「四端」。

第三節　老子與莊子的「心靈轉化」 [註44]

莊子（約公元前 369～公元前 286 年）學術思想的淵源是老子的自然主義
[註45]，從《莊子》、《呂氏春秋》中的材料推斷，老子影響莊子可能是通過
關尹、楊朱和列子發生的。另外，在戰國中期《老子》文本已經產生，《莊子》

[註44]　「心靈轉化」這個命題是美國學者愛蓮心提出。（愛蓮心：《嚮往心靈轉化
　　　　的莊子》，江蘇人民出版社，2004 年）本文受此啓發，側重討論莊子是如何
　　　　把老子「道」論心性化。

[註45]　張豈之主編：《中國思想史》，西北大學出版社，1989 年，61 頁。

外雜篇引用《老子》有九章之多，全書引申、闡釋《老子》有十一章。〔註46〕《莊子・天下篇》曾概括老子思想說：「建之以常無有，主之以太一，以濡弱謙下爲表，以空虛不毀萬物爲實」。最早指出莊子繼承老子思想的是司馬遷，他在《史記・老莊申韓列傳》中寫道：「莊子⋯⋯其學無所不窺，然其要本歸於老子之言，故其著書十餘萬言，大抵率寓言也。作《漁夫》、《盜跖》、《胠篋》，以詆訿孔子之徒，以明老子之術。」最後他認爲：「老子所貴道，虛無，因應變化於無爲，故著書辭稱微妙難識。莊子散道德，放論，要亦歸之自然。⋯⋯皆原於道德之意，而老子深遠矣。」《淮南子・要略》開始「老莊」相連，有「考驗乎老莊之術」的提法。

老子把先王觀從宗教的「天命」觀中解放出來，然而又束縛於自然的天道觀。這樣，「天道」與「人道」相對立，「人道」應該效法「天道」，聖人才有對「天道」的支配權。莊子在老子的基礎上，否定了「先王」觀，把「人道」從「先王」那裡解放出來。侯外廬說：

> 在古代中國的歷史中，天道思想有其曲折的發展過程，即由先王維新到先王理想，由先王理想再到先王否定，由先王否定復追尋到前先王的「乘道德而浮游」之黃帝，再找到渾沌。〔註47〕

「人道」從「先王」觀中解放出來，又陷入了自然「天道」觀中，「天之小人，人之君子；人之君子，天之小人」（《大宗師》）。對此，荀子批評莊子「蔽於天而不知人」。也正是由此，莊子開創了道家的心性論，把人分爲天之人與人之人，更具體地說，是「吾」與「我」的區別，是「自然」與「不自然」的不同。

一、「齊物論」的社會意義

「齊物論」是莊子的「心靈轉化」的認識基礎，而「齊物論」又是建立在對戰國中期社會深刻反思之上的，由此對老子思想既有繼承又有發展。

第一，「齊物論」對交換經濟下的價值批評。莊子並不反對戰國時期的物質文明，而是反對物質文明背後的生產方式。在戰國中期，存在著自然經濟與交換經濟之間的對立，這種對立將人與物納入了市場的體系之中。《莊子・馬蹄》：「馬，蹄可以踐霜雪，毛可以御風雪，齕草飲水，翹足而陸。」及至

〔註46〕孫以楷：《道家與中國哲學》（先秦卷），人民出版社，2004年，316～318頁。

〔註47〕侯外廬、趙紀彬、杜國庠：《中國思想通史》（第一卷），人民出版社，1957年，325頁。

伯樂，「我善治馬」，於是將所有的馬，「燒之、剔之、刻之、雒之，連之以羈
縶，編之以皁棧，馬之死者十二三矣；饑之，渴之，馳之，驟之，整之，齊
之，前有橛飾之患，而後有鞭策之威，而馬之死者已過半矣。」馬的自然本
性被異化，說明了戰國中期交換經濟對自然經濟的支配作用。在這種支配的
過程中，將會出現用統一的標準去規範市場，在這種規範下，物和人都要經
受一定程度的變形。在《人間世》中，莊子認為「不材」才是大用，成材卻
是不祥。「道」是無數秩序的總和，如果把其中一種秩序變成社會唯一的規範，
將會對其他秩序的價值造成破壞，這是莊子「齊物論」的意義之一。因此，
莊子對於商品的價值予以批評，他說：「以道觀之，物無貴賤；以物觀之，自
貴而相賤；以俗觀之，貴賤不在己。」(《莊子・秋水》)「有之以為利，無之
以為用」(11 章)，老子突出了「有」對「利」的構成，把「無」和「用」連
在一起了。莊子在此基礎上，認為「皆知有用之用，而莫知無用之用」。(《莊
子・人間世》) 老子提出的「無之用」可謂是對當時主流思潮「有用之用」的反
動，與孔孟的經世理想不同，是適應於「小國寡民」式的思想意識。「無何有
之鄉廣莫之野」正是莊子揚棄市場價值，另闢一個思考空間，破除習常實用
觀的偏執與僵化。交換經濟之下技術進步和工藝品發達，在這之中卻包含了
「機械」與「機心」。莊子的批評說明，在戰國中期社會的變化之中，有一些
群體在面對「機械」時，不願意掌握它，不是因為它缺少技術上的靈巧，而
是因為血緣社會中的時間、空間和人際關係的限制不允許他們把一種價值賦
予有著效率意義的「機械」；他們竭力抵制這些「機械」進入他們的「自然」
生活。在這種意義上，血緣社會就是以一種用完全靜止的時間和歷史的觀念
來扼殺技術發明。然而，莊子所讚美的是庖丁解牛之技，「依乎天理」、「因其
固然」，技術是因「自然」的意義而展開。這意味著，主體與對象之間是合一
的，與老子「法自然」是一致的。老莊的自然經濟，即是要求人「吾生於陵
而安於陵，故也；長於水而安於水，性也；不知吾所以然而然，命也」。(《莊
子・達生》) 老子也說：「甘其食，美其服，樂其居。」(80 章) 這是一種沒有
具體目的，只是因為在一起生長而發生的社會；它有別於君主郡縣制之下，
為了君主的支配而結合的社會。

　　第二，「齊物論」與「士」的自由。發展到戰國時代 (公元前 5 世紀中葉
以後)，「士」終於不再屬於貴族，而成為四民之首。他們往往被稱為「遊士」，
這個「遊」字至少有兩層涵義：一是周遊列國，尋求職業；二是從封建關係

中游離出來。〔註48〕戰國時代的士幾乎沒有不遊的。他們不但輕去其鄉，甚至宗國的觀念也極爲淡薄。其所以如此者正因爲他們缺少宗族和用產兩重羈絆。〔註49〕先秦士這一階層有兩大來源，一部分是從舊的「封建」制中游離出來的沒落貴族，一部分是由社會下層遊上去的庶民。在《莊子》中，「遊」由一種身心解放的活動，被莊子賦予了深刻的認知和心靈層次的意義。據劉笑敢統計，《莊子》全書中「逍遙」出現六次，「遊」出現九十六次。〔註50〕因此，「遊」既是工夫，也是境界。莊子的宇宙是個變化流行的世界，因此「遊」是相對於這個動態世界的活動。從認知的角度看，「遊」也是破除執著、消解對立的唯一途徑。在《大宗師》篇中，莊子特別假孔子之口提出「遊方之內」與「遊方之外」的分別，而嚴格地把儒家劃入「遊方之內」。〔註51〕在《齊物論》中用「封」、「畛」表達二者之間的界線，「夫道未始有封，言未始有常，爲是而有畛」。「封」、「畛」也就是侯外廬所說的權利與義務的劃分，形成了自我與他者之間的對立。只有消解二者之間的對立，將外在條件轉化成生命範圍的內在條件，「遊乎天地之一氣」（《大宗師》），「士」才能獲得真正的精神自由。在這個意義上說，莊子所理解的宇宙是超越欲望、超越個體利益、包容萬物無所遺而不以人類之私爲出發點的天道。「天」的意義即在於天地萬物之間不再有所對立，對「常」的批評意味著不再區別是非；所謂的「分」、「辨」、「左」、「右」讓人的意志變得狹隘，變得僵化，使意識「滯」於一方，變成規範化的東西。當時的「百家爭鳴」即是在這些規範的意義上立說。莊子則主張「天鈞」、「天倪」、「自然」，認爲所有事物的價值是平等的，在本體上是一致的。這樣，「士」才能做到「無己」、「無功」、「無名」，達到「逍遙」的境界。

第三，「齊物論」與社會秩序。戰國中期，各國君權已經相當強大並且形成牢固的根基，「君臣之位，上下之體」的政治體制已經確立〔註52〕。而在宗法封建制度下，政治是宗法貴族政治，國家機器的運轉是建立在宗法基礎之上，國家想要越過宗族來跟民眾發生關係，那是根本不可能。然而，新的統治者和貴族並沒有廢棄宗法制，而是將宗法制作爲鞏固自己地位的手段之一，將宗法制納入於尊卑秩序之列。同時，又實行「齊民」政策，「齊民」即

〔註48〕余英時：《士與中國文化》，上海人民出版社，2003 年，601～602 頁。
〔註49〕余英時：《士與中國文化》，上海人民出版社，2003 年，52 頁。
〔註50〕劉笑敢：《莊子哲學及演變》，中國社會科學出版社，1988 年，18 頁。
〔註51〕余英時：《士與中國文化》，上海人民出版社，2003 年，86 頁。
〔註52〕晁福林：《先秦社會形態研究》，北京師範大學出版社，2003 年，238～239 頁。

指整齊劃一，在國家戶籍上，民眾皆整齊而一致，對於國家而言，大家都是老百姓；在統治者看來，「齊民」是其統治的主要對象。這樣，宗法的層級關係轉化爲君主與民的直接支配關係。老子在繼承西周禮樂文明的同時，又以「道」對禮樂文明以新的闡釋。莊子則由制度與秩序層面，進一步追問生命的本眞，反對兼併戰爭，反對郡縣制的直接控制，反對君主專制。在血緣社會，社會的結構是由無數的「己」出發形成了無數的社會關係的總和。據此，莊子認爲，在「道」的系統中事物的「德」總是呈現爲等級系統，但是每一個「德」對於任何一個別的「德」都是必不可少的。「夫吹萬不同，而使其自己也。咸其自取，怒者其誰邪？」（《齊物論》）從這個意義上說，它們是平等的。就是這個緣故，莊子的「齊物論」，在戰國晚期成爲折衷學派在理論上的根據，《呂氏春秋》即是其學術上的產物。

　　總之，在戰國中期，由於土地兼併、戰爭兼併、君主對個體的支配、交換經濟對自然經濟的支配等因素，使得個體生命與自身價值不斷遭受到侵蝕和毀滅，「身爲刑戮，其用兵不止」（《莊子·人間世》）。因此，《管子》四篇對老子「道」的精氣化解釋，使得「道」可以成爲人精神價值的根據。在這種意義下，莊子對老子的「道」論心性化。

二、莊子對老子「道」論的內在化

　　莊子「心靈轉化」是建立在老子客觀的「道」論基礎之上，他把老子的「道」轉化爲關於「心」的學說。孟子也是如此，用「誠」來統一天道與人道，這是戰國中期諸子思想的共同特徵。老子「道」的宇宙論意義被轉化爲主體的認識意義，儒道都講心性，但又不同。

　　第一，莊子不僅繼承了老子的「道」論，還賦予了「道」個體的價值意義。老子「道」的宇宙論色彩比較重，限制了「道」的內在性，把「德」局限於宇宙生成的意義。戰國時期，老子的「道」再沒有外在的、客觀的周天子權威的保證，諸子不得不走「修身以立道」的內化途徑，最後出現了戰國中期諸子的心性論，其邏輯的發展便產生了「心之中又有心」的觀念。在這種意義下，莊子賦予了「天」與「道」相同的意義，「道與之貌，天與之形」（《德充符》），「天」不再是一個對象性質的「天」，而是獲得了一種與「道」一樣抽象的意義——「自然」。莊子說：「知天之所爲者，天而生」（《大宗師》），郭象注：「如天者自然之謂也」。莊子打破了天與人之間對象性質的對立，人

回復其自然本性即是天。莊子說：

> 天在內，人在外，德在乎天。知天人之行，本乎天，位乎得，……
>
> 故曰：無以人滅天，無以故滅命。(《秋水》)

自然的「天」對每一個人都是平等的，否定了《老子》中「道」僅爲聖人所掌握，在「無所不在」(《知北遊》)的「道」中，聖人並沒有先天的優越性。每個人都在「天」的面前獲得了自己的「德」，「德」是內在的，是「自然」之性，不需要外在的根據，因而他們是平等的。莊子一方面保留了老子「道」的形上意義，另一方面，把「道」內在化，「天」成爲個體的自然本性。這兩個方面構成了莊子「心靈轉化」的依據。因此，所有的一切只是事物發展變化的過程，「天」是這些過程的總和、狀態。「是以聖人不由，而照之於天，亦因是也。」(《齊物論》)蔣錫昌說：「『天』，即自然。此言聖人不由『彼』『是』之途，而唯明之自然，亦可謂因自然而是也。」於是，莊子擺脫了人爲的是非，從這個「天」之「然」中看到了「自然」。

　　由此，莊子的思想(內篇)只有宇宙論思考而沒有宇宙論的建構。〔註53〕《莊子》中「天」有兩層含義，一是「天地」之「天」，是傳統意義上的自然之天，二是將「道」、「神」的境界等同於「天」，即老子所說的「自然」。因此，《莊子》的「天」是一元的氣化世界，「天地」則是從一元分離出來的二元世界，這是從生成論意義上而言。《莊子》的「陰陽」，一般都是與「天地」連用，「寇莫大於陰陽，無所逃於天地之間」(《庚桑楚》)。這個由陰陽二氣所形成的世界，只是一個有形的二元辯證「天地」。在這「天地」中的對立與相生，不過是氣的聚散所造成的事物轉化變形。於是，莊子消解了對立與相生，提出「天地一指」、「萬物一馬」、泰山爲小、彭祖爲殤的觀點。在這個意義上，莊子發展了老子的辯證觀，老子說：「有無相生，難易相成，長短相形，高下相盈，音聲相和，前後相隨，恒也」(46章)。莊子「氣」的變化理論，消解了老子「非常道」狀態下的事物差別性，使其不再有對立的意義。

　　第二，莊子的「氣」在心性論中的意義〔註54〕。《管子》四篇對「道」的精氣化解釋，爲莊子「道」論的內在化提供了理論基礎。莊子的「氣」論，

〔註53〕梅廣：《從楚文化的特色試論老莊的自然哲學》，《臺大文史哲學報》，2007年11月，第67期，21頁。

〔註54〕徐復觀說：「《莊子》內七篇雖然沒有『性』字，但正與《老子》相同，內七篇中的『德』字。實際便是『性』字。」(徐復觀：《中國人性論史‧先秦篇》，上海三聯書店，2001年，328頁)

不僅可以說明世界的生成變化，而且也可以通過自己身體的修行而獲得天地宇宙間的「精」，落實到心性的層面，在天地宇宙間保全自己，「聽之以氣」，達到天人的和諧。「道」的精氣化使宇宙生成論的「道」與心性關聯在一起，在終極上可以視爲天地萬物一體——這是「氣」論在戰國中期諸子心性論中的意義。「氣」是流動而非凝滯，是溝通天地的最佳中介。「氣」在《莊子》的「道」哲學中是爲了論證萬物齊同而被使用的。外在自然中的「氣」和人體中的「氣」形成一體的結果，就成爲可極於天地之物。〔註55〕《莊子‧人間世》說：「若一志，無聽之以耳而聽之以心；無聽之以心而聽之氣。」個體在面對世界時應採取「聽」的方式：由以耳聽，而以心聽，最終以氣聽。以耳聽是代表聽命於感官的欲望，以心聽是服從於心官的認識，以氣聽是因順於自然的變化。感官與心官都是有形的存在，與之相應的認識也是「有形」的認識，而「氣」無形，「聽之以氣」是眞正的智慧〔註56〕。因此，莊子的「心靈轉化」是從有形認識向無形智慧的轉化，是以氣化的世界觀爲基礎，將人的活動融化於自然的氣化流行當中，達到「逍遙」的精神境界。

三、莊子論「心靈轉化」的方法

　　莊子「心靈轉化」的意義是個體可以在宇宙中獲得普遍性與必然性。從與老子思想的聯繫來看，「心靈轉化」包含兩個方面：一是「心齋」，即通過「虛靜」的方式，使心靈可以容納天地萬物，使天地萬物在自己的世界中按照自身的方式來呈現，所有的特性與價值是平等的，即「齊物」；二是「逍遙遊」，使個體由特殊性而轉化爲宇宙的普遍性與必然性，在這個過程中使自己不斷變形與自我轉化，達到「逍遙」。「齊物」是「逍遙」的基礎，「逍遙」是「齊物」的歸宿，二者是統一的。

　　第一，「心齋」。老子主張「致虛極，守靜篤」（16 章），「天地之間其猶橐籥乎？虛而不屈，動而愈出。」（5 章）在《老子》中，「虛」、「靜」是與「道」關聯在一起，具有宇宙論的意義。《莊子‧人間世》說：「氣也者，虛而待物者也。唯道集虛，虛者，心齋也」，「虛室生白」。在這裡，莊子繼承了老子關於「虛」的意義，並將它轉入「心齋」，即在心無雜念的境界中自由自在地容

〔註55〕小野澤精一、福永光司、山井湧：《氣的思想：中國自然觀與人的觀念的發展》，
　　　　李慶譯，上海人民出版社，2007 年，116～122 頁。
〔註56〕孫以楷、甄長松：《莊子通論》，東方出版社，1995 年，154 頁。

納生成變化的一切氣化事物。「心齋」是《莊子》工夫論的核心，其中的「齋」，正是從神話儀式過程中的「入會儀式」，成年禮一類的身心、齋禁、考驗，所轉化調適而來的。〔註57〕這種成年禮的舉行，預示著個體身份的轉變，個體將獲得與其他成員平等的地位來面對世界。莊子以此說明，在這種身份轉變的同時，心靈也應該予以轉化，獲得與萬物一體的意義。然而，人的「心」受到社會體制與倫理秩序的影響，視野中總是有大小、高低、貴賤、生死的分別——「成心」和「我」。因此，莊子提出「外」、「亡」、「墮」、「黜」、「離」、「去」、「解」、「釋」、「明」等修養的方法，將心靈中的成見與偏見消解，以至於出現「槁木死灰」、「喪身」、「虛室」、「靜水」的狀態。這樣，心靈或容納萬物，或如實反映萬物，或與萬物一體，以此個體突破形的限制，獲得普遍性的意義。當然，老子與莊子是有不同的，王夫之說：「莊子之學，初亦沿於老子，而『朝徹』、『見獨』以後，寂寞變化，皆通於一，而兩行無礙。」〔註58〕在老子看來，「靜」的意義在於事物回到自己的出發點，「歸根曰靜」，以此作爲作爲聖人支配「道」的原則，莊子則追求個體心靈的解放，破除物物之間的界限，在社會生活中獲得「自然」。

第二，「逍遙遊」。莊子的世界是一個生成變化、變動不居的世界，這決定了個體的「心齋」只是回歸了「吾」，然而「吾」與萬化流行的世界仍需保持一致。對此，莊子轉化了老子的精神，老子說：

> 修之於身，其德乃眞；修之於家，其德乃餘；修之於鄉，其德
> 乃長；修之於國，其德乃豐；修之於天下，其德乃普。（54 章）

這是老子「德」的自然展開過程，是在「常道」意義下的考察。《莊子・駢拇》說：「小人則以身殉利，士則以身殉名，大夫則以身殉家，聖人則以身殉天下。」莊子也從「自然」的意義出發，他在此過程中消解了老子關於「自然」的目的意義，因爲老子所說的「自然」，在很大程度上是講「生成」〔註59〕，在這個意義上說，孟子的「性善」繼承了老子的「自然」。莊子則提出了「逍遙遊」的命題，「逍遙遊」是適應世界變化的精神活動，這種活動是一個經歷「有待」向「無待」轉變的過程。在這個過程中，個體將始終處於「遊」的狀態，沒

〔註57〕賴錫三：《神話、〈老子〉、〈莊子〉之「同」「異」研究——朝向「當代新道家」的可能性》，《臺大文史哲學報》，2004 年 11 月，第 61 期，149 頁。

〔註58〕王夫之：《船山全書・莊子解》（第 13 冊），嶽麓書社，1988 年，472 頁。

〔註59〕蒙培元：《論自然》，《道家文化研究》（第 14 輯），生活・讀書・新知三聯書店，1998 年，26 頁。

有固定的立足點，使自己的精神境界不斷得到提升。因此，「逍遙遊」又具有無窮、無限的意思。莊子說：「乘天地之正，而御六氣之辨（變），以遊無窮者」（《逍遙遊》），「乘夫莽眇之鳥，以出六極之外，而遊無何有之鄉，以處壙垠之野」。（《應帝王》）在這裡，莊子超越了身體的局限性，使得精神與世界變化保持一致。因此，「逍遙遊」既是工夫，也是境界。在境界不斷提升的意義上，「逍遙」即是「自然」，是有限向無限的拓展，是「不自然」向「自然」的回歸。《莊子‧秋水》說：

> 論萬物之理也，物之生也，若聚若馳，無動而不變，無時而不移。何為乎？何不為乎？夫固將自化。

在這裡，莊子將人的生與死之間的巨大差異，看作是一連續的、不變的同一過程。這種同一，顯示在「自化」一詞。「逍遙遊」包含了「變化」與「自然」的兩層意義。

第三，孟子、莊子心性論不同價值取向。其一，莊子的心性論繼承了老子的價值判斷標準——「自然」。莊子賦予了「天」自然的意義，並且對「自然」的心性內涵予以豐富。老子「自然」強調自然而然、本來的即是符合「常道」意義，莊子將這種認識拓展為——「齊萬物」（認識層）、「等貴賤」（價值層）、「逍遙遊」（精神層）。在這種意義下，「心」就不能主宰天地萬物，只能以審美的眼光去贊同它們各自不同的價值與意義；「心」與「氣」、「神」是相通的，因而「心」具有與「道」相同的地位。這是莊子和孟子在心性問題上最基本、最重要的不同。對於「性」的認識，莊子與孟子是有一定的相似性。《莊子‧達生》：

> 孔子曰：「何謂始乎故，長乎性，成乎命？」曰：「吾生於陵而安於陵，故也；長於水而安於水，性也；不知吾所以然而然，命也。」

莊子批評了把「性」思考為「生之謂性」，而是把「生」定義為「故」，以此區別「性」。「性」不是先驗的、原始的，而是在社會環境中成長起來的。對此，孟子強調個體與社會之間的和諧與一致，《莊子》則認識到個體與群體之間的矛盾性、個體的精神追求與物質條件之間的矛盾性，以及現實手段的局限性。〔註60〕

其二，孟子與莊子心性論之間的互補。莊子將人道束縛於天道之下，孟子則是將天道束縛於人道之下。莊子反思的是在戰國中期社會流動之中，人

〔註60〕李澤厚：《中國古代思想史論》，人民出版社，1985年，182頁。

的生命與精神隨時會被戰爭與兼併所吞噬，試圖爲個體的存在提供一個天道的精神家園。於是，莊子將老子的「自然」內在心性化，使天與人之間的隔閡消除，使「非常道」回到「常道」成爲可能。孟子則是將社會中人與人之間的關係移植到「良知」中來，即「四端」，對無序的、或善或惡的社會進行「性善」的規範。孟子立論的基礎是傳統的血緣社會，將人性的觸角深入到社會之中，進行倫理實踐，在這種意義下把老子的「自然」倫理化、實踐化。這樣，老子爲孟子提供了天道的保障，孟子將天道束縛於他的「良知」之中。
《莊子・人間世》：

> 天下有大戒二：其一，命也；其一，義也。子之愛親，命也，
> 不可解於心；臣之事君，義也，無適而非君也，無所逃於天地之間。
> 是之謂大戒。

因此，莊子爲社會提供了個體的精神自由，孟子爲社會關係的規範提供了人性的保障。中國自從戰國以來便陷入了血緣社會與地緣社會並存的局面，血緣社會秩序的存在需要倫理規範作爲基礎，而地緣社會對個體的支配導致生命精神的緊張，莊子的心性論爲此提供了個體的精神家園。這兩種社會秩序交織在一起，互相影響，使得儒道兩家的心性論是互補的；從外在的社會規範來看，「法」中又滲透著「情」，「法」的規範下個體需要自由，「情」的介入需要社會倫理的存在。

其三，莊子、孟子從不同的角度發展了老子的修養方法。莊子從否定感官欲望的角度出發，經「心齋」、「坐忘」、「喪我」超越了感官欲望，由外向內回歸。然而在獲得本然之性後，又由內向外，與社會生活融爲一體，最爲典型的是《德充符》中的王駘、申徒嘉、叔山無趾將殘缺的感官形體轉化爲宇宙精神，再將這種精神融入到社會生活中來；孟子則是由內向外再到內，強調人應該從良知出發，進行倫理生活實踐，在這個過程中將其四端擴充，終得「浩然之氣」。這兩種修養方法都是源自於老子的「虛靜」與「擴充」，二者是不可分離的，只是莊子、孟子的出發點不同，形成了重點不同的兩種修養方法。

綜上所述，戰國中期諸子的心性論主要有以下幾個特點：一是戰國中期，個體從封建關係中游離出來，但又受到郡縣制的制約，使得從前自然經濟的小規模共同體精神自由受到破壞，個體與社會之間的關係發生變化，諸子開始關注人的心性問題，以列子、楊朱、莊子、孟子爲代表；二是《管子》四

篇用「氣」來闡釋「道」，不論是神明還是天地人都是來自「氣」，都是「氣」的具象化。「氣」是對天地人內容的抽象，而且也是宇宙圖景的基本物質與能量。因此，諸子的心性論都是建立在「氣」論的基礎上，它是連結「道」與個體、社會、國家的中間環節，只是因諸子的立場不同以及關注的問題不同，對「氣」予以自然化與倫理化的不同解釋，或者二者混而用之。三是諸子都是從心性出發來論證自己的問題，因關注的問題不同，分別指向人與人，人與社會，以及人與國家，它們之間的關係本文稱之為「性」。「性」起源於「生」，是「生」的含義的引申和發展。「生」，《說文解字》說：「進也。象草木生出土上」，是指生物的出生、生長、直到最後死亡的全過程。然而，這個過程是離不開社會的，因此就出現了仁義禮智，這個總和就是「性」。

第五章　老子與戰國晚期諸子的治國思想

　　司馬談在《論六家要旨》中總結了先秦諸子的共同議題：「陰陽、儒、墨、名、法、道德，此務爲治者也。」（《史記・太史公自序》）「務爲治者」是指政治是先秦諸子的核心議題。西周時期，「祖法的根源在天道，而王法的根源則在天子之祖法。祖法即文王之法度，是具體的禮制規範，亦即是周族的傳統、周代的立國精神、周德的具體實踐。文王以其德受命，這個德就成了周代的祖法，也就是周人承天命的最重要基礎。」〔註1〕老子在春秋末期提出的先王觀，在戰國時期遇到了新的挑戰。戰國時期七雄爭霸，其中除燕國在春秋末期和戰國初期的歷史完全空白外，其餘趙、魏、韓、田齊、楚和秦，都經歷了一場政治經濟的大變革，前四國本身就是政治變革的產物。於是，在戰國晚期出現了三種先王觀：

　　　　儒家理想的天子是堯舜，其政權產生的方式是禪讓政治，其政權的基礎是倫理格局；黃老道家理想的天子是黃帝，其政權產生的方式是神秘的天道政治，其政權基礎是刑德代錯。帝堯與黃帝同樣出自神話的源頭：同樣是文化英雄，同樣有天神與始祖神的一些成分。儒家與黃老道家對政治的設計同樣有種神話與理性雙重結合的構造，儒家偏向從神權政治轉往道德政治，黃老道家偏向於將神權政治轉往權力政治。〔註2〕

〔註1〕王建文：《國君一體——古代中國國家概念的一個面向》，《中國古代思想中的氣論及身體觀》，巨流出版社，1993年，245頁。

〔註2〕楊儒賓：《黃帝與堯舜——先秦思想的兩種天子觀》，《臺灣東亞文明研究學刊》，第2卷第2期，2005年12月，131頁。

　　楊儒賓的觀點是深刻的，本文認爲還有第三種先王觀，即韓非的君王觀。韓非把神秘的天道轉化爲客觀的理，否定儒家的倫理，創立了法權的君王。這三種先王觀與老子有著密切的聯繫，無論哪種先王觀都要在老子的「道——德」的思想結構中找到政治合理性的根據。從歷史的視角來看，戰國時期，分封制被俸祿制代替了，只不過代替了一半，而另一半則被郡縣制所代替。新的官僚或貴族不再是直接控制土地和人民的封君，自然也就不再能夠成爲限制以致頂替君權的力量。國人與野人的區分消失，士成爲從庶人中游離出來的專門以才智或能力謀生的人，因此也不能構成對君主權力的限制，並且兼併戰爭需要統一天下的王權。〔註 3〕戰國時代的生產方式是民田所有制，其基本矛盾是民田的偏頗，也就是以各個家族爲單位的民田所有制的大小不均等。然而，這種民田並非不受限制的自由私有地，而是受一定限制的私有制，在生產方面屬於所謂國家生產體，從這個意義上說是一種國家土地所有制。〔註 4〕這一切表明，王權的性質已經不同於西周時期的天子，在現實上需要王權的絕對支配，反映到思想上聖人獲得了對「道」的支配權力的唯一性，這在《黃帝四經》、《荀子》、《韓非子》中都有反映，只是對王權與百姓之間的支配關係因諸子不同的立場，進行了不同的理論思考，即「禮」與「法」的分歧。此外，春秋戰國時期的社會流動，使西周的維護宗法血緣的「親親」原則，爲君主郡縣制的「無親」原則所代替。《國語‧晉語》中記載了驪姬的觀念：「自桓叔以來，孰能爰親？唯無親，故能兼翼。」在這裡，所謂的「無親」是適應「法」觀念的一種社會意識，是對「親親」性質的「禮」的一種反動。〔註 5〕

　　在公元前 3 世紀期間，諸子之間形成了一個共識：自然的發展過程並不按照人類的道德路線行進，當然天與人的這種分離是不完全的。〔註 6〕這種共

〔註 3〕劉家和：《論中國古代王權發展中的神化問題》，《古代中國與世界——一個古史研究者的思考》，武漢出版社，1995 年，553 頁。

〔註 4〕木村正雄：《中國古代專制主義的基礎條件》，《日本學者研究中國史論者選譯》（第三卷上古秦漢），中華書局，1993 年，684～699 頁。

〔註 5〕張玉哲：《震盪與整合——春秋歷史文化流程》，安徽黃山書社，1991 年，60～61 頁。「法」源於「刑」，呂思勉說：「刑之始，蓋所以待異族。古之言刑與今異，漢人恒言『刑者不可復屬』，亦曰『斷者不可復屬』，則必殊其體乃謂之刑，拘禁罰作等，不稱刑也。』」（《先秦史》，上海古籍出版社，2005 年，393 頁）由此可見，刑乃由對「異族」或庶人以下階層，衍變爲平等對待社會一切人的「法」。

〔註 6〕葛瑞漢：《論道者：中國古代哲學論辯》，中國社會科學出版社，2003 年，213頁。

識不僅僅是以社會變化爲基礎，並且也有形而上的根據——「變化」。這是老子「自然」觀念在新的歷史時期的延伸，即諸子都試圖以「變化」觀念爲依據，論證天下可以由「非常道」的狀態回到「常道」的狀態。老子雖然提出了「道」，否定了宗教天命觀，但「道」由於自身的抽象性很難與現實相結合。黃老之學正處於由「道」轉「法」的過渡環節上，「道生法」的提出，使得自然天道觀爲社會秩序提供了根據，也爲荀子與韓非的治國思想提供了理論基礎。

第一節　「道生法」：《黃帝四經》與老子自然秩序向社會秩序的轉變

　　《黃帝四經》是戰國中期的作品，其內容反映了對老子思想的闡述，學術界一般把它稱作「黃老學」〔註7〕，是諸子之間互相融合的產物。據陳鼓應統計，《黃帝四經》一書引用《老子》的字詞、概念，多達一百七十餘見。〔註8〕戰國中期以後，禮制對於社會結構的約束因社會流動而失去約束力，僅僅依靠君主個人修養境界的提升，已不足以解決時代問題，黃老學遂將治國思想的重心，由君王個人的修養轉移到王術上。〔註9〕在《老子》中，「道」所呈現的規律性僅僅局限於自然秩序，並沒有轉化爲法則化的社會制度。《黃帝四經》提出「道生法」的命題，爲社會秩序的重建提供了形而上的根據與根源，進而爲戰國晚期諸子的治國思想奠定了基礎。

〔註7〕該說最先由唐蘭先生提出，祝瑞開、金春峰、趙吉惠、姜光輝等人從其說，後經余明光等先生考證，目前被學術界普遍所接受。此外，《黃帝四經》的成書年代，還有戰國末年說（葛榮晉：《試論黃老帛書的「道」和「無爲」思想》，《中國哲學史研究》，1981年第3期）、秦漢之際說（吳光：《黃老之學通論》浙江人民出版社，1985年，133頁）、漢初說（康立：《十大經的思想和時代》，《歷史研究》，1975年第3期）有關黃老學的一般情況，參見余明光《黃帝四經與黃老思想》（黑龍江人民出版社1989年版）、陳麗桂《戰國時期的黃老思想》（臺灣，聯經出版社，1991年）、丁原明《黃老學論綱》（山東大學出版社1997年版）、白奚《稷下學道家——中國古代的思想自由與百家爭鳴》（三聯書店1998年版）、胡家聰《稷下爭鳴與黃老新學》（中國社會科學出版社1998年版）、陳鼓應《黃帝四經今注今譯》（商務印書館2007年版）等。

〔註8〕陳鼓應：《先秦道家研究的新方向——從馬王堆漢墓帛書〈黃帝四經〉說起》，《管子學刊》，1995年第1期。

〔註9〕陳政揚：《〈黃帝四經〉與〈老子〉治道之異同》，《鵝湖月刊》，第27卷第12期，41頁。

一、《黃帝四經》論「道」

「道」為老子思想的核心，《黃帝四經》轉化老子之學，其理論亦由「道」展開。首先，「天道」與「治國」之間的關聯是建立在「道」的普遍性與必然性之上，《黃帝四經・道原》說：

> 恒無之初，迴同大（太）虛。虛同為一，恒一而止。濕濕夢夢，未有明晦，神微周盈，精靜不（熙），（故）未有以，萬物莫以。古（故）無有刑（形），大迴無名。天弗能覆，地弗能載。小以成小，大以大成。盈四海之內，又包其外。在陰不腐，在陽不焦。

從思想的來源來看，這分別與《老子》以下幾章有關：

> 道之為物，惟恍惟惚，惚兮恍兮，其中有象；恍兮惚兮，其中有物，窈兮冥兮，其中有精；其精甚真，其中有信（21 章）

> 有物混成，先天地生，寂兮寥兮，獨立而不改，周行而不殆，可以為天下母，吾不知其名，字之曰「道」，強為之名曰「大」。（25 章）

> 道生一，一生二，二生三，三生萬物（42 章）

顯然，《黃帝四經》對老子思想進行了綜合與改造。它在繼承老子「道」論的同時，也表現出了自己的思想傾向。老子說：「不出戶，知天下；不窺牖，見天道」，《黃帝四經》則強調對於「道」要「察於天地，視地於下」（《經法・四度》）。因此，這對於老子「道」是一個轉向，向規律性、可操作性的意義下移。對於如何「察」，如何「視」，《黃帝四經》又提出了「理」的觀念：「執道循理」、「正道循理」、「循名究理」，「理」的存在是以「道」為前提。「道」與「理」之間的關係，在《黃帝四經》中尚沒有展開，直到韓非「與天地剖判也具生」才將此問題具體化。總之，相對於老子的「道」論，《黃帝四經》在本體層面上沒有多大進展，這也是黃老道家的思想特色，把思想的重心放到「道」的社會秩序的法則化之上。

其次，「道」通過「名」與「形」顯現而展開，使天道與治國的關聯成為可能。《黃帝四經・稱》：「道無始而有應。其未來也，無之；其已來，如之。有物將來，其刑（形）先之。建以其刑（形），名以其名。其言胃（謂）何？」對此，《黃帝四經・名刑篇》予以闡釋：

> 欲知得失，請必審名察刑（形）。刑（形）恒自定，是我俞（愈）靜。事恒自施，是我無為。靜翳不動，來自至，去自往。能一乎？

能止乎？能毋有己，能自擇而尊理乎？紓也，毛也，其如莫存。萬
物群至。我無不能應。我不臧（藏）故，不挾陳。鄉（向）者已去，
至者乃新，新故不謬，我有所周。

在這裡，《黃帝四經》將老子中「道」對萬物的抽象規定，轉化為「物」自身
的「名」與「形」的規範。從而，「道」的意義被懸隔起來，只是作為形而上
的根據，而「理」成為「道」落實到「物」身上的意義。從這個意義上說，「道」
正處在由「道」轉向「理」的具體轉化的過程中，它成為先秦「天道」向「治
國」的一個過渡環節。「形名」是自然秩序轉向社會秩序的連結處，是老子「德」
的社會化表現，也是《黃帝四經》試圖解決「道」與「名」在自然與社會之
間對立的嘗試，《黃帝四經·論約》說：

故執道者之觀於天下也，必審觀事之所始起，審其刑名；刑名
已定，逆順有立，死生又分，存亡興壞有處，然後參之天地之道，
乃定禍福死生存亡興壞之所在，是故，萬舉不失理，論天下而無遺
策，故能立天子，置三公，而天下化之，之謂有道。

這說明了名與實是說明自然與社會之間關係的關鍵所在，也是「道」的意義
向社會落的必然環節。

最後，「道」對自然社會的支配性加強。老子的「道」是柔弱的，並且對
萬物的支配是微弱的，「天得一以清，地得一以寧，神得一以靈，谷得一以盈，
萬物得一以生，侯王得一以為天下正。」（39章）《道原》說：「鳥得而飛，魚
得而流，獸得而走，萬物得之以生，百事得之以成。」「恒」與「常」是老子
所要解決的問題，「常道」與「非常道」的對立在老子時期只是予以調和，指
出「非常道」應該復歸於「常道」。《黃帝四經》則將這種對立消解了，並將
「道」的「恒」、「常」轉化為具體的社會法則，「天地有恒常，萬民有恒事，
貴賤有恒立（位），使民有恒度。」（《道法》）從這裡可以看出，《黃帝四經》
強調天道與人道之間的對應一致來建立社會秩序，並把「道」的抽象性轉化
為政治實踐的社會性。

二、「道生法」與「道法自然」

黃老之學是君主之祖形象——黃帝〔註10〕與百家之宗——老子的學術思

〔註10〕「為統一合中國起見，極力主張消弭各個氏族集團的個別傳統，特別是個別
　　　的氏族傳統，而倡導出整個中國民族的大公祖以為統一的基點，道家捧出黃

想相融合的產物。余英時說：「老子在政治上發生實際作用，要等到所謂黃老政治哲學的發展成熟以後，而且更重要的是要等到黃老和法家的一套辦法結合起來之後。」〔註11〕黃老學有一思想傾向，即黃帝成爲《老子》中現實的聖人，有具體的言行、活動和形象，在《莊子》的《天地》、《在宥》、《盜跖》、《天道》和《知北遊》等篇中均有記載。〔註12〕老子效法天道，先王被抽象爲聖人。效法天道向社會層面的轉化必然會對天道做出進一步的規定，即天道被視爲秩序的根源，而秩序則被轉化爲「法」。因此，老子思想中的聖人與道的關係被轉化爲君主與道的結合，君主成爲自然秩序向社會秩序轉化的實踐者，與此相應，自然的天道觀轉化爲具有現實意義的「法」。在這種歷史情勢下，《黃帝四經》提出了「道生法」的命題。這裡的「法」還不是法家意義上的制度之法，而是自然律，與之類似的觀點，如《管子・心術》中提到的「法出乎權，權出乎道」的命題。進一步而言，這源於老子思想核心「道」論中存在一個難題：「道」是自然的，可「道」生萬物後，卻出現了不自然的問題。「道生法」的命題，就是對道生萬物的過程中出現「害」的問題的反思，進一步爲「法」設定了一個形上的根據，同時也賦予了宇宙論的意義。

首先，「道生法」命題的思想內涵。「道生法」乃「強調法是從『道』中產生的，這就使法具有神聖的意義。」〔註13〕或認爲這一命題「不僅從宇宙觀的角度爲法治找到了理論根據，從而使之易於被人接受，而且也爲道這一抽象的本體和法則在社會政治領域中找到了歸著點，使道不再高高在上、虛無縹緲，從而大大增強了道的實用性。」〔註14〕張增田思考了「道」如何能夠生「法」的問題，注意到帛書中「道」沒有派生出「法」的理據〔註15〕，這是非常值得肯定的思考方式。臺灣學者李增認識到：「道」既然是萬物之所

帝，儒家捧出堯舜，墨家捧出夏禹，都是這個用意。」（郭沫若：《屈原研究》，《郭沫若全集・歷史編》（4卷），人民出版社，1982年，88頁）

〔註11〕 余英時：《反智論與中國政治傳統》，《中國思想傳統的現代詮釋》，江蘇人民出版社，2006年，54頁。

〔註12〕 班固《漢書・藝文志》道家著錄也有記載關於「黃帝」的書籍：《黃帝四經》四篇、《黃帝銘》六篇、《黃帝君臣》十篇、《雜黃帝》五十八篇、《力牧》二十二篇。

〔註13〕 余明光：《黃帝四經與黃老思想》，黑龍江人民出版社，1989年，35頁。

〔註14〕 白奚：《稷下學研究》，北京三聯書店，1998年，120頁。

〔註15〕 張增田：《「道」何以生「法」——關於〈黃老帛書〉「道生法」命題的追問》，《管子學刊》，2004年第2期，19頁。

從生，則「法」（自然律、自然法）也被含括於內，因而「法」必然是由「道」而生。〔註16〕以上觀點，都無疑推進了對「道生法」命題的理解，但是把「道生法」與老子思想相結合進行理解，還比較少。《黃帝四經‧經法‧道法》開篇即說：

> 道生法。法者，引得失以繩，而明曲直者殹（也）。故執道者，生法而弗敢犯殹（也），法立而弗敢廢〔也〕。〔故〕能自引以繩，然後見知天下而不惑矣。

「道」不僅是自然秩序的生成者，也是社會秩序的根源，更是政治權力的正當性所在。《老子》中沒有「法」的觀念，對社會秩序的表達是通過「道」分散爲「德」，天地人通過自身的「德」予以實現，其核心觀念是「自然」，社會秩序的生成主要是依靠聖人或侯王的「無爲」，以使百姓達到「自化」、「自然」。因此，社會秩序與自然秩序是同一的，天道觀統攝先王觀，聖人與侯王的主體性就是「玄德」，復歸於「道」本身。《黃帝四經》試圖把「自然」觀念具體化爲一種規則，便於在社會中運用。

老子無疑爲「道生法」命題提供了理論依據。「法」需要形而上的根據，老子是這樣闡述的：「人法地，地法天，天法道，道法自然。」（25章）由此，「法」是依於「道」，其內涵又與「自然」密不可分。另一方面，「道生法」命題的提出，必須要回答「法」由何而生、由誰而生的問題。《老子》的道生萬物，爲「道生法」命題提供了宇宙論的根源，「法」源於「道」，那麼「道」如何生「法」，這是一個方面。《黃帝四經‧十大經‧觀》從宇宙生成的角度論述了「道」生「法」的過程：

> 黃帝曰：群群□□□□□爲一囷。無晦無明，未有陰陽。陰陽未定，吾未有以名。今判始爲兩，分爲陰陽，離爲四〔時〕，□□□□□□〔德虐之行〕，因以爲常。其明者以爲法，而微道是行。行法循□□□牝牡。牝牡相求，會剛與柔。柔剛相成，牝牡若刑（形）。下會於地，上會於天。得天之微，時若□□□□□□□□□□□寺（恃）地氣之發也，乃夢（萌）者夢而茲（孳）者茲（孳），天因而成之。弗因則不成，〔弗〕養則不生。夫民之生也，規規生食與繼。不會不繼，無與守地；不食不人，無與守天。

這個「道」生「法」的過程，是對老子宇宙論的豐富。老子說：「道生一，一

〔註16〕李增：《先秦法家哲學思想》，臺北：國立編譯館，2001年，323～333頁。

生二，二生三，三生萬物。萬物負陰而抱陽，沖氣以為和。」（42章）這樣，抽象的「法」轉變為具體的「名」，「名」包含了「法」的意義，並在「形」中體現出來。

其次，在《黃帝四經》中，「法」是實現《老子》「無為」的理論前提。「道生法」命題所要解決的問題。《黃帝四經・經法・道法》說：

> 虛無刑（形），其裻冥冥，萬物之所從生。生有害，曰欲，曰不知足。生必動，動有害，曰不時，曰時而□。動有事，事有害，曰逆，曰不稱，不知所為用。事必有言，言有害，曰不信，曰不知畏人，曰自誣，曰虛誇，以不足為有餘。

《黃帝四經》中提出了人不「自然」是因為人有欲望，表現為「四害」，即生害、動害、事害、言害，這也是源於老子「罪莫大於可欲，禍莫大於不知足」（46章）的思想，以及老子的「不見可欲」、「知足不辱」、「知足者富」、「見素抱樸」、「少私寡欲」等思想也都體現在「生有害，曰欲，曰不知足」句義中。具體來說，《黃帝四經》的論證方式也是受老子的影響。老子說：「居善地，心善淵，與善仁，言善信，正善治，事善能，動善時。」（8章）顯然，《黃帝四經》受了老子思想的影響。

最後，「道生法」之「法」是自然法則，不是法家意義上的「法」，二者是有區別的。從秩序的角度來說，「法」是「名刑（形）」得以確立的保證。《黃帝四經・經法・道法》說：

> 天地有恒常，萬民有恒事，貴賤有恒立，畜臣有恒道，使民有恒度。……凡事無小大，物自為舍。逆順死生，物自為名。名刑（形）已定，物自為正。

《黃帝四經》言說的方式還是從秩序「恒」來著眼，提出了「物自為」的觀念，這與老子的「我無為而民自化，我好靜而民自正，我無事而民自富，我無欲而民自樸」（57章）有異曲同工之妙，反映出《黃帝四經》對「自」這個概念的深入思考和高度概括；同時也是對《老子》「自然」觀念的解釋，學術界的一般解釋就是「自己如此」、「本來如此」或「自然而然」，而「為舍」、「為名」、「為正」即可認為「自然」的三個要素。這一切得以實現，則要依靠「法」。而且，後來黃老學派「定分」概念也是源於這裡。「法」是老子「自然」的進一步外化、具體化。「法」源自「道」的客觀本性，使「法」成為天地萬物包括治國運作的度量與標準。「法」的形上性、客觀性的提出，反映出在戰國時

期君主權力正當性的危機,特別是田齊取代姜齊政權,在權力的來源上,徹底打破了血緣的譜系,也就是說,「道生法」爲天下秩序的重建提供了一種形而上的根據。在這個意義上,黃老之學與法家是不同,黃老學還是老學的範疇,還忠實於道家的原始精神。黃老之學雖然主張從自然秩序中分化出社會秩序,但社會秩序依賴於自然秩序,與自然秩序渾化爲一體。

三、從「陰」、「陽」看「道生法」

《黃帝四經》不僅繼承了老子的「道」論,也吸收了古代的陰陽學說和氣論。因此,「道生法」的命題中包含了「推天道以明人事」的思維方式,這是先秦農業社會根據經驗發現的客觀規律,在理論形態上集中體現爲對「陰」與「陽」的反思。《黃帝四經》中的陰陽有三種用法:一是陰陽被作爲有序宇宙的起源,二是陰陽與四季有關,三是陰陽與「內」、「外」相連。〔註17〕

首先,「法」的體系的建立,是通過重建「天道」與「人理」來完成的。在「天道」方面,《黃帝四經‧經法‧論》提出了「天建八政以行七法」的命題,對「天道」予以規定。「八政」,八種政令,「四時有度,動靜有位,而外內有處」,也就是春、夏、秋、冬、外內、動、靜。而「七法」則是:

> 明以正者,天之道也。適者,天度也。信者,天之期也。極而
> 〔反〕者,天之生(性)也。必者,天之命也。□□□□□□□□
> □者,天之所以爲物命也。此之胃(謂)七法。

正、適、信、極而〔反〕、必、順正、有常即是「七法」。這「八政」、「七法」的提出,也是對老子思想歸納的基礎上提出,如「反者道之動」(40章)、「覆命曰常」(16章)、「道之爲物……其中有信」(21章)、「清靜爲天下正」(45章)等。由天道的陰陽、動靜,《黃帝四經‧稱》等把宇宙間的事物區分爲陰陽兩類。《黃帝四經》在老子「負陰而抱陽」的基礎上,提出陰陽是道的兩種屬性,與老子認爲有無是道的屬性不同,陰陽成爲天下萬物的運動、發展的某種動力,宇宙本體論轉向了宇宙生成論。此外,《黃帝四經‧經法‧論》提出了「理」的概念:

> 七法各當其名,謂之物。物各合於道者,謂之理。理之所在,
> 謂之順。物有不合於道者,謂之失理。失理之所在,謂之逆。順逆

〔註17〕雷敦和:《〈黃帝四經〉中的陰陽學說》,《中國古代思維模式與陰陽五行說探源》,江蘇古籍出版社,1998年,354~363頁。

　　　　各自命也，則存亡與壞可知也。

可見，「理」是對「道」的進一步展開與說明，「道」是作為普遍的抽象原則，「理」是作為個別的規律。「理」的提出，為「道生法」解決了「道」與「物」之間的邏輯問題——由「物」而「理」，由「理」而「道」。對於「物」，《黃帝四經》由「名形」來規定，「名形」是「物」的「自為」，理是「名形」的理，「道」成為「理」、「名形」、「物」的形上根據。也可以說「理」、「名形」、「物」是「道」的自身顯現，自己規定自己，有形則有名，在這個意義上對社會也是一種規範作用。〔註18〕

　　其次，「因」是「道生法」展開的法則。《老子》書中無此概念，最早見於《黃帝四經》與《莊子》，《莊子》書中屢用「因」以表順任自然之義。到了稷下道家，進一步提出「貴因」思想，並提出「靜因之道」的認識方法；荀子「虛壹而靜」也是對稷下道家「靜因之道」的繼承和改造，對法家韓非也有所影響，如《韓非子‧八經》中的「因人情」。陰陽、刑德是支配宇宙萬物發展變化的基本原理，又是調節各種社會政治問題的基本手段。這樣，「因」也具有宇宙生成論的意義，從自然界內部為政治生活提供了一個倫理學的基礎。〔註19〕「因」觀念出現的更深次原因，是基於戰國時期社會的劇烈變化，以及「變化」觀念的形成。因此，「因」的內涵中不僅僅有「自然」的意義、也有「變化」的意義。

　　第一，取法「天地人」。天、地、人是老子思考世界的思維方式，他說：「道大、天大、地大、人亦大」。《黃帝四經‧前道》說：「聖〔人〕舉事也，闔（合）於天地，順於民，羊（祥）於鬼神」、「上知天時，下知地利，中知人事」、「知此道，地且天、鬼且人」，這是從正面說；從反面說，就是取法「天地人」的禁忌。對於「天地人」之間的矛盾，《老子》沒有迴避，提出了「不爭」，《黃帝四經》也沒有迴避，對「爭」與「不爭」就「天地人」之間予以了辯證的回答。《姓爭》中提出，動與靜、爭與不爭、刑與德是對立統一的辯證關係，同時他們的依據是是否合於天道；天道與人道，是主與客的關係；但它們之間存在著適當條件下的相互轉化關係。《黃帝四經》的「道」包含陰陽兩種矛盾素質的整合存在，因此，在宇宙生成過程中就出現了互相對抗的

〔註18〕《老子》的「道」，經「名」的轉化，經過演變，成為韓非的「法」。

〔註19〕薩拉‧奎因（Sarah A Queen）：《董仲舒和黃老思想》，《道家文化研究》（第3輯），上海古籍出版社，1993年，288頁。

兩種力量，陰陽的現象就轉化為「爭」與「不爭」的兩種自然法則。

第二，在陰陽中因順民情。《黃帝四經》中因順民情的思想是來源於《老子》的「以百姓之心為心」，而這又是與春秋戰國時期的戰爭分不開的，戰爭使得勞動力再生產不可能，所以通過春秋的「奪室」、「兼室」，到戰國時，就要恐慌「寡人之民不加多」了。春秋戰國的民本思想，就是在這個歷史背景下興起的。《黃帝四經·稱》說：「凡論必以陰陽□大義……主陽臣陰，上陽下陰。……貴陽漸陰，達陽窮陰。……制人者陽，制於人者陰。……諸陽者法天，……諸陰者法地。」《黃帝四經》把天地與陰陽結合起來，考察因順民情，是宇宙生成過程中在治國方面的體現，也是對戰國時期君主與官僚在構成權力機構時與人民之間關係的反思。

第三，「雌雄節」的觀念也是陰陽在宇宙生成過程中的具體化原則。《十大經·雌雄節》說：

> 憲敖（傲）驕居（倨），是胃（謂）雄節；〔濕〕共（恭）驗（儉），是（胃）謂雌節。夫雄節者，涅之徒也。雌節者，兼之徒也。夫雄節以得，乃不為福；雄節以亡，必得將有賞。夫雄節而數得，是（胃）謂積英（殃）；凶尤重至，幾於死亡。雌節而數亡，是（胃）謂積德；慎戒毋法，大祿將極。

這一「雌雄節」的觀念應源自《老子》中「知其雄，守其雌」（28 章）、「聖人……光而不耀」（58 章）、「不自見，故明；不自是，故彰；不自伐，故有功」（22 章）、「自見者不明，自是者不彰，自伐者無功」（24 章）的說法。此外，《黃帝四經》用「雌節」與「雄節」兩個範疇可以對應《老子》中的相關觀念，「雌節」對應的是柔、後、靜、退、謙、弱、不爭等，「雄節」對應的是剛、先、動、進、驕、強、作爭等。在這個基礎上《黃帝四經·十大經·順道》提出了「雌節」又包括：「柔節」、「女節」、「弱節」三個範疇。其次，如何持守雌節。《黃帝四經·順道》從順應天道的角度提出了「後而不先」、「弗敢以先人」的方法，而這也是與《老子》「不敢為天下先」（67 章）、「不敢進寸而退尺」（69 章）的觀念是分不開的。然而，《黃帝四經》只看到了事物轉化的必然性，卻沒有看到事物轉化的條件性，直到韓非才認識到，事物向對立面轉化是有條件的。〔註20〕

〔註20〕 王曉波：《解老、喻老——韓非對老子哲學的詮釋和改造》，《文史哲學報》，1999 年第 51 卷。

四、聖人在自然秩序與社會秩序中的意義

《黃帝四經》根據老子的自然秩序衍變出了社會秩序，這兩種秩序具有同質性。老子說：「反者道之動」，在道之中存在著對立的兩個方面。《黃帝四經》據此衍化出「刑德」的對立法則：

> 春夏爲德，秋冬爲刑。先德後刑以養生。姓生已定，而敵者生
> 爭，不諶（戡）不定。凡諶（戡）之極，在刑與德。刑德皇皇，日
> 月相望，以明其當，而盈絀無匡（枉）。（《十大經・觀》）

老子也看到了社會中的對立現象，「天之道損有餘以奉不足，人之道以不足以奉有餘」，但是老子沒有對這種對立抽象成為社會法則，且天道與人道之間是對立的，而《黃帝四經》「將刑德此人文世界政治領域的概念和天道物極則反的規律等同看待，刑德代替因此成了不可避免的自然律則」。〔註21〕這反映了戰國時期戰爭促使由禮向暴力的一種變化，這種暴力構成了社會秩序的一部分。天道雖然自然的顯現秩序，並成為社會秩序的法則，但這個法則成為社會規範需要聖人的體道來完成。《道原》說：

> 唯聖人能察無形，能聽無聲。知虛之實，後能大虛；乃通天地
> 之精，通同而無間，周襲而不盈。服此道者，是謂能精。明者故能
> 察極，知人之所不能知，服人之所不能得。是謂察稽知極。聖王用
> 此，天下服。

在《老子》中，聖人束縛於天道之下，《黃帝四經》則強調聖人對「道」的佔有與支配。這反映出，對於公權的使用從三代以來的由族群的集體支配轉為戰國時期的君主個體支配，這種意識源於戰國時期君主權力的增強。進一步追問，反映了西周時期的「德刑」是禮樂的一種意識形態，或者說「德」的內涵即包括「德刑兼備」的意義；戰國以來，「德刑」則反映了血緣社會的「德治主義」與地緣社會的君主權力支配之間二者的結合。

「黃老」的概念其實是以「黃」為主，老子成了隱性的存在。楊儒賓在考察神話的黃帝與黃老道家的黃帝存在聯繫性，指出：「黃老的中心人物黃帝具有明顯的權力意志、析辯及掌握天道的認知能力、以及居於宇宙軸的神秘象徵力量。」〔註22〕《經法・道法》說：「故唯執（道）者能上明於天之反，

〔註21〕 楊儒賓：《黃帝與堯舜——先秦思想的兩種天子觀》，《臺灣東亞文明研究學刊》，第 2 卷第 2 期，2005 年 12 月，115 頁。

〔註22〕 楊儒賓：《黃帝與堯舜——先秦思想的兩種天子觀》，《臺灣東亞文明研究學

而中達君臣之半，富密察於萬物之所終始，而弗爲主。故能至素至精，怡（浩）彌無刑（形），然後可以爲天下正。」執道者是對道生法與君製法之間對立的消解，這是源於對戰國時期政治合理性的反思。《黃帝四經》解決的方法在於「法」以「人類社會生活的公共規範或是公共價值的具體呈現」的面貌出現，就這個面向上，人主作爲法令之所發出的強制權威性被削弱，加強的是從道所繼承的規律性，「法」在某個意義上代表了社會內部產出的群體共識，這是道家的「自然」精神再現。〔註 23〕《黃帝四經》使自然秩序與人間秩序的呼應成爲可能。

綜上所述，《黃帝四經》對老子的宇宙論意義逐漸向下落，向外展開，「陰陽」成爲宇宙萬物化生的根本動力，由動力又逐步轉化爲宇宙生成的法則，以此來完成「道生法」的宇宙生成邏輯。在這個過程中，自然秩序向社會秩序的衍變可爲可能，並提供了規範社會秩序的「法」。此後，荀子、韓非將其轉化爲「禮」或「法」，展開了戰國晚期的禮法之爭。同時，《黃帝四經》將先王觀從天道觀中解放出來，聖人對「道」的支配能力加強，爲建立新的社會秩序提供了主體的依據。

第二節　從天人關係看老子對荀子「禮義」思想的影響

侯外盧從中國古代社會的特殊條件出發，重視氏族的強固性存在，以此爲基軸，從邏輯上探求中國古代社會的結構。〔註 24〕戰國時期，顯族貴族的權力逐漸轉化爲君主權力，君主對自耕農的權力支配具有普遍性，這種普遍性與戰國晚期天下的統一是一致的。戰國晚期諸子對新的社會秩序模式展開討論，出現了「禮」、「法」之爭。「禮」與「法」有各自不同的社會基礎，是戰國時期氏族社會秩序與君主郡縣制之間對立的反映。「諸侯、卿大夫把過去只有天子、諸侯才可以使用的禮儀照搬過來，以此突顯自己的權勢，除了周天子的衰微以外，其本質並沒有發生多大的變化。禮樂制度的模式並沒有在社會變遷之中被打破，禮制依然是各國維繫統治的有效手段。」〔註 25〕在這

刊》，第 2 卷第 2 期，2005 年 12 月。

〔註 23〕 林俊宏：《〈黃帝四經〉的政治思想》，《政治科學論叢》，2000 年第 13 期。

〔註 24〕 西嶋定生：《關於中國古代社會結構特製的問題所在》，《日本學者研究中國史論者選譯》（第二卷專論），中華書局，1993 年，10～11 頁。

〔註 25〕 劉澤華主編：《中國傳統政治哲學與社會整合》，中國社會科學出版社，2000

種背景下，荀子提出「禮義」的治國思想。

荀子是先秦思想的集大成者，也是稷下學派的大師之一〔註26〕。他對先秦學術思想皆有過批評：老子思想的問題是「有見於詘（屈），無見於信（伸）」，「有詘而無信，則貴賤不分」（《荀子·天論》）；莊子思想的不足是「蔽於天而不知人」，「由天謂之，道盡因矣」；宋鈃思想的傾向是「有見於少，無見於多」，「有少而無多，則群眾不化」，「蔽於欲而不知得」，「由欲謂之，道盡口兼（慊）矣」。（《荀子·解蔽》）在這裡，荀子不僅對老子思想，包括其後學莊子，及其稷下學派的宋鈃都有研究。在這個意義上說，荀子對於老子及其後學有一綜合的考察與研究。〔註27〕

一、荀子「明於天人之分」〔註28〕 對老子自然天道觀的吸收與改造

荀子掃除了古代宇宙意識的宗教意義，指出「天」是一個有秩序、有規律、萬物並陳而不雜亂的宇宙整體。侯外廬指出：「原來荀子以前的人，很少不受西周宗教先王傳統的束縛，總是把先王和天道連在一起，把歷史上新的情況完全看成和先王的創作一致。這種看法到了荀子才改變，他把歷史相對地歸還於自然史的過程。」〔註29〕荀子改造了老子的「道」，使得天道觀與先王觀分離，對「天道」保持謹慎的態度，「不見其事而見其功，夫是之謂神；皆知其所以成，莫知其無形，夫是之謂天」（《荀子·天論》）。在這個意義上說，荀子接受了《莊子·大宗師》中所說的「天之所爲」和「人之所爲」之間的區分。郭沫若認爲，荀子把儒道兩家的天道觀統一了，「但他所說的道不是道家的實質的本體，而只是儒家的自然界的理法。他是把道家的根本觀念來儒家化了。自然的理法就是神，也就是天。」〔註30〕張豈之對荀子的認識

年，74頁。

〔註26〕 《史記·孟子荀卿列傳》說：「荀卿，趙人，年五十，始來游學於齊……田駢之屬皆已死，齊襄王時，而荀卿最爲老師；齊尚修列大夫之缺，而荀卿三爲祭酒焉。」

〔註27〕 趙吉惠：《論荀學是稷下黃老之學》，《道家文化研究》，第四輯，上海古籍出版社，1994年，111～117頁。

〔註28〕 關於「天人之分」的觀念，目前最早見於郭店楚簡。其中《窮達以時》：「有天有人，天人有分。察天人之分，而知所行矣。」《語叢一》：「知天所爲，知人所爲，然後知道，知道然後知命。」

〔註29〕 侯外廬：《中國古代社會史論》，河北教育出版社，2000年，333頁。

〔註30〕 郭沫若：《青銅時代·先秦天道觀之進展》，《中國古代社會研究》（外二種），河北教育出版社，2004年，286頁。

更加深刻，「他既看到人與自然對立的一面（『相分』），又看到這二者統一的一面（在這一點上他繼承並發展了老子觀點，認為自然和人都是『道』的組成部分），認為這二者有相分才有統一。」〔註31〕天人關係是複雜的，老子利用天人相分把天道觀從宗教意義中解放出來，然而又把自然天道觀與先王觀合一了；莊子進一步否定了先王觀，把人道從先王觀中解放出來，但又陷入了自然天道觀之中。荀子在莊子基礎上，把人道從天道觀中解放出來，實現了「天人之分」，「天行有常，不為堯存，不為桀亡。應之以治則吉，應之以亂則凶。強本而節用，則天不能貧；養備而動時，則天不能病；循道而不貳，則天不能禍」（《荀子・天論》）。具體而言，包括以下三個方面：

第一，荀子對自然界的理性認識。「列星隨旋，日月遞炤，四時代御，陰陽大化，風雨博施，萬物各得其和以生，各得其養以成，不見其事而見其功，夫是之謂神；皆知其所以成，莫知其無形，是之謂天。」（《荀子・天論》）荀子承認自然界的變化，並且這種變化是有規律的，人類的社會秩序是「自然」與「變化」的統一，「性偽合而天下治」，「物有同狀而異所者，有異狀而同所者，可別也。狀同而為異所者，雖可合，謂之二實；狀變而實無別而為異者謂之化，有化而無別，謂之一實」（《荀子・正名》）。「治亂天邪？曰：日月、星辰、瑞曆，是禹、桀之所同也，禹以治，桀以亂。」因此，自然秩序並不決定社會秩序，也不是社會秩序的根據。

第二，人的主體性的挺立。「水火有氣而無生，草木有生而無知，禽獸有知而無義，人有氣有生有知，亦且有義，故最為天下貴也。」（《荀子・王制》）荀子通過天人相分論述了心與性之間的區別，心具有虛空的能力，可以發現秩序。他通過老子虛靜的方法，來讓「心」溝通天人相分之間的鴻溝。《荀子・解蔽》：「虛壹而靜。心未嘗不臧也，然而有所謂虛；心未嘗不滿也，然而有所謂一；心未嘗不動也，然而有所謂靜。」但是，荀子與老子的虛靜有所不同，老子束縛於自然天道觀，「致虛守靜」的工夫是為了回覆天道；荀子從自然天道觀下解放出來，人的主體性提高，「虛靜」被轉化為一種掌握自然界與社會規律的認識能力，荀子稱此狀態為「大清明」。對人主體性的論證，荀子是通過性、偽的區分來完成的。

性者，本始材樸也；偽者，文理隆盛也。無性則偽之無所加，

〔註31〕張岱之：《先秦哲學史上的「天道」與「人道」問題》，《人民日報》，2000年5月11日，第11版，《學術動態》欄目。

　　無偽則性不能自美。性偽合，然後成聖人之名，一天下之功，於是
　　就也。故曰：天地合而萬物生，陰陽接而變化起，性偽合而天下治。
　　天能生物，不能辨物也；地能載人，不能治人也；宇中萬物，生人
　　之屬，待聖人然後分也。（《荀子‧禮論》）

老子在自然天道觀的支配下，對性的理解局限於樸、嬰兒，荀子繼承了老子
的觀念，以天人相分為根據，提出了性偽之分，是天人關係在人性論上的進
一步延伸。在認識論與人性論的基礎上，荀子提出無所謂「先王」與「後王」
之分，「是百王之所同，古今之所一也，未有知其所由來者也」（《荀子‧禮論》），
「百王之無變，足以為道貫。一廢一起，應之以貫，理貫不亂。不知貫，不
知應變。貫之大體未嘗亡也」（《荀子‧天論》）。戰國末期，天下即將統一，「百
王之所同」說明君主權力空前提高，超越舊的先王觀，獲得與先王平等的地
位。

　　第三，荀子對天人合一途徑的新發現。荀子不僅主張「天人相分」，也試
圖在相分的基礎上進行相合。老子認為人道效法天道，是自然而然的，「道」
是普遍必然的，並統攝人道。在荀子看來，「禮」具有先天性、形上性，同時
又具有實踐性，這是由人的主體性所決定的。由此出發，荀子的禮義實踐代
替了老子人道效法天道的途徑。荀子說：「仁義禮樂，其致一也。君子處仁以
義，行義以禮，然後義也；制禮反本成末，然後禮也；三者皆通，然後道也。」
（《荀子‧大略》）荀子的「禮」即是建立在天人相分之上，「禮」與自然、社
會的秩序是密切相關的。史華慈認為「禮」相當於「自然法」，聖人對於「禮」
只能發現而不是發明。〔註32〕

二、「禮義」秩序的思想內涵

　　「禮」如何獲得「天道」的支持，這是荀子治國思想所要面對的問題。「禮」
成為宇宙的中心，也是天地之間的主宰。他不得不說明「禮」的起源，藉以
證明「天行」、「人道」都本於宇宙的共同原理。

　　第一，荀子在「天人之分」的基礎上提出「類」觀念，一方面是人與萬
物之間的差別，是自然法則的必然結果；另一方面是「禮義」社會秩序中「分」
的意義。老子說：「道生之，德蓄之，物形之，勢成之」，這種「分」的觀念
局限於自然天道宇宙生成的意義之上。荀子說：「天地生之，聖人成之」（《荀

〔註32〕史華慈：《古代中國的思想世界》，江蘇人民出版社，2004年，311頁。

子・禮論》），自然界的意義因聖人的存在得以彰顯，天地統攝於社會的存在之中，整個社會的秩序稱之爲「禮」。荀子的「天人相分」不僅指類與類之間的不同，也指類內部之間的不同。

第二，荀子通過「禮義」教育使個人目標轉化爲普遍目標，將自然的衝動轉化爲倫理的表達。如果不借助於「禮義」的道德秩序，宗法社會成員將無力與戰國時期的「富」、「力」對抗。荀子將戰國晚期社會分工背後的私有制道德化。「貴賤有等」、「長幼有差」、「貧富輕重皆有稱者也」，是荀子對分工的一種秩序化表達，「禮」確立了分配原則。同時，它也意味著「別」在新秩序下的政治含義，是「分別」的法典化。〔註33〕在這個意義上，荀子捍衛了「公權」的使用與擔當重建戰國時代倫理的責任。

> 辨莫大於分，分莫大於禮，禮莫大於聖王，聖王有百，吾孰法焉？故曰：文久而息，節族久而絕，守法數之有司，極禮而褫。故曰：欲觀聖王之蹟，則於其粲然者矣，後王是也。彼後王者，天下之君也。（《荀子・非相》）

「原來地緣與血緣合一的地方行政組織轉變爲單一的以地緣關係爲基礎，宗族血緣關係從行政系統中分離出去」，「地緣關係取代血緣關係，行政組織代替了血緣組織。」〔註34〕老子思想中的先王是哲學的、道德的聖人，荀子的後王把它現實化、實踐化，以此建立新的天下秩序。

第三，人在一定條件下會由不自然的狀態轉化成自然的狀態，老子說：「道常無爲無不爲。侯王若能守之，萬物將自化。化而欲作，吾將鎮之以無名之樸。無名之樸，夫亦將不欲。不欲以靜，天下將自定」。（37章）與老子不同，荀子的「化性」命題不是在「常道」的意義上講，而是在「變化」層面上的觀察。荀子認爲「性」是惡的，人需要「化性起僞」，通過禮樂的教化完成由「性」到「僞」的轉變，而不是孟子、莊子「心性」意義上的個體意識。由「惡」轉化爲「善」，荀子把先王觀從天道觀中解放出來，社會意識獨立，人的主體性提高，社會的變化並不由自然來決定，自然生命必然向文化生命轉變，「堯、禹者，非生而具者也，夫起於變故，成乎修修之爲，待盡而後備者

〔註33〕張豈之：《〈荀子〉一書的主線》，《眾妙之門——中國名著導讀》，清華大學出版社，2002年，78頁。

〔註34〕田昌五，臧知非：《周秦社會結構研究》，西北大學出版社，1996年，234頁，183頁。

也」(《荀子‧榮辱》)。《老子》中人的自然狀態是通過法地、法天、法道、法自然來完成的，人效法於天道，荀子則通過「天人相分」，把道德意識獨立出來，用「禮義」表現人類的真實狀態。荀子否定了「血緣」，用「禮義」作為標準規範社會階層流動的變化。在這個意義上，荀子融合了孔子、孟子的「德」，而老子的「德」從屬於「道」，聖人從屬於「天道」，沒有彰顯出人的主體性。因此，老子強調人同於地、天、道，荀子則重視人與天地之間的道德呈現。

　　第四，聖人在「禮義」模式下的作用。整個文明的道德秩序是歷史的產物，「禮義」是社會發展累積的結果。道德秩序是為了創造和維護「偽」（禮義）的社會生活，道德秩序的創造需要「智」，「先王」或「聖人」滿足了這個條件。老子把先王觀束縛於天道觀之下，反對君主專制與權威統治，但同時又重視聖人對社會秩序形成的重要作用。老子說：「太上，下知有之；其次，親而譽之；其次畏之；其次侮之。信不足焉，有不信焉。悠兮，其貴言。功成事遂，百姓皆謂『我自然』。」（17 章）在這個意義上，荀子與老子是一致的，強調聖人的主體作用。荀子說：「故天子不視而見，不聽而聰，不慮而知，不動而動。塊然獨坐，而天下從之如一體，如四肢之從心。夫是之謂大形。」（《荀子‧大道》）《荀子‧不苟》說：「天不言而人推高焉，地不言而人推厚焉，四時不言而百姓期焉，夫此有常，以至其誠者也，君子至德，嘿然而喻，未施而親，不怒而威。」戰國時期，「士」可以如孟子的「浩然之氣」一樣來以「德」抗位，在「德」的背後有老子自然天道觀的支撐。為了提高君主的地位，荀子提出了「天人之分」的命題，以此「一面斬斷了人格神的天道觀的葛藤，另一面也揚棄了唯心主義的天道觀的神秘」。〔註35〕荀子在「天人之分」的基礎上，又把「道」與「君」、「國」合在一起，「道」是人道，不是天道。這樣，君主便成為政治和社會秩序的化身。「知常容，容乃公，公乃王，王乃天，天乃道」（16 章），老子強調按禮樂分配為公的意義，禮樂精神符合天道，聖人是禮樂精神的實踐者，束縛於天道之下。

三、「禮義」秩序的建構

　　與老子回歸自然天道不同，荀子是為了建立一成就「禮義」的客觀軌道。

〔註35〕杜國庠：《荀子從宋尹黃老學派接受了什麼？》，《杜國庠文集》，人民出版社，1962 年，136 頁。

第一，荀子調整禮樂以此適應於宇宙規律，讓禮獲得形而上的根據，把禮作爲宇宙秩序的根源。「天地以合，日月以明，四時以序。星辰以行；江河以流，萬物以昌；好惡以節，喜怒以當；以爲下則順。以爲上則明；萬物變而不亂，貳之則喪也。禮豈不至矣哉！」（《荀子・禮論》）禮根植於社會網絡中，以至於宇宙，老子則把「德」生根於「身」、「家」、「鄉」、「國」、「天下」。荀子通過人在「禮義」中的參與，把人與分離的宇宙結合在一起。荀子說：

> 禮有三本，天地者，生之本也；先祖者，類之本也；君師者，
> 治之本也。無天地，惡生？無先祖，惡出？無君師，惡治？三者偏
> 亡，焉（則）無安人。故禮，上事天，下事地，尊先祖，而隆君師，
> 是禮之三本也。（《荀子・禮論》）

受道德約束的秩序是與自然界的規律相一致的。禮的實踐性本身即有溝通宇宙的功能，如「上事天，下事地，尊先祖，而隆君師」，把禮中的「道」與天地相結合，把人置身於宇宙的秩序之中。《荀子・樂論》說：

> 君子以鐘鼓道志，以琴瑟樂心，動以干戚，飾以羽旄，從以磬
> 管。故其清明象天，其廣大象地，其俯仰周旋有似於四時。

荀子建立了「禮義」的預定路徑，然後用倫理實踐方式使經驗世界符合「禮義」秩序的實際例證。荀子在規範的「禮義」意義上所希望的社會是一個圖景，他從經驗的角度所看到的或他在理論上預設爲前提的東西又是另一回事。荀子所希望的是一個「禮義」秩序下的社會，這一社會是通過它的成員的自願的、合理的一致來實現其秩序的；這個社會促進感情上的融合併且僅僅由於行動者們認同的那種道德準則的應用才懲罰個人的越軌。而荀子在他眼前所看到的，是一個由「富」與「力」強制地控制的社會，在其中個人的功利性行動並不根據什麼內化的道德準則。當然，也正是這種經驗狀態，使得荀子接受關於人的行動的「惡」的預設。荀子以一種極爲特殊的方式使用了「化性起僞」的命題，由此他解決了他在禮義秩序與在理論上和經驗上的信念之間的矛盾。

第二，「誠」是「禮」秩序統攝天地的核心觀念。〔註36〕《禮記・曲禮》說：「禮不下庶人，刑不上大夫」，在春秋以前，庶民處在禮秩序之外。隨著氏族秩序的解體，庶民成爲自耕農，君主可以直接支配自耕農，即在政治上

〔註36〕佐藤將之：《荀子哲學研究之解構與建構：以中日學者之嘗試與「誠」概念之探討爲線索》，《國立臺灣大學哲學論評》，2007 年第 34 期。

就需要把自耕農也包含在禮的秩序體系內，這樣，君主即可把社會基層的秩序納入自己的支配範圍。因此，「禮」的普遍性需要在理論上予以說明。荀子即針對「禮」秩序的普遍化趨勢，試圖從觀念上打破「禮」只適用上層社會的秩序，而西周這種「禮」秩序的根據即是先王觀與宗教觀的合一，老子雖然打破了宗教觀，然而先王觀又陷入了天道觀的制約之中。這樣，「禮」的普遍性是基於君主權力支配的普遍性，因此，荀子用「天人相分」把先王觀從自然天道觀中解放出來，先王觀獲得了空前的獨立。荀子進一步又論證了「性僞之分」，說明了在先天上所有人的性是平等的，徹底打破了「血緣即政治」的先天不平等性，使得禮秩序具有了先天普遍的一個基礎，並且性容易趨於惡，這樣所有人都應該置於「禮義」秩序的統治之下，得到「化性起僞」。如果像孟子所言「性善」，人無需依靠於外在的秩序，主要是自身內在地擴充「四端」。在這種思路下，何需要聖王、禮義，君主支配自耕農的秩序也無法建立。在荀子看來，人們無法像孟子那樣在「道性善」中獲得先天的道德，這也徹底打破了老子的依靠「道」的「德」，人們只能憑藉後天的努力獲得道德性，並將其有意識地予以價值化。荀子吸收了老子的「自然」觀念論證人性趨於惡，即性是自然的，順其自然發展，則產生人生之惡。荀子把老子的「自然」觀念限制到天生成萬物的意義上，使人不要與天爭職。「不爲而成，不求而得，夫是之謂天職。如是者，雖深其人不加慮焉，雖大不加能焉；夫是之謂不與天爭職。」(《荀子·天論》) 這樣，老子內在的「自然」向荀子外在客觀的「禮義」秩序轉變，自然之性趨於惡的必然性，要使人類社會得以存在，不得不依賴於客觀的禮義。荀子並不是試圖在內在德性意義上立論，而這正是老子的「自然」、孟子的「性善」的基礎。荀子將「禮義」秩序的建立看作人類社會的現實需要，《荀子·性惡》說：

> 故古者聖人以人之性惡，以爲偏險而不正，悖亂而不治，故爲之立君上之埶以臨之，明禮義以化之，起法正以治之，重刑罰以禁之，使天下皆出於治，合於善也。是聖王之治，而禮義之化也。

聖人成爲秩序的創立者，闡明了君主支配自耕農秩序的合理性。

荀子繼承了老子關於「樸」的觀點，老子說：「樸散則爲器」。樸是未經雕琢的原始素材，這是荀子對性的第一層面的看法，「性者，本始材樸也。」(《荀子·禮論》) 荀子對於「性」的第二層說明是：「性之和所生，精合感應，不事而自然，謂之性。性之好、惡、喜、怒、哀、樂謂之情」。(《荀子·正名》)

王先謙《荀子集解》解釋說，「性之和合所生」中的「性」是指「天性如此」的意思，而「性」的實質內容是「情」，「情」的展開即是「欲」。〔註37〕老子的「性」也包含這兩個層面，對於「欲」的過分發展，老子也注意到了，「道常無爲而無不爲。侯王若能守之，萬物將自化。化而欲作，吾將鎮之以無名之樸。無名之樸，夫亦將不欲，不欲以靜，天下將自定。」（37章）這裡，老子對欲望的處理歸之於侯王的作用——「無爲而無不爲」，荀子則是歸結於「聖人」的「禮義」秩序。也就是說，老子與荀子對於「欲」的處理不同在於「無爲」之治和「禮義」之治。

　　抽象的國家權力如何對個別自耕農的身體支配與控制獲得具體化，使自耕農的身體轉化爲國家的身體，從而解構人的身體的主體性。在這個意義之下，身體成爲權力展現之場所。〔註38〕在《荀子》裏，是有所體現的：

　　　　心者，形之君也，而神明之主也，出令而無所受令。自禁也，自使也，自奪也，自取也，自行也，自止也。故口可劫而使墨雲，形可劫而使詘申，心不可劫而使易意，是之則受，非之則辭。故曰：心容其擇也無禁，必自現，其物也雜博，其情之至也不貳。（《荀子‧解蔽》）

《荀子‧天論》中也反映出「心」對欲望的支配，「耳目鼻口形能，各有接而不相能也。夫是之謂天官。心居中虛，以治五官。夫是之謂天君。」這種「心」的支配地位否定了西周「血緣即政治」秩序中身體的先天性。這樣，「身體」被納入「禮義」秩序中來，支配身體的「心」需要爲「禮義」秩序所規範，而聖人即是這種秩序的發現者。

　　第三，「法」在「禮義」中的意義。荀子所說的「禮」，不同於孔子孟子的「禮」，已經具有「法」的意味。侯外廬說：「一般說來，荀子的禮的思想，源於儒家的孔子，然而他的天道觀和所處的時代不同於孔子，因而他的禮論，也就變成了由禮到法的橋梁。——這一段話所說的雖是禮的起源，但他所注視的卻是法——『物』的『度量分界』。如果把引文中的『禮』字換成『法』字，不就成爲法的起源論了嗎？」〔註39〕荀子說：「禮者，斷長續短，損有餘，

〔註37〕梁啓雄先生認爲荀子這裡的性分爲生理學上的性和心理學上的性。（梁啓雄：《荀子簡釋》，中華書局，1983年，309～310頁）

〔註38〕黃俊傑：《中國思想史中「身體觀」研究的新視野》，《中國文哲研究集刊》，中央研究院中國文哲研究所，2002年3月，第20期。

〔註39〕侯外廬、趙紀彬、杜國庠：《中國思想通史》（第一卷），人民出版社，1957

益不足」（《荀子・禮論》）這與老子的「損有餘以奉不足」是相似，但卻不同。「禮者，法之大分，類之綱紀者也。」（《荀子・勸學》）荀子的這種人治思想是建立在君主郡縣制之上的。「戰國之時，商業已興，貨幣流行，人君則即關係斷絕，不必復封以土地。於是公法與私法分開而封建制度之政治制度亦廢。」〔註40〕因此，荀子的「禮義」秩序是將戰國晚期君主的權力支配道德化，而韓非則將君主權力的支配政治化。

第三節「法」：韓非對老子「道」論的改造

　　禮治的實行必須以傳統可以有效地應付生活問題爲前提。戰國晚期，中國從分裂割據走向全國統一。傳統的效力已經無法保證禮治的實行，僅僅靠教化已經不能解決問題，必須訴諸於外在的力量來控制、規範人們的行爲，這就是所謂的法治。〔註41〕

　　戰國時期法家有兩種類型，一是主張變法的實踐者，以李悝、商鞅、吳起爲其代表；二是，以老子的「道」爲根據，結合變法的理論，形成了以申不害、愼到、韓非（公元前280～公元前233年）爲代表的法家理論家，又被稱爲「道法家」。本節主要討論老子與韓非之間的學術淵源，比較二者之間同與不同的思想內涵。對於二者之間的思想關係，一直以來有兩種看法：一是，以容肇祖爲代表，他認爲《解老》、《喻老》不是韓非的著作，是「黃老或道家混入於《韓非子》書中者」〔註42〕；二是，以范文瀾、任繼愈、方克等爲代表，認爲韓非作《解老》、《喻老》兩篇，直接闡發老子思想〔註43〕，《史記・

年，575頁。
〔註40〕齊思和：《封建制度與儒家思想》，《燕京學報》，1937年，第22期。
〔註41〕參考費孝通：《禮治秩序》，《鄉土中國　生育制度》，北京大學出版社，1998年，48～53頁。
〔註42〕容肇祖：《韓非子考證》，商務業印書館，1936年，39～42頁。
〔註43〕范文瀾說：「《解老》、《喻老》兩篇，闡發道德本意，語甚詳備，但其中無一語說及無爲柔弱，可見韓非取老子的法術，並不取老子的宗旨。」（范文瀾：《中國通史簡編》（第一編），北京：人民出版社，1964年，280頁）任繼愈說：「韓非改造和發揮老子『道』的思想，作《解老》和《喻老》。」（任繼愈主編：《中國哲學發展史》（先秦），北京：人民出版社，1983年，743頁）方克也說：「（韓非）《解老》、《喻老》兩篇就是最早解說《老子》的文獻，不過他是按照自己的需要解老。他對老子的『道』作了唯物主義的解釋，奠定了他自然觀的基礎。」（方克：《中國辯證法思想史》（先秦），北京：人民出版社，1985年，506頁）

老莊申韓列傳》說：「申子之學本於黃、老而主刑名」，又說韓非「喜刑名法術之學而其歸本於黃、老」，而且「韓子引繩墨，切事情，明是非，其極慘少恩，皆原於《道德》之意，而老子深遠矣」。因此，章太炎說：「太史公以老子、韓非同傳，於學術源流，最爲明瞭。韓非《解老》、《喻老》而成法家，然則法家者，道家之別子耳。」〔註44〕另外，《韓非子》中《六反》、《難三》、《內儲說下》、《內儲說左上》、《內儲說左下》、《存韓》或引用「老子說」、「老子曰」，或引而不宣，其他篇章《主道》、《揚榷》、《大體》與老子思想也有很大關聯。因此，韓非改造了老子思想，使之適應自己的思想體系，成爲先秦法家的集大成者。

　　在韓非對老子「道」的政治化過程中，有一個理論前提，即在「道生法」的過程中，「道」如何擺脫心靈的影響，使「法」完全客觀化。在這個意義上說，愼到是由「道」轉「法」的重要思想家。陳麗桂認爲：

> 　　大抵黃老學家秉承老學傳統，基本上都主張絕聖棄智，虛己無爲，因物任性；也同時試著要用一些較爲具體可把握的手法和技巧，去詮釋或實際運作這些老學理論。——愼子循此，終於拈出一些外的客觀標準來依據。這些標準一是法，一是刑名，一是勢：愼子也就是用這法、勢、刑名去具體化那個『道』與『理』，而堂堂由道家邁入了法家。〔註45〕

陳麗桂注意到了愼到如何具體化老子思想的治理運用。愼到將老子的「自然」外化爲「必然」，以「道德」爲「法術」。韓非繼承了愼到的「法術」思想，《韓非子・飾邪》說：「夫懸衡而知平，沒歸而知圓，萬全之道也。明主使民飾於道之故，故佚而有功。釋規而任巧，釋法而任智，禍亂之道也。亂主使民飾於智，不知道之故，故勞而無功。」梁啓超認爲，愼到、韓非之法，純屬「自然法則」的意義，是本於老子的「道法自然」之意。〔註46〕

一、「道」與「術」

　　西周是「血緣即政治」的模式，家、鄉、國、天下之間的秩序是一致的，在邏輯上是同一的，然而，在戰國時期隨著「血緣即政治」秩序的逐步瓦解，

〔註44〕章太炎：《國故論衡・原道下》，上海古籍出版社，2003年，114頁。
〔註45〕陳麗桂：《戰國時期的黃老思想》，臺北：聯經出版社，1991年，178～179頁。
〔註46〕梁啓超：《先秦政治思想史》，東方出版社，1996年，168頁。

政治從社會中分離出來，由西周時期的一種秩序現在變爲了三種秩序：政治秩序、社會秩序、天下秩序。《管子・牧民》說：「以家爲鄉，鄉不可爲也；以鄉爲國，國不可爲也；以國爲天下，天下不可爲也。以家爲家，以鄉爲鄉，以國爲國，以天下爲天下。」從表面來看，《管子》思想與老子思想是一致的，但二者之間存在著很大的差異。老子用「德」貫穿了身、家、鄉、國、天下，以「自然」觀念爲基礎，身、家、鄉、國、天下在本質上一致的，是人的「德」自然發展的一個過程。《管子》則是從「以禮治家、以法治國，以德治天下」〔註47〕的層面表達了戰國時期三種秩序的模式，並且三者是不能混淆的。在這種思想趨勢下，韓非試圖用「法」來解決這三種秩序之間的對立。

第一，「道」由混沌向社會秩序的分化，使「道」客觀化。《解老》云：「所謂『有國之母』，母者，道也。道也者，生於所以有國之術，所以有國之術，故謂之『有國之母』。」學界在研究韓非與老子關係之時，一直認爲老子給韓非的法思想提供了一個本體的根據。這只是思想觀念的表層關係。老子與韓非之間的內在關係，是因爲戰國時代的政治變動，使得韓非選擇老子的「道」。戰國時期七雄的割據與戰爭，使得西周的天下體系完全分裂。戰國晚期，七國趨於統一，使得天下並不能回到原來意義上的天下。韓非時代，秦國雖然還沒有統一，然而即將出現的是「一個帝國而不是傳統的宗主國或者霸主」〔註48〕。魏冉致送「東帝」的稱號給齊愍王，同時秦昭王在宜陽自立爲「西帝」。「帝」原是上帝的稱號，這時上帝的神話演變出黃帝的傳說，齊君已把黃帝稱爲自己的「高祖」，「帝」在古史傳說中已成爲德行比「王」高一級的稱號，因此魏冉要用「帝」號作爲最高統治者的稱號，成爲後來秦始皇自稱「皇帝」的先聲。〔註49〕戰國時期，權力分配的正當性一直是諸子所討論的重要問題。然而，「在先秦的中華文明圈中，只產生了單一的君主制政治體制，並在政治思想史中，也只有君主制理論的反映，而沒有討論研究任何其政體的思維參照系統」〔註50〕。其中的原因，侯外廬早已指出，中國古代社會關於國家和法權的學說內容即是一部先王思想史。戰國時期的先王由宗教的先

〔註47〕 王人博：《一個最低限度的法治概念──對中國法家思想的現代闡釋》，《法學論壇》，2003 年第 1 期。

〔註48〕 趙汀陽：《反政治的政治》，《哲學研究》，2007 年，第 12 期。

〔註49〕 楊寬：《戰國史》，上海人民出版社，2003 年，386 頁。

〔註50〕 楊師群：《論先秦政治思想的主要局限與影響──與古希臘羅馬政治思想比較研究》，《學術月刊》，1996 年第 7 期。

王轉化成理想的先王，由理想的先王轉化成歷史的先王，韓非則連這種歷史的先王觀也否定了。〔註51〕一直以來，政治的正當性是不同的，「兼人者有三術：有以德兼人者，有以力兼人者，有以富兼人者」〔註52〕（《荀子·議兵》）因此，韓非否定了先王觀，將其轉化為權力問題，政治問題被簡化為治國問題。這樣，韓非把權力客觀化，從先王觀與天道觀中剝離出來，在他的「道」中只剩下天道觀作為其權力的根據。老子的先王觀一直是公權的合理性根源，在哲學思想上是通過宇宙論來證明。以此為出發點，韓非只強調根據，而否定宇宙根源論。例如，韓非對「道」的規定：「道者，萬物之始，是非之紀」（《韓非子·主道》），「夫道者，弘大而無形」、「道者，下周於事，因稽而命與時生死。參名異事，通一同情」（《韓非子·揚權》），「道者，萬物之所然也，萬理之所稽也」、「道者，萬物之所以成也」（《韓非子·解老》），「道」是萬物的根據，沒有根源的意義，在本體上截斷了通往先王觀之路。在韓非看來，「道」不是屬於宇宙的和社會的過去的某種東西，而是貫穿所有時間的萬物的根據，承擔了新的時代意義。〔註53〕

　　第二，「理」是事物的結構性質，是「法」的具體模型。「道」是「理」存在的根據。天下由眾理構成，共同組成「道」。他說：

　　　　道者，萬物之所然也，萬理之所稽也。理者，成物之文也；道
　　　者，萬物之所以成也。故曰：「道，理之者也。」

這樣，韓非把宇宙與社會用「道」與「理」關聯起來，「道」自身包含了所有的對立與統一，而「理」是具體的「道」。韓非與老子的不同正是在這裡，「在《老子》中，你使自己適合於自然力量在各方面運作的不可控制的秩序，這是對人無所關愛的『道』之所為。另一方面，韓非主張，你能夠理解和駕馭

〔註51〕侯外廬：《中國古代社會史論》，河北教育出版社，2000年，306～340頁。

〔註52〕「戰國時期，大國兼併小國，昔日散漫之封建勢力漸次集中，政治重心漸集於數都會，都會人口既眾，生活的需要亦隨之增加；商工為業者，亦因之集中於都會，於是都會日益擴大。都會愈擴大，商工業愈興盛，此為相因而至之情勢。故為政治重心之都會，遂兼為商工業之重心矣。」（李劍農：《先秦兩漢經濟史稿》，生活·讀書·新知三聯書店，1957年，79頁）

〔註53〕王人博從現代法學的層面解釋：「從『發現觀』到『創造觀』，它把倫理學意義上的『立法』轉變為一個法學意義上的『立法』概念。這也意味著，立法權從上帝的手中轉移到人們的手中：立法者已經由神聖的上帝變為權威的凡人。」（王人博：《一個最低限度的法治概念——對中國法家思想的現代闡釋》，《法學論壇》，2003年第1期）

自然力量去創造一個與天地相對應的自動運轉的社會秩序。」〔註54〕

> 凡理者，方圓、短長、粗靡、堅脆之分也。故理定而後可道也。
> 故定理有存亡，有死生，有盛衰。夫物之一存一亡，乍死乍生，初
> 盛而後衰者不可謂常。唯夫與天地之剖判也具生，至天地之消散也
> 不死不衰者謂常。而常者無攸易，無定理，無定理非在於常所，是
> 以不可道也。聖人觀其玄虛，用其周行，強字之曰道，然後可論，
> 故曰「道之可道，非常道也」。

章太炎說：「有差別此謂理，無差別此謂道。」〔註55〕韓非通過「理」解決了老子「常道」與「非常道」之間的對立，「理」成爲「道」在宇宙間的具體規範之理。因此，君主治理國家有「道」可據，有「理」可依。

第三，隨著戰國晚期君主權力的增大，在思想上，「道」有被君主獨佔的傾向。《莊子・在宥》說：「夫有土地者，有大物也。有大物者，不可以物。物而不物，故能物物。明乎物物者非物也，豈獨治天下百姓而已哉。」同樣，在《莊子・天地》中也有這種思想傾向：

> 天地雖大，其化均也。萬物雖多，其治一也。人卒雖眾，其主
> 君也。君原於德而成於天。故曰：玄古之君天下，無爲也，天德而
> 已矣。以道觀言而天下君正；以道觀分而君臣之義明；以道觀能而
> 天下之官治；以道泛觀而萬物之應備。

《莊子・天道》中更加詳細地闡釋了君主專制的理論：

> 夫帝王之德，以天地爲宗，以道德爲主，以無爲爲常……上必
> 無爲而用天下，下必有爲爲天下用，此不易之道也……故曰：莫神
> 於天，莫富於地，莫大於帝王。故曰：帝王之德配天地。此乘天地，
> 馳萬物，而用人群人道也。本在於上，末在於下，要在於主，祥在
> 於臣……君先而臣後……夫尊卑先後，天地之行也，故聖人取象焉：
> 語道而非其序者，非其道也。

此外，《伊尹・九術》中也提到：「得道之君，邦出乎一道。制命在主，下不列黨，邦無私門，諍李皆塞。」這種對「道」的獨佔在《老子》中尚不明顯，「域中有四大，而人居其一焉。」（25章）孟子也說：「君有大過則諫，反覆

之而不聽，則易位。」(《孟子·萬章下》)在這種思想趨勢下，開放的「道」向封閉的政治之「道」轉變，「道」被意識形態化。

第四，「法」不僅指法典的觀念，也指社會組織的整個模式。〔註56〕這種「法」的提出是基於對人的價值的認識而展開。老子的「自然」觀念強調萬物自身的價值，儒家以此為出發點，鼓勵人民建立以個人為基礎的道德價值觀，而韓非則對這種自身的價值予以否定。韓非把人性簡單化，歸結為好惡，他說：「凡治天下，必因人情。人情者有好惡，故賞罰可用。賞罰可用則禁令可立，而治道具矣。君執柄以處勢，故令行禁止。」(《韓非子·八經》)而這種認識是基於「排中律」的邏輯思想〔註57〕，韓非堅持著「法」的同一律立場，對人性中的兩種對立的傾向做一選言判斷。「法」的淵源，侯外廬敏銳的發現，「法家繼承老子發現了商品的理論，韓非更把這一理論引申成為人類社會關係的合理的規律。」侯外廬的觀點是深刻的，「自然」觀念中有法則的意義，繩墨、尺寸、規矩等自然法則在商品經濟中得到社會的認同，「盡力於權衡以任事」(《韓非子·用人》)，「官不敢枉法，吏不敢為私，貨賂不行，是境內之事盡如衡石也」(《韓非子·八說》)「法」從自然法、習慣法中獨立出來以後，又反對它們，在這個意義上說，法家出自於老子，卻又與老子不同。老子的社會規則是「自然」，在社會生活中即是習俗，「甘其食，美其服，安其居，樂其俗」(80章)以符合「道」與自身的「德」構成了這一觀念的實質，韓非正是基於對這一狀態的批評。政治成為一個獨立的領域，使得公共原則得以確立。

韓非在這個基礎上，用「法」來解釋老子思想，例如，《老子》第三十八章「上仁為之而無以為」，韓非說：

> 仁者，謂其中心欣然愛人也。其喜人之有福，而惡人之有禍也，
> 生心之所不能已也，非求其報也，故曰：「上仁為之而無以為也」。

這種「上仁」自然而然，如何才能發生作用。《韓非子·大體》說：「禍福生乎道法，而不出乎愛惡。」「法」的客觀性，使得自然而然的仁愛得到了體現。如果「上仁」是指人的主觀動機，下一句「上義為之而有以為」，則指的是「法」對社會關係的規範。「義者，謂其宜也」，一個道德的範疇被韓非轉化為一個

〔註56〕史華慈：《古代中國的思想世界》，江蘇人民出版社，2004年，348頁。
〔註57〕侯外廬、趙紀彬、杜國庠：《中國思想通史》(第一卷)，人民出版社，1957年，630～634頁。

政治的範疇。

> 天得之以高，地得之以藏，維門得之以成其威，日月得之以恒
> 其光，五常得之以常其位，列星得之以常其位，列星得之以端其行，
> 四時得之以御其變氣。（《韓非子·解老》）

> 道者，萬物之所然也，萬理之所稽也。理者，成物之文也，道
> 者，萬物之所以成也。（《韓非子·解老》）

政治的基礎在於某種意見不一致。結束意見分歧，政治就會失去根據，變成
一個統治問題。〔註58〕韓非在《顯學篇》中批評了當時的儒墨顯學的先王觀，
「孔子、墨子俱道堯、舜，而取捨不同，皆自謂眞堯、舜，堯、舜不復生，
將誰使定儒、墨之誠乎？」韓非反對學術介入政治，他說：

> 自愚誣之學、雜反之辭爭，而人主俱聽之，故海內之士，言無
> 定術，行無常議。夫冰炭不同器而久，寒暑不兼時而至，雜反之學
> 不兩立而治，今兼聽雜學繆行同異之辭，安得無亂乎？

韓非試圖使治國從社會和學術之中獨立出來，建立「法」的政治秩序，消除
因社會的變動無常而導致在治國上的混亂。這樣，這個秩序通過君主對百姓
實施一種普遍的法即可建立，而結束混亂的天下秩序。在這裡，老子與韓非
都試圖通過建立官長承擔國家的治理，「樸散則爲器」的情況下，「聖人用之
則爲官長」，採取「無爲」的模式，建立天下的模式。然而，先王觀滲透到了
官僚體制，在政治領域獨立之時，又把聖人存在的根源追溯到「道」，道爲一，
則現實政治中也只有一人能代表道；道不變，聖人的地位也不變；道生萬物，
聖人也可依之支配萬物。聖人是唯一能夠支配「道」的人，而「法」把這種
權力正當化與合理化。

二、「因道全法」：道與法的關係

韓非提出了「因道全法」的命題：「古之牧天下者，不使匠石巧以敗太山
之體，不使賁、育盡威以傷萬民之性，因道全法，君子樂而大奸止；澹然閒
靜，因天命，持大本，故使人無離法之罪，魚無失水之禍。如此，故天下少
不可。」（《韓非子·大體》）韓非言「法」，是把老子的「自然」轉化爲「必
然」，是沿著「道生法」的路徑，「法」的「全」是「道」的普遍性、必然性。
因此，梁啓雄在《韓子淺注》中說：「能從整體看事情的君主，他的治國方法

〔註58〕趙汀陽：《反政治的政治》，《哲學研究》，2007 年第 12 期。

是因道全法。因此人們的禍或福，是依據『道』和『法』生成的，不是從國君的『愛』或『憎』出發的。是客觀的，不是主觀的。」〔註59〕「法」體現了「道」的規律性，使得老子「道」與「人」由抽象的指稱，轉化為具體的社會模式。另外，韓非的「法」、「術」、「勢」三者緊密關聯，其政治模式更顯成熟，然而韓非沒有「反」的思想，缺少了「道」的「歸根覆命」的能力。

第一，權力是「法」正當性的真實來源。韓非面對戰國晚期七雄的戰爭狀態，在這一無序的狀態中權力的分配完全是未決的。在這種情況下，韓非認為一個秩序的建立應該產生一個更高的權力，因為統一比持續的衝突與戰爭要更為有利。老子與韓非的不同在於，韓非的「法」依靠官僚系統外在的規範民眾的行為而解釋秩序，老子則依靠聖人所創造的環境為百姓內在的「德」來規範行為解釋秩序。

老子的「自然」在政治中具有「主體→客體、原因→結果」關係〔註60〕，為韓非的君主專制理論提供了契機。聖人因為把握了「道」，即獲得了支配萬物的能力，而這種能力是源於「公權」的應用，但是老子對這種能力做了限定，「生而不有，為而不恃，長而不宰」（10章），韓非把「道」的這種能力轉化為「法」，使君主的專制得以合理化。但韓非與老子的「道」是不同的，老子的「道」是混沌的，韓非的「道」是秩序、法則，能夠通過「理」而呈現，這種「道」的秩序化，是戰國晚期的一個思想趨勢。例如，《莊子·秋水》：「知道者，必達於理。達於理者，必明於權。明於權者，不以物害己。」

第二，老子的「無為」是建立在「自然」觀念之上，充分尊重百姓自身的權利，聖人是不會給百姓強加紀律尺度，他用「無為」來說明萬物之間以及人與人之間的關係，是對欲望、權力、控制的否定，在形而上的意義上，老子反對了鬼神的決定性質，在政治層面則否定了君主的獨裁；然而，韓非則從老子的「無為」出發，推論出不同的結論：韓非主張君主無為，臣民有為，「物者有所宜，材者有所施，各處其宜，故上下無為」，讓臣民的有為在「法」的模式下歸之以「無為」，臣民的職責變為自身的特性，只需在這個範圍內充分發展。在這個基礎上，君主通過「參驗」的方法，使天下歸於「一」。在這個意義上說，韓非從老子「自然」的觀念中推演出社會規範的機制。一

〔註59〕梁啓雄：《韓子淺解》（上），1961年，中華書局，224頁。

〔註60〕池田知久：《中國思想中「自然」的誕生》，《中國的思維世界》，溝口雄三、小島毅主編，江蘇人民出版社，2006年，20頁。

是，這個秩序的建立來源於「道生法」，因此法具有客觀性。二是，社會秩序
在「法」的規範下，使得臣民依循其本性而且消除特別的欲望與智力，自發
地適應這一終極的社會秩序。在這裡，韓非將政治社會從形而上的統一中分
裂出來，政治社會之道與形上之道是存在差異的，即「道」與「理」的差異。
然而，老子試圖將這種道的分裂，還原爲混沌之中，強調政治、社會復歸於
「一」，老子的政治是「輔萬物之自然」，政治與聖人、道、德、自然、無爲
緊緊聯繫在一起，沒有獨立的意義，政治秩序與自然秩序一體渾化。

　　韓非對老子的「自然」觀念在繼承的同時，也予以了批評。韓非解釋老
子「恃萬物之自然而不敢爲」：「夫物有常容，因乘以導之，因隨物之容。故
靜則建乎德，動則順乎道」，最後提出「隨自然」（《韓非子・喻老》）。韓非強
調了物的客觀性，在這種客觀性面前，人可以「乘以導之」，這是「自然」的
一層意義；其二，指出在法模式下，並不是「法」決定人的狀態，而是自身
的行爲要符合法，「守成理，因自然；禍福生乎道法而不出乎愛惡，榮辱之責
在乎己，而不在乎人」（《韓非子・大體》），這樣，法的客觀性規範了人的行
爲，法才是「自然」觀念的體現，包括君主也要「守自然之道」，才能被稱之
爲「明主」。（《韓非子・功名》）其三，韓非批評了慎到的「自然之勢」的觀
點，認爲「人之所得設也」、「人之所得勢也」，提出「抱法處勢」的觀念。（《韓
非子・難勢》）因此，韓非的「自然」觀念強調了「法」對環境的規範作用，
而法不是一成不變的，是適應環境變化並予以規範，這是韓非對老子的「自
然」觀念之中融合了「變化」的觀念成分所發生的結果。這樣，韓非把老子
的「自然」，客觀化、條件化，無論是本體意義上的道，還是具體的歷史環境，
都構成了法秩序下的環境因素。「法」否定了老子的「德」——由臣民自身的
特性所做出自己的選擇，即儒家的道德與老子的無爲，與此同時，儒道的形
而上的根據也隨之被否定了。

三、韓非改造老子思想的難題

　　第一，在韓非「無爲」思想中滲透著老子「無」的思想。韓非「無爲」
的理論是通過「勢」、「法」、「術」三者的緊密關聯建立起來。「無爲」的目的
就是「無不爲」，這之間滲透著君主對權力的集中，根據老子思想，有無相生，
有無是個統一體，在思想的背後反映了西周以來「公權」屬於天下，天子只
是天下的象徵，《老子》中的聖人即是服務於天下的侯王：「我無爲而民自化，

我好靜而民自正，我無爲而自富，我無欲而民自樸。」（57 章）「道常無爲而無不爲。侯王若能守之，萬物將自化。」（37 章）老子關注的是萬物與民的「自化」。在戰國時期公權成爲君主的權力，成爲一家一姓的權力。在這種歷史情勢下，官僚系統的建構成爲君主集權的必然選擇，對官僚階層的權利和職責進行明確的區分，體現了老子「有之以爲利，無之以爲用」，官僚的「有」與君主的「無」辨正地統一在一起。有無的展開是以「形名相參」，「用一之道，以名爲首。名正物定，名倚物徙。故聖人執一以靜，使名自命，令事自定。」（《韓非子·揚權》）在這一點上，韓非試圖突破老子的「常道」與「非常道」、「常名」與「非常名」的對立的模式，韓非主張用法來強化名與實之間的一致性，重建價值的秩序，恢復「常道」、「常名」、「自然」的狀態。但是，韓非陷入了這種「一實二名」的困境，他說：

> 宋有富人，天雨牆壞，其子曰：「不築，必將有盜。」其鄰人之
> 父亦云。暮而果大亡其財，其家甚智其子，而疑鄰人之父。（《韓非
> 子·說難》）

韓非思想體系中的矛盾是源於他試圖把秩序建立在功利學說上，君主對臣民的控制建立了利益與責任之間的聯繫，因此，韓非所謂的「名」受到了利益與責任的困擾。

第二，「法」的政治控制必然導致否定不同價值取向的文化研究。「無書簡之文，以法爲教；無先王之語，以吏爲師。」（《韓非子·五蠹》）「法」的這種外在規範從根本上取消了道德與智慧存在的必要性，而道德與智慧卻是任何個體自我價值肯定的存在所必須依賴的。在這個意義上說，「法」把人民的行爲描繪成僅僅是對物質環境的適應而不是對自由和強制的多維選擇，在法的模式中排除了道德問題，這是與老子的最大不同。然而，在《老子》中，聖人有德，民即可「自然」、「自化」，但這種德是以聖人玄德的存在爲前提，否則民之德也會喪失，「不尚賢，使民不爭；不貴難得之貨，使民不爲盜；不見可欲，使民心不亂」（3 章）。老子所說的「德」是從屬於「道」的，是一個整體的觀念，也就是說其政治觀念是「天下」。老子注重統治者的「玄德」，韓非則強調君主的外在力量和法的強制性。

> 故曰：道不同於萬物，德不同於陰陽，衡不同於輕重，繩不同
> 於出入，和不同於燥濕，君不同於群臣。——凡此六者，道之出也。
> 道無雙，故曰一。是故明君貴獨道之容。君臣不同道，下以名。君

操其名，臣效其行禱。形名參同，上下和調也。(《韓非子·揚權》)

「德」是西周以來中國政治開創性的觀念，但是在戰國晚期「德」被異化了，演變爲君主的「道術」，這是政治觀念的重大變革。韓非對老子「德」的詮釋，是基於君王統治術如何超越技術性的層面，使之轉化爲心靈的層面，這是戰國中期以來心性論對政治思想影響的結果。在《韓非子》中「上德無爲而無不爲」與其他《老子》文本「上德無爲而無以爲」是不同的〔註 61〕。韓非對老子的「上德」觀念進行了改造，把「上德」描述成君主統治所需要的一種精神境界，「凡德者，以無爲集，以無欲成，以不思安，以不用固」，這種德可以達到，「貴無爲無思爲虛者，謂其意無所制也」。韓非吸收了《管子》四篇的精神與形體一體的修養功夫，轉化成君主統治的「道術」。馮友蘭說：

> 其實，韓非在《解老》、《喻老》這兩篇中所解釋的《老子》，既不「恍惚」，也不「微妙」。《解老》是與《管子》四篇(《白心》、《內業》、《心術上·下》)，即稷下黃老之學相通的，把精神解釋爲一種細微的物質——「精氣」。《喻老》用生活中的實例說明《老子》、以見《老子》中的原則都是生活經驗的總結。這種唯物主義的、注重實際的思想，跟《韓非子》中的別偏是一致的。這兩篇中，所表現的唯物主義自然觀，正是他的進步的社會思想的根據。〔註 62〕

韓非反對社會的自由流動，他以老子「治大國若烹小鮮」爲依據，強調君主「有道之君貴虛靜而重變法」，那麼老子與韓非的「虛靜」有什麼不同？「道家強調人到達心靈的純靜虛靈之後，應當永保在此心靈自體，不能以此心靈作背景，以窺私用智。而法家所以要求心靈的虛靜靈明，正是藉此心靈的神智，以達到一特殊的目的」，〔註 63〕這一特殊的目的就是政治的控制。

第三，老子主張「公」，反對私，而韓非一方面將老子具有禮樂背景的「公」，轉化爲「法」，「明主之道，一法而不求智」(《韓非子·五蠹》)。另一

〔註61〕 李定生認爲：「『無以爲』是順任自然，無心而爲之，韓非改作『無不爲』，正是與老子不同所在。老子以各守其樸，不干政事爲無爲，強調無心作爲，韓非借老子其意，順道立法，按法治眾，不以智慮處事爲無爲，強調無不爲。」(李定生：《論韓非〈解老〉和〈喻老〉》，《道家文化研究》18 輯，上海古籍出版社，1996 年，167 頁)

〔註62〕 馮友蘭：《中國哲學史新編》(上卷)，北京：人民出版社，1998 年，763 頁。

〔註63〕 唐君毅：《中國哲學原論·原道篇》，中國社會科學出版社，2006 年，292 頁。

方面，他又保留了私，改造成爲「君人南面之術」。這樣，「一斷於法」的「公」與君主支配的「私」之間存在著裂縫，與老子的「玄德」是相違背的。這種公與私的對立，是源於不同的社會背景。老子思想中的「聖人」是對禮樂文明的抽象與概括，是含有按禮樂文明分配生產資料爲「公」的歷史意義；韓非思想中的「君」，則體現了君主支配自耕農的權力，這種權力是爲君主所獨佔，而權力本身又具有支配的普遍性、絕對性、超越性。因此，「法」爲天下人之法，「術」爲君主支配權力的能力。這樣，老子思想中「公」是一以貫之，韓非則公私對立統一。因此，《淮南子・覽冥訓》批評韓非雖「源於道德之意」，卻「背道德之本」。

隨著秦的統一，君主的權力最終被確立。在這種歷史趨勢下，老子思想中的先王觀最終從天道觀中解放出來。治國的模式「禮」或「法」與「道」具有一樣的普遍性，君主成爲這種普遍性的唯一支配者，並且自我規定、自我決斷。因此，君權中包含了公與私的對立，即國家的統一建立在客觀的「禮」或「法」與主觀的君主意志之上，這種君主意志的合理性是對自耕農全體意志的抽象，「禮」或「法」成爲這種意志的具體內容，這種主觀的統一即是君權的實現。

第六章　先秦學術思潮與《老子》文本的傳播

　　在前面幾章，本文討論了老子對戰國思潮的影響以及之間存在著觀念上的聯繫，然而在此同時，戰國思潮也對《老子》文本的傳播產生了一定的影響。在先秦不同歷史時期，《老子》文本表現出不同的思想傾向與特徵。裘錫圭反對「將簡帛古書和傳世古書中意義本不相同之處說成相同」〔註1〕。也就是說，在考察《老子》文本的時候，不能僅僅只追求《老子》文本的原貌，而且應該注意到《老子》文本在不同歷史時期受時代思想的影響會有一定的差異。因此，考察先秦《老子》文本應該與先秦學術思想結合在一起，具體理解《老子》文本的特定歷史內涵，以盡可能降低文本的多義性。本章的討論是建立在一定的文獻之上，例如，老子本人的論述在《莊子》、《戰國策》、《呂氏春秋》等先秦文獻中得到討論，《老子》文本在諸如《文子》、《韓非子》這樣的著作中被引用、解釋和注釋。其中今本《文子》有五十二章引用了《老子》，這些《老子》的經文分別見於《老子》書中的四十八章；《韓非子》在《解老》、《喻老》兩篇中引用《老子》十一章。因此，本文將把注意力從只關注《老子》文本，轉移到不同諸子的語境之中，在具體的歷史語境中考察老子思想在傳播中的變化。

〔註1〕裘錫圭：《中國古典學重建中應該注意的問題》，載北京大學中國古文獻研究
　　　　中心編：《北京大學中國古文獻研究中心集刊》，第二輯，北京燕山出版社，
　　　　2001年，8頁。

第一節　先秦《老子》文本的形成

唐蘭在《老子時代新考》中推測，《老子》的形成與《墨子》的形成同時，當在戰國早期。〔註2〕根據高亨的研究，帛書甲本的抄寫時代爲戰國末年至秦末，乙本爲漢高祖時抄寫。〔註3〕郭店楚墓竹簡《老子》甲乙丙三組，是現存《老子》抄寫本中最古老的文本。一種觀點認爲，在郭店簡本《老子》前已經有一個較完整的《老子》原本，簡本則是選本，以王博、裘錫圭爲代表〔註4〕。另一種觀點認爲，簡本《老子》是一個整的原始傳本，並不是節選本，今本則是在簡本的基礎之上增纂而成的，以郭沂爲代表〔註5〕。此外，許抗生認爲，簡本《老子》很可能是當時社會上流傳的多種老子語錄或著述中的三組文字，是春秋末年流傳下來的，至戰國晚年才由後人合編增補成較完整的帛書本《老子》和今本《老子》的。〔註6〕本文同意許抗生的觀點。聶中慶通過「衛、道」與「亡」「無」的使用情況，認爲楚簡《老子》甲、乙、丙之間存在著歷時性差異。〔註7〕在郭店楚簡中《老子》中的《道經》與《德經》中的章節混雜在一起。戰國的《老子》傳本除了所謂道家版（道經在前，德經在後）與法家版（德經在前，道經在後）外〔註8〕，還應有其他本的《老子》。本文認爲，在戰國中期以後，學術之間的交融與綜合成爲主流，純粹的老子已經不流行，也就是《論六家之要旨》中所說的「採儒墨之善，撮名法之要」，對於《老子》文本的傳播也必然受其影響，因此，就出現了帛書《老子》。郭店《老子》相對於帛書本及各通行本構築的相對穩定框架來說，還是處在流動變化過程中的文本，這樣的活頁單位都可能重新組織。〔註9〕池田

〔註2〕羅根澤編《古史辨》第六冊，上海古籍出版社，1982年，606～608頁、629頁。

〔註3〕參見高亨、池曦朝合：《試探馬王堆漢墓中的帛書老子》，《文物》，1974年，第11期。

〔註4〕王博：《郭店〈老子〉爲什麼有三組？》，《道家文化研究》，17輯，生活・讀書・新知三聯書店，1999年，27頁。

〔註5〕郭沂：《從郭店楚簡〈老子〉看老子其人其書》，《哲學研究》，1998年第7期。

〔註6〕許抗生：《再讀郭店竹簡〈老子〉》，《中州學刊》，2000年，第5期。

〔註7〕聶中慶：《從楚簡〈老子〉中「亡、無」和「衛、道」的使用推斷楚簡《老子》的文本構成》，《山東大學學報》，2004年，第1期。

〔註8〕高亨等人有此假說，參見高亨、池曦朝合：《試探馬王堆漢墓中的帛書老子》，《文物》，1974年，第11期。

〔註9〕丁四新：《申論〈老子〉文本變化的核心觀念、法則及其意義》，《哲學動態》，2002年，第11期。

知久對照帛書、通行本對郭店《老子》各章的上中下段的考察〔註10〕，驗證了郭店《老子》是分組流行。本文認為，郭店《老子》不是完本，是當時眾多分組流行《老子》中的一部分。

《老子》文本的根本區別不在於對這個或那個句子的特殊構造，而在於《老子》在其中被考察的總體框架。這一總體語境確定各種問題，然後再從文本中抽取相應的答案。這也是源於《老子》的文法結構、邏輯關係和概念系統的開放性，以致在不同思潮的影響下可以構造不同特色的文本。另外，《老子》文本還具有多義性，這一多義性體現在對完全相同的讀法並存這一事實中，它同時建立在文本基礎之上，《老子》的很多句子沒有明確的主語，它的涵義很難把握，它的概念系統有時似乎不一致。〔註11〕

郭店竹簡本與帛書本、通行本的不同主要表現在對待「有無」、「仁義」、「法」三個問題上，這在學術界已基本取得共識。本文試圖把這三個問題放置到戰國思潮之中來考察，揭示楚簡本與帛書本在文本方面的思想特徵，闡述《老子》文本傳播衍變與戰國思潮之間的互動關係。

第二節　從「有──無」關係看《老子》簡、帛文本中宇宙觀的異同

老子中宇宙觀最核心的概念是「道」，在先秦不同時期「道」的觀念在有繼承性的同時，也表現出一定的差異性。「道」的這種演變，在《老子》文本也有表現。「道」的這種差異性，源於先秦社會的發展與宇宙觀念的演變。

第一，「天下萬物生於有，生於無」與「天下萬物生於有，有生於無」的不同，暗含了先秦兩種不同宇宙觀。

　　（1）簡本（甲組）：天下萬物生於有、生於無。

　　　　帛書（甲本41章）：天【下之物生於有，有生於無】。

　　　　帛書（乙本41章）：天下之物生於有，有【生】於無。

在簡文中，「有」與「無」，二者是相生的，但在帛書與今通行各本中，二者

〔註10〕　（日）池田知久：《郭店楚簡〈老子〉各章的上中下段──從〈老子〉文本形成史的角度出發》，《池田知久簡帛研究論集》，中華書局，2006年，321～375頁。

〔註11〕　參考（德）瓦格納：《王弼〈老子注〉研究》，江蘇人民出版社，2008年，233頁。

並不是相生的，而是「有」生於「無」。〔註12〕老子說：「此兩者同出而異名，同謂之玄。玄之又玄，眾妙之門。」（1 章）簡本與帛書本的不同是源於先秦宇宙觀的不同思想類型導致的結果。陳鼓應認為，前者屬於本體論範疇，後者屬於萬物生成論問題。〔註13〕這種本體論與萬物生成論的不同是源於什麼樣的思想觀念。從簡本來看，老子並沒有具體討論有、無的先後關係。從戰國時期的思想發展來看，有、無問題的討論主要是莊子及其後學，在這個意義上來說，帛書本可能受到莊子及其後學的影響。

從《太一生水》與《老子》的關係來看老子宇宙論。竹簡《老子》丙本「能輔萬物之自然而弗敢為」的「輔」字，在《太一生水》的首章就出現了 8 次。安樂哲、郝大維假設：如果說《太一生水》在其演化這一方面不屬於《老子》的一部分，那麼，它起碼也應該是第 64 章修訂改進本的一個詮釋性評著。〔註14〕《太一生水》中「反」表示著太一與水這樣一個「有無相生」的過程。天地萬物雖直接生於水，但最終導源於太一，即竹簡《老子》所謂「天下萬物生於有，生於無」。李存山推測，《老子》中「道生一，一生二，二生三，三生萬物」的思想是後人補入的，從邏輯上說，就是建立在《太一生水》的基礎之上，當補在「天下萬物生於有，有生於無」之後。〔註15〕的確，在帛書甲乙本的次序即是如此，王弼本的 40 章與 41 章顯然是錯簡。如果以上論證成立，那麼在戰國時期，關於宇宙生成發生了怎樣的思想觀念變遷。臺灣學者郭梨華把有無概括為始源的特質屬性以及始源的「始——母」問題。〔註16〕從先秦西漢文獻來看，《文子·道原》、《淮南子·原道》有《老子》「有生於無」的討論，《文子·上守》、《淮南子·精神》有對「道生一，一生二，二生三，三生萬物」的詮釋。

「道」與「一」的關係，是老子宇宙觀的核心。「道生一」是基於什麼

〔註12〕 丁原植：《郭店竹簡老子釋析與研究》，臺北，萬卷樓圖書有限公司，1998 年，213～214 頁。

〔註13〕 陳鼓應：《從郭店簡本看〈老子〉尚仁及守中思想》，《道家文化研究》（第十七輯），生活·讀書·新知三聯書店，1999 年。

〔註14〕 安樂哲、郝大維：《道不遠人——比較哲學視域中的〈老子〉》，學苑出版社，2004 年，279 頁。

〔註15〕 李存山：《從郭店簡看早期道儒關係》，《道家文化研究》（第十七輯），生活·讀書·新知三聯書店，1999 年，433 頁。

〔註16〕 郭梨華：《〈恒先〉及戰國道家哲學論題探究》，《中國哲學史》，2008 年，第 2 期，40 頁。

思想問題而提出的，莊子主張「道通爲一」，《黃帝四經》則強調「道」是「一」的根本。在《老子》中，「一」是「道」生成萬物的可能，也是天、地、侯王存在的根據，在這個基礎上，「一」把萬物生成的本源指向了「道」。關於有、無、一、二、三之間關係的討論，在老子之後，最早見於《莊子·齊物論》：

> 有始也者，有未始有始也者，有未始有夫未始有始也者。有有也者，有無也者，有未始有無也者，有未始有夫未始有無也者。俄而有無矣，而未知有無之果孰有孰無也。今我則已有謂矣，而未知吾所謂之其果有謂乎，其果無謂乎？夫天下莫大於秋豪之末，而太山爲小；莫壽乎殤子，而彭祖爲夭。天地與我並生，萬物與我爲一。既已爲一矣，且得有言乎？既已謂之一矣，且得無言乎？一與言爲二，二與一爲三，自此以往，巧歷不能得，而況其凡乎？

在這裡，莊子對有無提出了批評，並反對一、二、三這樣的宇宙生成思維。可以看出，「有生於無」及「道生一，一生二，二生三」的思想在莊子時已經產生。在《老子》中「道」與「一」是相同的，在《莊子》中「道通爲一」。因此，「道生一」則是受到《莊子》中的氣論的影響，「道」和「氣」雖然都可以稱爲「一」，但「氣」是不同於「道」，《莊子·則陽》說：「天地者，形之大者也；陰陽者，氣之大者也，道者爲之公」，這是說「道」包括氣、陰陽、天地。《知北遊》中說：「通天下一氣耳」，這說明「道」比「氣」爲更根本的範疇，是「道」或「無」生出了「氣」，這樣可說「道生一」，「一」就是「一氣」，《淮南子·天文》說：「一而不生，故分而爲陰陽，陰陽合而萬物生，故曰：『一生二，二生三，三生萬物』」，「一氣」就是說世界爲一連續統一的整體，世界萬物的「底層相同」，都是「氣」所產生〔註17〕。也就是說，《老子》中的「道生一」，是戰國時期老子的「道」被精氣化的產物。《知北遊》說：「夫昭昭生於冥冥，有倫生於無形，精神生於道，形本出於精。」

　　在戰國時期，對有無關係的觀點有兩種：一是強調有無統一，二是主張有生於無。有無統一是老子的觀點，莊子繼承並有所發展，《莊子·齊物論》從「言」的方式取消了有無之間的關係，《莊子·知北遊》提出「無無」，對「有無」觀念進行了批評。《莊子》中的「無有」、「無無」也屬於有無統一的觀點，《莊子·大宗師》「修行無有」、《莊子·應帝王》「遊於無有者」、《莊子·

〔註17〕李存山：《中國氣論探源與發展》，中國社會科學出版社，1990年，122頁。

庚桑楚》則明確提出「天門者，無有也。萬物出乎無有」，這與《莊子・天下》描述老子思想爲「建之以常無有」是一致的。此外，在上博簡《恒先》中的「無有」，也是如此。「有生於無」則強調「無」是本體，「有」來源於「無」，《莊子・天地》「泰初有無」，認爲本源的狀態應該爲「無」，帛書本可能受到莊子後學的影響。

第二，老子宇宙觀與權力、社會的互動而產生的《老子》文本差異。

> 又（有）狀蟲成，先天地生。寂寥，蜀（立）不亥，可以爲天下母。未智（知）其名，字之曰道，吾強爲之名曰大。大曰逝，逝曰遠，遠曰反。天大，地大，道大，王亦大。國中又（有）四大安，王居一安。人法地，地法天，天法道，道法自然。〔註18〕

「天下」屬於政治哲學概念，而「天地」則爲一宇宙論概念。〔註19〕在這裡，老子的「道」不僅包括天地，也囊括天下，然後才可以說「王亦大」，這個域中不僅有自然也有社會。《管子・心術下》云：「君子執一而不失，能君萬物。日月與之同光，天地與之同理。」可見「執一」與天地有密切關係。《荀子・堯問》也說：「執一如天地，行微如日月。」更明確地把「執一」和天地聯在一起。老子思想中的這種傾向導致他的「道」，會在戰國時被「精氣」化。例如，此段中「狀」與帛書本、王本「物」的不同，即可發現其中的線索。《文子・道原》也引有老子的這句話。

> 老子曰：「有物混成，先天地生，惟象無形，窈窈冥冥，寂寥淡漠，不聞其聲，吾強爲之名，字之曰道。」

張岱年認爲，「道」是「無形而有象」的。〔註20〕郭店《老子》描述「道」是「有狀混成」，而帛書《老子》是「有物混成」（25章）。裘錫圭在對「狀」的討論中指出：「無狀之狀，無物之象」，「狀」必「物」合理。〔註21〕在這裡，郭店本與帛書本的區別就是，對「道」的指稱是「狀」和「象」，而「物」並不在其範圍之內，「道」是「無形而有象」，這向我們提出的問題就是在什麼

〔註18〕竹簡《老子》甲本，荊門市博物館編《郭店楚墓竹簡》，北京：文物出版社，1998年，122頁。

〔註19〕沈清松：《郭店楚簡〈老子〉的道論與宇宙論——相關文本的解讀與比較》，《中國哲學》，第21輯，遼寧教育出版社，2000年。

〔註20〕張岱年：《道家玄旨論》，《道家文化研究》（第4輯），上海古籍出版社，1994年，1～8頁。

〔註21〕裘錫圭：《以郭店老子簡爲例談談古文字的考釋》，《中國哲學》（21輯），瀋陽：遼寧教育出版社，2000年，185頁。

樣的思想語境下使用「物」來描述「道」。郭店楚簡《性自命出》第 12 章說：
「凡見者之謂物」，《莊子》用「物」來描述「道」。莊子說：「物物者與物無
際」，所謂「物物者非物，物出不得先物也，猶其有物也」（《知北遊》），「物
物者」即是「道」。但是，「今已爲物也，欲復歸根，不亦難乎！」（《知北遊》）
在戰國中期，「道」的精氣化，莊子以道的內在化來消解老子道的至上性，由
此萬物的自性及多樣面貌，得以在一個開放的無限可能中展現。與此同時，
有限性的物與無限性的道之間是一個整全。〔註22〕

　　此外，「道」的精氣化成爲「道」被「術」化的理論基礎，這在《老子》
不同文本之間是有蹟可尋的。

　　　　　天地之間，其猷（猶）橐籥與？虛而不屈，動而愈出。〔註23〕

在這裡，竹簡本卻少帛書本上段的「天地不仁，以萬物爲芻狗，聖人不仁，
以百姓爲芻狗」這句話，下段的「多言數窮，不如守中」在竹簡本的甲組他
處有相似的文句，即「守中，篤也」。在整個竹簡本中沒有發現批評儒家仁義
的字句。沈清松一方面說：「『可以爲天下母』，顯示其受到儒家影響，因而造
成對宇宙論思想的政治化的情形」，然而，在評論缺少「天地不仁，以萬物爲
芻狗，聖人不仁，以百姓爲芻狗」這句話時說，「更純粹地保存了其中的宇宙
論的意含，並更清楚的突顯了老子動態虛空的空間論，以及萬物在其中生生
不息的想法」，顯然沈清松在解釋楚簡文本時的原則並不一致。事實上，對於
郭店楚簡文本與其他諸本的比較與分析，應該放在先秦思想史的演變中來
看，可以發現不同《老子》編輯者的思想傾向，但是不能誇大。竹簡本與帛
書本的對照，我們發現，在竹簡《老子》中有政治的概念，不能因爲出現政
治的概念，便說是受到儒家的影響。對於政治概念的分析，主要是在於考察
老子政治思想在戰國時期的傳播發生了什麼變化：老子的「道」具體化爲一
種社會的秩序，有了實際可操作的內容，並且「道」被「術」化，成爲君主
支配民眾的手段。這樣來看，竹簡《老子》甲組第五章是純粹講宇宙論，在
帛書《老子》則在強調聖人要像天地一樣不能有任何的主觀意志，而是根據
事情的客觀變化來治理百姓，而這個原則就是頗具宇宙論色彩的「守中」。司

〔註22〕陳鼓應：《論道與物的關係問題——中國哲學史上的一條主線》，《哲學動態》，
　　　　2005 年，第 8 期。
〔註23〕竹簡《老子》甲本：荊門市博物館編《郭店楚墓竹簡》，北京：文物出版社，
　　　　1998 年，112 頁。

馬談在《論六家要旨》)中評述道家時指出：「道家……無成勢，無常形，故能究萬物之性。不爲物先，不爲物後，故能爲萬物主。有法無法，因時爲業；有度無度，因物興舍。」這充分說明，戰國中期以後，君主郡縣制的實行，君主權力的支配被法則化。

《老子》文本的讀法，也有這個方面的傾向。關於「人法地、地法天、天法道，道法自然」，這是傳統的讀法，唐代李約在其《道德眞經新注》對此有不同的讀法。他說：

> 「道大，天大，地大，王亦大」，是謂「域中四大」。蓋王者「法地」、「法天」、「法道」之三自然而理天下也。天下得之而安，故謂之「德」。凡言人屬者耳，其意云「法地地」，如地之無私載；「法天天」，如天之無私覆；「法道道」，如道之無私生成而已，如君君、臣臣、父父、子子之例也。後之學者謬妄相傳，皆云「人法地，地法天，天法道，道法自然」，則域中有五大非四大矣。豈王者只得「法地」，而不得「法天」、「法道」乎？天地無心，而亦可轉相法乎？又況「地法天，天法道，道法自然」是道爲天地之父，自然之子，支離決裂，義理疏遠矣。〔註24〕

高亨贊成這種觀點，但學術界主流的觀點是贊同傳統的看法。本文認爲，這兩種讀法是先秦不同時期的產物，王慶節對此的意見是值得重視的，「在老子哲學內部，除了有一個以『道生之』爲主要視角的，即以傳統的等級發生的神學宇宙論爲基礎的『有生於無』的一元論形上學系統之外，還應存有一個以『物形之』爲主要觀視角度的，『有（物）無（物）相生』的二元論的形上學系統。」〔註25〕但是，王慶節沒有看到春秋戰國之際與戰國晚期的不同的社會形態之間的區別，一種秩序與兩種秩序對立的不同，《易傳》中的「天尊、地卑、乾坤」即是戰國晚期兩種秩序觀念的反映。

第三節　《老子》不同文本中「道」與「德」的內涵

宇宙生成論的表達方式，是一種由上往下的「順生」分化，是由本體混

〔註24〕〔唐〕李約：《道德眞經新注》，《四部要籍注疏叢刊——老子》，中華書局，1998年。

〔註25〕王慶節：《海德格爾的「四方域」物論與老子的自然物論》，《解釋學、海德格爾與儒道今釋》，中國人民大學出版社，2004年，203頁。

沌到現象宇宙的分殊過程，也就是莊子所批評的「道術將爲天下裂」的「差異」「物化」歷程：至於工夫境界論的表達方式，則是由下往上說的「逆成」回歸，亦即「復歸其根」、「道通爲一」的「同一」境界。

　　（1）簡本（甲組）：致虛，恒也；守中，篤也。萬勿（物）方（旁）作，居以須復也。天道員員，各復其堇（根）。

　　　帛書（甲本16章）：至（致）虛極也，守情（靜）篤也，萬物旁（並）作，吾以觀其復也。

　　　帛書（甲本5章）：多聞數窮，不若守中。

　　春秋以前，人們對於宇宙的觀念是在「天體地形的觀察體驗和認識中，由天地四方的神秘感覺和思想出發的運思和想像」〔註26〕來形成的。因此，人們認爲自己處於天地的中心。張光直認爲，上古人類可能認爲世界上有「神秘力量」存在於普遍的事物與想像中，人們如果可以掌握這一神秘力量的法則或密碼，就可以採取積極的方式（法術）或消極的方式（禁忌）來運用或躲避，這種規則一般是依靠想像而發生效力的。〔註27〕據此來看，老子的「守中」可能與宇宙論有關。老子把巫術交通宇宙的方法人文化、哲學化。根據沈清松的研究，竹簡中的這段文字與方法論無關，只關涉道論與宇宙論的文本。帛書與通行本則強調：一、「至虛」「守靜」的主詞是人，而「至虛」「守靜」本身則是指人所使用的方法；二、「萬物並作」是針對人的意識狀態中的現象興起的一種比喻說法。三、「吾以觀復」明顯的提出「觀」作爲方法，此一方法適用於任何層面的對象，無論是宇宙或人事。〔註28〕這說明，郭店《老子》有心性化的傾向，但是還處於過渡期，應當在《孟子》、《莊子》之前，是戰國早期的文本。

　　　上士昏（聞）道，堇能行於其中。中士昏道，若昏（聞）若亡。下士昏（聞）道，大笑之。弗大九笑，不足以爲道矣。是以建言又（有）之：明道如昧，夷道【如類，進】＿○道若退。上德如谷，大白如辱，廣德如不足，建德如【偷，質】眞如愉，＿＿大方亡禺（隅），大器曼成，大音希聲，天象亡（形），道【善始且善成。】＿二

〔註26〕葛兆光：《中國思想史》（第2卷），復旦大學出版社，1998年，19頁。

〔註27〕張光直：《中國青銅時代二集》，三聯書店，1990年，18～24頁。

〔註28〕沈清松：《郭店楚簡〈老子〉的道論與宇宙論——相關文本的解讀與比較》，《中國哲學》，第21輯，遼寧教育出版社，2000年，168頁。

「董」〔註29〕，《管子·五行》注「董，誠也」，「董行之」即《禮記》之「篤行之」。〔註30〕劉殿爵注意到了帛書甲乙本與今本的差別，他把「董」字讀作「僅」，「僅能行之」表示即使上士，行道也是件大不容易的事，這樣，中士「若存若亡」便很合理了。〔註31〕劉殿爵的看法是不合理的，「董」應當是「誠」的意思。「德」在《老子》中是一個宇宙概念，《禮記·樂記》說：「德者，得也」。

> 竹簡《五行》說：仁形於內謂之德之行，不形於內謂之行；義形於內謂之德之行，不形於內謂之行；禮形於內謂之德之行，不形於內謂之（行；智形）於內謂之德之行，不形於內謂之行；聖形於內謂之德之行，不形於內謂之（德之）行。德之行五和謂之德；四行和謂之善。善，人道也；德，天道也。

龐樸認爲，「形於內則意味著，在此之前，仁是無形的，或者說，是形而上的。」〔註32〕本文同意龐樸的觀點，不同意把「德」解釋爲「內心的仁、義、禮、智、聖道德行爲活動」〔註33〕以及「內在心性的道德」〔註34〕的觀點。根據晁福林的研究，在《五行》篇中，仁、義等五種德行，乃是天之所有者，完全超乎人之上。從楚簡《五行》來看，儘管當時的人們已經有了「形於內」與「形於外」之「德」的區分，但「德」仍然沒有完全從天命的束縛中擺脫出來。〔註35〕《說文·心部》：「悳，外得於人，內得於心也。從直，從心。」這也是對晁福林觀點的一個佐證。郭店楚簡是子思學派的作品，這說明《老子》文本正處於由宇宙之德向心性之德的一個轉變時期。在竹簡《五行》中

〔註29〕《老子》第6章「綿綿若存，用之不勤」，于省吾《老子新證》：「勤」應讀「覲」。古代銅器銘文中，「勤」、「覲」都寫作「董」。「覲」，即「見」的意思，是說道雖然「綿綿若存」，而用之不可見。《老子》52章「終身不勤」，「勤」，馬敘倫說是當「瘽」字。

〔註30〕趙建偉：《郭店竹簡老子校釋》，《道家文化研究》（17輯），生活·讀書·新知三聯書店，1999年，279頁。

〔註31〕劉殿爵：《馬王堆漢墓帛書〈老子〉初探》（上），香港：《明報》月刊，總第200期，1982年8月，17頁。

〔註32〕龐樸：《天人三式——郭店楚簡所見天人關係試說》，《郭店楚簡國際學術討論會論文集》，湖北人民出版社，2000年，33頁。

〔註33〕張立文：《略論郭店楚簡的「仁義」思想》，《孔子研究》，1999年第1期。

〔註34〕郭沂：《郭店竹簡與先秦學術思想》，上海教育出版社，2001年，147頁。

〔註35〕晁福林：《先秦思想「德」觀念的起源及發展》，《中國社會科學》，2005年第4期。

有仁、義、禮、智、聖五種，在《老子》中「玄德」、「常德」、「上德」、「孔德」、「廣德」、「健德」、「質德」。此外也說明了「天人之分」，《窮達以時》說：「有天有人，天人有分。察天人之分，而知所行矣」，這也正是《五行》所說的「善，人道也；德，天道也」。這一方面可以說是將「直」「心」構成的「德」字屬人化、非宇宙論化，另一方面也可說是「道」字宇宙論意味的強化，舉凡萬物中之德，亦皆以「道」稱之。〔註36〕在郭店《老子》中討論「德」的還有如下幾例：

> 含德之厚，比如赤子……。（甲組）

> 是謂重積德，重積德則無不克。（乙組）

> 修之身，其德乃貞；修之家，其德乃有舍（餘）；修之向，其德乃長；修之邦，其德乃奉（豐）。（修之天下，其德乃）（乙組）

從宇宙向心性道德的訴求在《禮記・大學》也有體現，「古之欲明明德於天下者，先治其國；欲治其國者，先齊齊家；欲齊其家者，先修其身；欲修其身者，先正其心；先誠其意」。

第四節　從治國思想看《老子》文本的變遷

　　《老子・三十六章》有「報怨以德」之語，《論語》中記載孔子對於「抱怨以德」的批評。足證孔老同處春秋晚期並非虛構。但《論語》中無「仁義」並舉之例，《老子》書中「大道廢，有仁義」、「絕仁棄義」等句不能出現於春秋末年，顯係後人所附益。〔註37〕「實際上儒道兩家同中有異，異中有同，就其異者觀之，學派間觀點對立的極化，要在戰國中期之後。百家爭鳴體現在戰國中期，各學派間是相互影響、相互融合，但正如《齊物論》所說『以是其所非而非其所是』的現象，也十分突出。而今本《老子》『絕聖棄智』、『絕仁棄義』這樣的語義，應該是反映了戰國中後期學術觀點對立極化的情況〔註38〕。衡諸春秋末年到戰國初的史實，老、孔之間及其學說並未產生強烈的對立現象。簡本『絕智棄辯』、絕偽棄詐（應作『絕偽棄慮』）正是反映

〔註36〕沈清松：《郭店楚簡〈老子〉的道論與宇宙論——相關文本的解讀與比較》，《中國哲學》，第21輯，遼寧教育出版社，2000年，169頁。

〔註37〕張岱年：《序》，《帛書老子校注》（高明撰），中華書局，1996年。

〔註38〕《史記・老莊申韓列傳》說：「世之學老子者則黜儒學，儒學亦黜老子。『道不同不相為謀，』豈謂是邪？」

了這一時期的思想氣候。」〔註39〕

（1）簡本（甲組）：絕智棄辯，民利百倍；絕巧棄利，盜賊亡有。絕僞棄詐，民復孝慈。

帛書（甲本19章）：絕聲（聖）棄知（智），民利百負（倍）。絕仁棄義，民復畜（孝）慈（慈）。絕巧棄利，盜賊無有。

根據竹簡《五行》，「聖」是德行之一，而不是「聖人」的意思。「絕聖棄智」在《莊子》〔註40〕中出現兩次，一是《莊子·在宥》中說：「絕聖棄（智）知而天下大治」，一是《莊子·胠篋》說：「絕聖棄智，大盜乃止」。〔註41〕此外，在《莊子·盜跖》對「聖」提出批評，因此，可以看出在《老子》文本及其思想的傳播過程中出現了一種批評「聖」觀念的思想。本文認爲，這是戰國時期諸子對「先王」觀展開熱烈討論的反映，《韓非子·顯學》說：「故明據先王，必定堯、舜者，非愚則巫也。愚巫之學，雜反之行，明主弗受也」，「以仁義教人，是以智與壽說人也，有度之主弗受也。」其討論的實質是對於戰國時期君主對於自耕農支配的合法性與社會秩序問題。莊子及其後學也被置於這樣的話語之下，《莊子·人間世》說：

仲尼曰：「天下有大戒二：其一，命也；其一，義也。子之愛親，命也。不可解於心；臣之事君，義也，無適而非君也，無所逃於天地之間。是之謂大戒。以夫事其親者，不擇地而安之，孝之至也；夫事其君者，不擇事而安之，忠之盛也；自事其心者，哀樂不易施乎前，知其不可奈何而安之若命，德之至也。爲人臣、子者，固有所不得已。行，事之情而忘其身，何暇至於悅生而惡死！」

在莊子思想中，既不承認有一首出庶物之天，因亦不承認有一首出群倫之皇帝。既不承認有一本於此而可推之彼之標準與道，這一切物皆然，則人生界自亦不能例外。〔註42〕但是，莊子在上述的政治框架下，「天」自然而然成爲

〔註39〕陳鼓應：《從郭店簡本看〈老子〉尚仁及守中思想》，《道家文化研究》（第十七輯），生活·讀書·新知三聯書店，1999年。

〔註40〕王夫之說：「內篇雖與老子相近，而別爲一宗，以脫御其矯激權詐之失。外篇則但爲老子作訓詁，而不能探化理於元微。故其與內篇相發明者十之二三，而淺薄虛囂之說雜出而厭觀，蓋非出一人之手，乃學莊者雜輯以成書。」

〔註41〕關鋒在《莊子外雜篇初探源》中，以《駢拇》、《馬蹄》、《胠篋》、《在宥》爲一組，稱之爲老子後學左派所作。劉笑敢則在《莊子哲學及其演變》中把這幾篇章歸之爲莊子後學中的無君派。

〔註42〕錢穆：《道家政治思想》，《莊老通辨》，生活·讀書·新知三聯書店，2004年，

一虛無體，則君主亦成為一個虛無體。先秦始終受到先王觀的影響，局限在君主制之下。因此，莊子及其後學對於政治的討論還是繼承了老子的無為，《莊子》中有三個較長的段落都將「無為」歸之於老聃，分別見於《莊子》的《天運》、《田事方》、《天下》等篇；此外，另有五段文字也是論述「無為」的，其內容或者與《老子》相類，或者是對《老子》的解釋，分別見《莊子》的《在宥》（《老子》13 章）、《至樂》（《老子》21、37、39 和 48 章），《知北遊》（《老子》48 章），《庚桑楚》（《老子》37 和 48 章），《則陽》（《老子》37 和 48 章）。〔註43〕因此，竹簡本與帛書本的不同，反映了不同時期「無為」觀念的內涵不同。從郭店《老子》還看不出對仁義的批評，莊子反對將仁義的道德規範變成桎梏人心的「繩墨」，《莊子‧人間世》說：「強以仁義繩墨之言」；並批評統治者把仁義作為統治的工具，「藏仁以要人」（《莊子‧應帝王》）。《莊子‧駢拇》說：

> 自三代以下者，天下莫不以物易其性矣。小人則以身殉利，士
> 則以身殉名，大夫則以身殉家，聖人則以身殉天下。故此數子者，
> 事業不同，名聲異號，其於傷性以身為殉，一也。

《莊子‧胠篋》則說：

> 為之仁義以矯之，則並與仁義而竊之。彼竊鈎者誅，竊國者為
> 諸侯，諸侯之門而仁義存焉。

這句話同時也出現在郭店竹簡《語叢四》：「竊鈎者誅，竊邦者侯。諸侯之門，義士之存」。可以看出，在《莊子‧胠篋》中把「義士」改為「仁義」，從對社會現象的批評演變為對仁義觀念的批評與反思。在這裡，莊子批評的「仁義」是君主支配百姓權力的價值意義，並不是針對人類文明的建設而言，這反映出戰國時期君主的政治控制依賴於人類文明的成果，但是在政治控制下人類文明被形式化、工具化、技巧化。在這種意義下，莊子的「無為」更多的是從心性的意義而言，儘管莊子如老子一樣用「無為」來形容「道」，並且把它用來對於宇宙變化的描述，然而莊子將「無為」心性化之後，強調的是個人的某種心態，而非「無為」的社會政治結果。〔註44〕在這種思想脈絡下，

---

　　111 頁。

〔註43〕安樂哲：《主術：中國古代政治藝術之研究》，北京大學出版社，1995 年，48
　　　　頁。

〔註44〕安樂哲：《主術：中國古代政治藝術之研究》，北京大學出版社，1995 年，45
　　　　～46 頁。

即可發現莊子及其後學批評仁義的意義：

> 聞在宥天下，不聞治天下也。在之也者，恐天下之淫其性也；
> 宥之也者，恐天下之遷其德也。天下不淫其性，不遷其德，有治天
> 下者哉？……故君主不得已而臨莅天下，莫若無爲。無爲也而後安
> 其性命之情。故曰：「貴以身爲天下，則可以託天下，愛以身爲天下，
> 則可以寄天下。」(《莊子·在宥》)

郭店《老子》在前三項內容中重新設定了目標，反對墨家式的狡猾善辯。瓦格納根據聯鎖平行結構，認爲這是有意識地改動文獻，但同時文獻本身已經處於非常完善的狀態，使這類改動被局限在最低限度內〔註45〕。

> （2）簡本（丙組）：大道廢，安有仁義；六親不和，安有孝慈；
> 邦家昏□，有正臣。

> 帛書（甲本18章）：故大道廢，案有仁義。知（智）快（慧）
> 出，案有大僞。六親不和，案有畜（孝）茲（慈）。邦家（昏）亂，
> 案有貞臣。

在這裡，竹簡本與帛書本的同異取決於對「安」的理解，如果把「安」理解爲「於是」，則這句的意義在兩個本子之間是相似的；如果，「安」當「則能」理解，則句子的意義在兩個本子之間是相反的。

> （3）簡本（甲組）法物滋彰，盜賊多有。

> 帛書（甲本57章）：法【物滋彰，而】盜賊【多有】。

> 帛書（乙本57章）：【法】物滋【滋】章【彰】，而盜賊【多有】。

> 王本（57章）：法令滋彰，盜賊多有。

「法物」，河上公注爲「珍好之物」。戰國中期至秦漢的黃老道家均不反對法度制定，則作「法令」者，蓋爲淮南以降至魏之玄學家的傳本。〔註46〕這樣，簡本與帛本同爲老學發展到黃老學之援法入道打開了一條通道。〔註47〕

此外，在莊子對老子仁義持批評的同時，《文子》不僅肯定了老子的仁義

〔註45〕（美）艾蘭、（英）魏克彬、邢文編譯：《郭店老子——東西方學者的對話》，學苑出版社，2002年，150頁。

〔註46〕趙建偉：《郭店竹簡老子校釋》，《道家文化研究》（第17輯），生活·讀書·新知三聯書店，1999年，291頁。

〔註47〕陳鼓應：《從郭店簡本看〈老子〉尚仁及守中思想》，《道家文化研究》（第17輯），生活·讀書·新知三聯書店，1999年。

觀念，並且對老子中的仁義觀念進一步系統化。

　　　　文子問德，老子曰：蓄之養之，遂之長之，兼利無擇，與天地
　　　合，此之謂德。何謂仁？曰：爲上不矜其功，爲下不羞其病，於人
　　　不矜，於人不偷，兼愛無私，久而不衰，此之謂仁也。何謂義？曰：
　　　爲上則輔弱，爲下則守節，達不肆意，窮不易操，一度順理，不私
　　　枉撓，此之謂義也。何謂禮？曰爲上則恭嚴，爲下則卑敬，退讓守
　　　柔，爲天下雌，立於不敢，設於不能，此之謂禮也。故修其德則下
　　　從令，修其仁則下不爭，修其義則下平正，修其禮則下尊敬，四者
　　　既修，國家安寧。故物生者道也，長者德也，愛者仁也，正者義也，
　　　敬者禮也。不畜不養，不能遂長，不慈不愛，不能成遂，不正不匡，
　　　不能久長，不敬不寵，不能貴重。故德者，民之所貴也；仁者，民
　　　之所懷也；義者，民之所畏也；禮者，民之所敬也。

上引今本《文子》的主要內容在簡本《文子》也出現，其觀點把仁、義、禮、
聖、知與道德統一起來。但帛書本對其則持批評態度，「故失道而后德，失德
而後仁，失仁而後義，失義而後禮。夫禮者，忠信之薄而亂之首。」（38 章）
《老子》中核心結構是「道——德」，「德」失去了「道」，指向了「仁」、「義」、
「禮」，「禮」不能返回「道」，成爲規範與形式，便成爲「亂之首」。《文子》
把道、德、仁、義、禮重新置於宇宙生成的序列，把《老子》中單一序列變
爲一個循環的序列。

《老子》、《文子》道、德、仁、義、禮序列圖

道→德→仁→義→禮　《老子》的結構

道⇄德⇄仁⇄義⇄禮　《文子》的結構

在這個序列中，自然與社會融合在一起，這個融合的基礎是「道」與「德」
的一體化，《文子・微明》說：「德之中有道，道之中有德，其化不可極」。戰
國時期，這種新的人文建構的方向是源於宇宙與心性的貫通，這在《管子・
心術上》中也有說明：「虛無無形，謂之道；化育萬物，謂之德；君臣父子，
人間之事，謂之義；登降揖讓，貴賤有等，親疏之體，謂之禮；簡物小未一
道，殺僇禁誅，謂之法」。西周時期的人文建構是宗教與人文的一致，人文始
源於宗教，當人文形式化後，便不能返於宗教，這是老子 38 章所批評的。在
《老子》中「德」具有宇宙、人性、政治的內涵，它們統一於「道」中，但
就「德」的層面來看，三者是分離的。在《管子・心術上》中，「道→德→義

→禮→法」的序列的出現，是建立在「道」被氣化之後，人能通過心性的修養貫通宇宙，對人文進行新的反思。因此，對於《老子》三十八章的理解，並不能排除在新的社會思潮下它的新意義。

郭店楚簡（丙組）說：「太上，下知有之，其次，親譽之，其次，畏之，其次，侮之。信不足，焉有不信。猶乎其貴言也。成事遂功，而百姓曰：我自然也。」

《文子·自然》：故國有誅者而主無怒也，朝有賞者而君無興也，誅者不怨君，罪之當也，賞者不德上，功之致也；民之誅賞之來，皆生於身，故務功修業，不受賜於人，是以朝廷蕪而無蹟，田野闢而無穢，故「太上下知而有之」。王道者，處無爲之事，行不言之教，清靜而不動，一度而不搖，因循任下，責成不勞，謀無失策，舉無過事，言無文章，行無儀表，進退應時，動靜循理，美醜不好憎，賞罰不喜怒。名各自命，類各自以，事由自然，莫出於己，若欲狹之，乃是離之，若欲飾之，乃是賊之。天氣爲魂，地氣爲魄，反之玄妙，各處其宅，守之勿失，上通太一，太一之精，通合於天。天道嘿嘿，無容無則，大不可極，深不可測，常與人化，智不能得，輪轉無端，化逐如神，虛無因循，常後而不先。其聽治也，虛心弱志，清明不暗，是故群臣輻湊並進，無愚智賢不肖，莫不儘其能，君得所以制臣，臣得所以事君，即治國之所以明矣。

《韓非子·難三》：今有功者必賞，賞者不得君，力之所致也；有罪者必誅，誅者不怨上，罪之所生也。民知誅罰之皆起於身也，故疾功利於業，而不受賜於君。「太上，下智有之」，此言太上之下民無說也，安取懷惠之民？上君之民無利害，說以「悅近來遠」，亦可捨己！

《文子》、《韓非子》在對《老子》第17章首句的語境建立，在其文法處理上是一致的。〔註48〕他們都從《老子》中與這一章緊挨著的其他部分引用文句，並且都在寬泛的意義上理解《老子》。老子的理想是小國寡民，所批評的是一個從古代理想生活樣式下降的過程，聖人是不會以強制的政治和社會規範來約束老百姓的自然發展。《文子》在老子既定的思想框架下，把宇宙論與人性

〔註48〕（德）瓦格納：《王弼〈老子注〉研究》（上），江蘇人民出版社，2008年，186頁。

論聯繫在一起，把「無爲」的思想指向了新的人文建構。從歷史年代來看，《文子》可能要早於《韓非子》，《文子》受到了戰國中期諸子心性論的影響，《文子》從宇宙出發，貫通心性，指向了政治。《韓非子》則完全從政治治理的角度來講，「最高等級的治理者將以這樣一種方式來安置事物，在這種方式下，百姓知道他們的命運依賴於抽象的、匿名的法律對他們行爲的評判，而不是依賴於治理者的施恩與否」。〔註 49〕

第五節　從《老子》文本結構的變化看老子思想的傳播與演變

郭店《老子》只有甲組的六十四章和丙組的六十四章相重，但是甲組有上半段，乙組沒有。與帛書本最大的不同，《郭店》老子的六十四章的上半段與下半段不是一章，這一點現在都成爲學術界的常識。但是對於討論兩段由分離到合成一章的原因，尚不多見。日本學者池田知久注意到了這點，並考察《韓非子・喻老》、《戰國策・楚策一》、賈誼《新書・審微》、《史記・蘇秦列傳》引用《老子》六十四章的情況，發現引用只有上段一部分。〔註 50〕顯然，帛書甲本要早於《史記・蘇秦列傳》，池田知久的考察也只能用於推測，並不能解決由分離到合併的原因。池田知久關於《老子》受到《荀子》「積微」思想的影響對於本文是有啓發的，但他說：「馬王堆甲本、乙本及王弼本《老子》，如上文『甲本第六十三章』（郭店簡）所指出的那樣，受到了戰國晚期荀子的『積微』思想的壓倒性影響」〔註 51〕。池田知久認爲荀子的思想影響了郭店甲本，這是源於他認爲郭店楚簡下葬時間的下限爲公元前 278 年，而不是公元前 300 年，而荀子生活於公元前 314 年至公元前 233 年左右。〔註 52〕本文認爲，老子的「積微」觀念影響了《荀子》，荀子在《勸學篇》將其發揚

〔註 49〕　（德）瓦格納：《王弼〈老子注〉研究》（上），江蘇人民出版社，2008 年，185頁。

〔註 50〕　（日）池田知久：《郭店楚簡〈老子〉各章的上中下段——從〈老子〉文本形成史的角度出發》，《池田知久簡帛研究論集》，中華書局，2006 年，331～332頁。

〔註 51〕　（日）池田知久：《郭店楚簡〈老子〉各章的上中下段——從〈老子〉文本形成史的角度出發》，《池田知久簡帛研究論集》，中華書局，2006 年，365 頁。

〔註 52〕　（日）池田知久：《郭店楚簡〈老子〉——形成階段的〈老子〉最古文本》，《道家文化研究》（第 17 輯），生活・讀書・新知三聯書店，1999 年。

光大。荀子又影響了帛書《老子》將其兩段合爲一段。下面，本文分析這其中思想觀念的變遷過程。其一，郭店甲本與丙本第六十四章下段的不同：

> 臨事之紀，愼終如始，此亡敗事矣。（郭店《老子》甲）

> 愼終若始，則無敗事矣。人之敗也，恒於其且成也敗之。（郭店《老子》丙）

甲本與丙本的不同在於，甲本自始自終是「聖人」，而丙本這一段文章後半部分的主語只是一般的「人」。這種文本差異所揭示的是思想的不同，馬王堆甲本、乙本、王弼本中所見「聖人」與「民」二者對立之強調，以及「聖人」對「民」教化之強調，這些思想來自於郭店丙本。〔註53〕甲本的「聖人」是老子「無爲」的模式，反映了道家的無政府主義思想，而丙本的「聖人——民」的模式，反映了戰國時期君主對百姓的支配，這種君主郡縣制的色彩滲透在《老子》文本的傳播上。其二，郭店甲本上段與下段的不同。上段爲「爲」的思想與下段「無爲」之間的對立。

> 其安也，易持也。其未兆也，易謀也。其脆也，易判也。其幾也，易散也。爲之於其二五亡有也。治之於其未亂。合□□□□□□□，九成之臺甲□□□□□□□□□二六足下。（郭店《老子》六十四章上段）

> 爲之者敗之，執之者遠_○之。是以聖人亡爲故亡敗；亡執故亡失。臨事之紀，愼終如始，此亡敗事矣。聖人欲不欲，不貴難得之貨，教不教，復眾之所過。是故聖人能輔萬物之自然，而弗__能爲。
> （郭店《老子》六十四章下段）

在帛書《老子》中上下兩段合爲一章，是什麼樣的觀念把「爲」與「無爲」聯繫在一起。在老子政治思想的核心是「無爲」，但是要達到「無不爲」的理想狀態。在老子「無爲無不爲」的思想中包含了主體的「有爲」，這種「有爲」強調的是主體道德性的提高，而不是欲望的膨脹。在這種意義下，「我無爲而民自化」、「我無事則民自富」、「我無欲而民自樸」則強調了聖人道德修養在政治上的表現。郭店六十四章上段沒有主語，是對「道」的規律性的一種描述。戰國晚期，受到治國思想的影響，老子所提出的「道」被「術」化，因此，把描寫「道」的客觀規律也納入了無爲而治的君人南面之術。這樣，就出現了帛

〔註53〕（日）池田知久：《郭店楚簡〈老子〉各章的上中下段——從〈老子〉文本形成史的角度出發》，《池田知久簡帛研究論集》，中華書局，2006年，332頁。

書《老子》把郭店《老子》中六十四章的上段、下段合爲一章的現象。

　　從上述先秦時期的不同《老子》文本來看，《老子》的形成與傳播，實際上關聯著許多歷史與思想觀念，並與社會的發展緊密結合在一起。郭店《老子》的三組並不是按修身、治國、天道的主題分組，這些主題之間是互相關聯著，很難截然分離。對於《老子》文本及思想觀念的演變，可以在一定程度上說明戰國時期老子後學的形成與發展過程，也可以呈現出先秦諸子學術思想之間的關聯。但是，本文上述的討論，遠遠不足以解決《老子》形成、傳播過程的難題，只是在老子與先秦學術思潮的對話與爭鳴之間，以及學術思潮對《老子》文本演變的影響作一定意義的嘗試研究。

結　論

　　本文闡述了老子思想產生的歷史基礎，以及《老子》文本在演變過程中
的思想變遷；其次分析老子思想體系的構成及其展開，並考察老子思想對先
秦諸子的影響，先秦諸子對老子思想的吸收、改造及其承接的環節與發展的
軌蹟。

一、簡述老子對先秦諸子思想影響的幾個階段

　　中國文明的起源路徑，決定了老子思想的思維方式。然而春秋末期，「禮
崩樂壞」，封建秩序幾乎瓦解。社會一切在變，老子「自然」觀念衍生出了「變
化」觀念，即事物從「非常道」回到「常道」，從「不自然」回到「自然」的
一種過程。因此，「自然」與「變化」是老子對諸子思想影響的形而上說明。
老子對先秦思想的影響分爲三個階段：

　　一是公元前 562 年至公元前 385 年，中國正處於春秋戰國之際，禮樂文
明的生產方式陷入危機，最終變成死的教條。中國文明該往何處去，基於這
個問題，老子與孔、墨相繼對禮樂文明展開批評。老子從超越的宇宙本體「道」
出發，把「先王」觀束縛於自然天道，試圖回到「小國寡民」的社會；封建
社會解體，貴族已經不再壟斷知識，「士」的來源、構成發生了很大變化。孔
子主張通過「學而優則仕」，改變社會地位角色。這種認識決定了孔子從社會
主體人出發，在老子「自然」觀念的基礎上，把「禮」中的「德」觀念內化
爲「仁」；墨子在此基礎上揚棄和改造了禮樂中的宗教精神，提出了「天志」，
「輪人之有規，匠人之有矩」。這個天從形式上主宰著宇宙人類，內容上卻是
人的意義，既有超越的意義，又有現實的意義。以「天志」作爲「兼愛」的

根據，關心庶民「利」的客觀價值，其「兼愛」側重於經驗主義，從而實現了對老子、孔子思想的綜合與創新。

二是由公元前 384 年至公元前 288 年，這一時期各國展開改革，個體意識覺醒，那個被孔子所論證的客觀的社會與文化秩序——「禮」，已經蕩然無存。孔子的私學在事實上促進了這種階級結構與社會構成的變動。然而，更激烈的變動是經過政治鬥爭與戰爭實現的，封建秩序在某種程度上已經瓦解，上層的權力結構重新組合，出現了君主郡縣制，平民也躋身於權力機構之中。面對社會的流動，以及人的身份與地位的變遷，老子的「德」、孔子的「仁」、墨子的「兼愛」，並不能解釋社會的現實問題。在這個時代，先天的文化秩序與人的精神與道德存在什麼關聯，是諸子所關心的問題。這就要求老子的「道」內在化，使其具有人生內在精神境界的意義。「道」的內在化是以「精氣」理論爲前提。《管子》四篇實現了這個理論轉變，指出「氣」對於天地萬物的意義，以及「氣」對於身心的作用。在此基礎上，孟子與莊子展開了各自的心性論。孟子由內向外再到內，強調人應該從良知出發，進行倫理生活實踐，在這個過程中擴充四端，終得「浩然之氣」；莊子則從否定感官欲望的角度出發，經「心齋」、「坐忘」、「喪我」超越了感官欲望，從外向內回歸。然而在獲得本然之性後，又由內向外，與社會生活融爲一體。這兩種不同的路徑都是源於老子的「虛靜」與「擴充」，二者是不可分離的，只是由於出發點不同，形成了重點不同的兩種修養方法。

三是公元前 288 至公元前 221 年，戰國晚期的社會趨向於統一，君主的權力經過政治改革空前增大。在這種歷史趨勢下，老子思想中的先王觀終於擺脫了自然天道觀的束縛。君主成爲「道」的唯一支配者，並且自我規定、自我決斷。因此，建立一個新的天下秩序，成爲時代的選擇，也是諸子所熱烈討論的。《黃帝四經》提出「道生法」的命題，社會秩序由此得到了形而上的根據，使老子的「道」與現實社會相結合；在此基礎上，荀子提出「天人相分」，讓社會秩序獨立於自然秩序，但又不離自然秩序。這樣，荀子的「禮義」秩序確立了君主支配社會的地位，並把這種君主權力道德化。與荀子不同，韓非把老子的「道」與政治相結合，把「道」解釋爲「法」的根據，使「法」成爲天下人之法，「術」成爲君主運用權力的能力。

二、先秦諸子對老子思想的吸收和改造

　　先秦的社會性質決定了諸子對老子思想的吸收，同時又進行了一定程度的改造。他們各自對老子思想作不同的詮釋，或依據於老子的文本表述，或直接在觀念上予以繼承和發展。

　　第一，經學思維的產生是以血緣社會爲基礎，血緣社會變化較慢，注重傳統的力量。「注釋是維持長老權力的形式而注入變動的內容。在中國的思想史中，除了社會變遷急速的春秋戰國這一個時期，有過百家爭鳴的思想鬥爭的場面外，自從定於一尊之後，也就是在注釋的方式中和社會的變動謀適應。」〔註1〕先秦社會的結構性質決定了諸子思維的特點，對於老子思想的傳播與影響，雖不像秦漢以後的那種經學的模式占主導地位，但是經學思維是佔有一定地位的。《莊子·天下》明確指出，諸子思想起源於「古之道術」。老子的思想創新是建立在對禮樂文明的批評與轉化之上。從文獻的意義上來說，《老子》中有「古之所謂『曲則全』者」（22 章）、「建言」（41 章）、「執古之道」（42 章）、「用兵有言」（69 章）等，均反映出老子的「述古」思想。〔註2〕因此，這也決定了老子作爲中國思想史上第一位思想家對諸子的影響作用。但是，先秦又是地緣社會，諸子作爲自由的士，又具有創新的一面。

　　第二，先秦諸子以自己學派的立場、價值作爲思想的主體來詮釋老子思想。戰國中期，在心性論思潮之下，孟子與莊子因各自的學派立場不同，對老子吸收、改造也不同。孟子站在儒家的立場，將老子「自然」觀念中的「無爲」主體加以倫理化、實踐化，突出人與社會的關係，並將人性規定爲「四端」；莊子則站在道家的立場，把老子的「道」內在化，並把「天」進一步抽象，賦予「自然」的意義，使天與人之間的合一，在心性的層面得以實現。在這個意義上來說，老子思想對於先秦諸子的思想創新是一個基礎，也正是因爲諸子各自不同的學派立場形成了戰國時期的「百家爭鳴」。

　　第三，先秦諸子對老子思想的吸收、改造與社會思潮緊密結合在一起。在先秦時期，老子提出的「道」論有四個方向的發展，一是《管子》四篇將「道」精氣化，討論「道」與天地萬物的內在關聯；二是《黃帝四經》將「道」

〔註1〕費孝通：《名實的分離》，《鄉土中國　生育制度》，北京大學出版社，1998 年，79 頁。

〔註2〕熊鐵基、馬良懷、劉韶軍：《中國老學史》，福建人民出版社，1995 年，47～52 頁。

客觀化，作爲社會秩序的根據；三是莊子對「道」的內在心性化，賦予天「自然」的意義；四是韓非將「道」政治化，使「道」成爲君主支配權力的根據。這四種方向都與社會思潮緊密結合。春秋戰國時期，諸子都關心世界秩序的問題，但因時代社會思潮的不同，先秦諸子或在「宇宙觀」立論，或偏於「心性」取向，或專注於「治國」的討論，或傾向於語言邏輯的討論等等。從整體而言，秩序背後的經濟、政治和社會結構無不是諸子思考的對象。

三、老子在先秦思想史中的地位

老子是中國思想史上具有開創性的思想家，對先秦思想的發展有承先啓後的作用。具體而言，表現爲以下幾個方面：

第一，老子的「道」是先秦諸子思想體系建立的一個基礎。老子思想的結構是「道——德」，在戰國時期因社會的變化，諸子對其展開的內容差異很大。《莊子‧天下》說：「天下大亂，賢聖不明，道德不一。」顯然，各家學派圍繞「道」的建構展開，老聃的「道」在諸子中的地位最高，獲得了「古之博大眞人」的稱號。老子的「道」是超越的、開放的，諸子的學說都建立在「道」之上，「大道氾兮，其可左右」（34 章），在這個意義上，郭沫若稱老子爲「百家的元祖」。〔註 3〕老子的宇宙觀、心性論、治國思想，其中所提出的問題和哲學範疇，如道、德、陰陽、無爲、自然、化、虛靜、器等等，爲而後的先秦諸子所反覆討論和發揮。諸子也正是通過對這些概念和命題的闡發促進了先秦思想的發展，並且這些概念和命題也日趨時代化與社會化，成爲諸子關注的焦點。

第二，老子的「自然」觀念否定了三代以來的「祖傳的即是正確」的眞理認知標準，這爲先秦思想的發展奠定了基礎。「自然」的「然」有「爲眞」的判斷意義，如孔子的「仁」、《中庸》的「誠」、《莊子》的「眞」，都與「自然」的意義相符合。韓非子的「法」雖然一方面違背「自然」的意義，但另一方面又是以「自然」爲基礎。「自然」觀念對諸子的影響，是有文本依據的，〔註 4〕或通過相關的詞語代替，或用另外的比喻、寓言隱藏式的表達「自然」

〔註 3〕錢基博說：「獨《老子》冠時獨出，爲諸子之祖。」（《中國文學史‧上古文學》）
〔註 4〕《管子‧形勢》中的「其事若自然」；《莊子》中出現八次，「順物自然」（《應帝王》）、「常因自然而不益生」（《德充符》）、「無爲而才自然矣」（《田子方》）、「應之以自然」「調之以自然之命」（《天運》）、「莫之爲常自然」（《繕性》）、「知堯桀之自然而相非」（《秋水》）、「自然不可易也」（《漁夫》）；《荀子》中出現

之義。因此，「自然」觀念是諸子進行思考與理論構建的一個前提。

　　第三，老子思想的過渡性特點在一定程度上影響和促成了先秦學派的分化，在思想學術的交融過程中老子的學術地位也逐漸確立。韓非在其《顯學篇》中說：「儒分爲八，墨離爲三」。道家則分爲楊朱學派、列子學派、莊子學派和黃老學派等。先秦百家的發展、演變與《老子》的傳播息息相關。諸子百家存在眾多的學派，學派之間關係緊密，相反相成。相反相成不僅表現在不同學派之間，也表現在同一學派內部。一方面，同一學派之間存在師承關係，它們在學術觀點上一脈相承，但因時代的不同而表現出不同的思想面貌。以儒家爲例，孟子、荀子都繼承孔子的學說，因思想重心的差異，遂生發出「性善」與「性惡」的不同，而老子在這其中因時代的不同所發生的影響也不同。另一方面，同一學派之間雖然也存在師承關係，不過在學術觀點上卻不是一脈相承的，而是演變成了其他觀點，成爲對立的學派。這在荀子與韓非子之間的關係最爲明顯。老子思想中存在著公與私之間的對立，這是春秋末期時代的性質所決定的。荀子對「私」堅決予以否定，「化性起僞」，「聖人縱其欲，兼其情，而制焉者理矣；夫何強？何忍？何危？故仁者之行道也，無爲也；聖人之道也，無爲也；聖人之行道也，無強也」（《荀子·解蔽》）。韓非則把這種「公」與「私」轉化爲「法」與「術」，試圖達到國家利益與君主利益的統一。這種現象在道家內部也存在，老子的「道」存在「常道」與「非常道」之間的對立，即「道」的普遍性與社會現實之間的矛盾，使得老子後學因對「道」的理解各異，宋鈃、尹文一派發展爲名家，田駢、愼到一派發展爲法家，關尹一派發展爲術家，莊子將老子的「道」心性化。因此，諸子學的發展與演變存在眾多原因，其中與老子思想的傳播是有一定關聯的。

兩次，「不事而自然謂之性」（《正名》）、「感而自然」（《性惡》）；《墨子·經說上》「用無諾若自然矣」；《韓詩外傳》「能隨天地自然」；《韓非子》中出現八次：「隨自然而臧獲有餘」「恃萬物之自然而不敢爲」（《喻老》）、「不令而自然也」「廢自然」（《安危》）、「守自然之道」（《功名》）、「因自然」（《大體》）、「勢必於自然」、「此自然之勢也」（《難勢》）。

參考文獻

A

1. （美）艾蘭，（英）魏克彬，郭店老子——東西方學者的對話〔M〕，北京：學苑出版社，2002 年

2. （美）艾蘭，「亞」形與殷人的宇宙觀〔J〕，中國文化，1991，4A。

3. （美）愛蓮心，嚮往心靈轉化的莊子——內篇分析〔M〕，南京：江蘇人民出版社，2004 年

B

1. 〔漢〕班固撰、〔唐〕顏師古注，漢書〔M〕，北京：中華書局，1962。

2. 白奚，稷下學研究——中國古代的思想自由與百家爭鳴〔M〕，北京：北京三聯書店，1998。

3. （美）本傑明・史華茲，古代中國的思想世界〔M〕，南京：江蘇人民出版社，2001。

C

1. （日）池田知久，池田知久簡帛研究論集〔M〕，北京：中華書局，2006。

2. （日）池田知久，中國思想中「自然」的誕生〔A〕，溝口雄三，小島毅，中國的思維世界〔C〕南京：江蘇人民出版社，2006。

3. 陳夢家，五行的起源〔J〕，燕京學報，1938，24A。

4. 陳夢家，商代的神話與巫術〔J〕，燕京學報，1936，20A。

5. 陳鼓應，老子今注今譯〔M〕，北京：商務印書館，2003。

6. 陳鼓應，黃帝四經今注今譯——馬王堆漢墓出土帛書〔M〕，北京：商務印書館，2007。

7. 陳鼓應，論道與物的關係問題——中國哲學史上的一條主線〔J〕，哲學動態，2005，8A。

8. 陳鼓應，莊子今注今譯〔M〕，北京：中華書局，1983。

9. 陳鼓應，先秦道家之禮觀〔J〕，中國文化研究，2000，2A。

10. 陳奇猷，呂氏春秋新校釋〔M〕，上海：上海古籍出版社，2002。

11. 陳德和，戰國老學的兩大主流——政治化老學與境界化老學〔J〕，鵝湖雜誌，2005，35（12A）

12. 陳麗桂，戰國時期的黃老思想〔M〕，臺北：聯經出版社，1991。

13. 陳啓雲，中國古代思想文化的歷史論析〔M〕，北京：北京大學出版社，2001。

14. 程俊英，蔣見元，詩經注析〔M〕，北京：中華書局，1991。

15. 晁福林，先秦思想「德」觀念的起源及發展〔J〕，中國社會科學，2005，4A。

16. 晁福林，先秦社會形態研究〔M〕，北京：北京師範大學出版社，2003。

17. 崔大華，莊學研究〔M〕，北京：人民出版社，1992。

D

1. 丁四新，郭店楚墓竹簡思想研究〔M〕，北京：東方出版社，2000。

2. 丁原植，精氣說與精神、精誠兩觀念的起源〔J〕，安徽大學學報，1998，3A。

3. 杜維明，試談中國哲學中的三個基調〔J〕，中國哲學史研究，1981，1A。

4. 杜維明，郭店楚簡與先秦儒道思想的重新定位〔A〕，姜廣輝，中國哲學（21輯）〔C〕，瀋陽：遼寧教育出版社，2000。

5. 杜國庠，杜國庠文集〔M〕，北京：人民出版社，1962。

E

1. 恩格斯，家庭、私有制和國家的起源〔M〕，北京：人民出版社，1999。

F

1. 方克，中國辯證法思想史（先秦）〔M〕，北京：人民出版社，1985。

2. 方東美，方東美卷〔M〕，石家莊：河北教育出版社，1996。

3. 費孝通，鄉土中國 生育制度〔M〕，北京：北京大學出版社，1998。

4. 馮友蘭，中國哲學史（上冊）〔M〕，上海：華東師範大學出版社，2000。

5. 馮友蘭，中國哲學史新編（上卷）〔M〕，北京：人民出版社，1998。

6. 馮友蘭，先秦道家哲學主要名詞通釋〔J〕，北大人文學報，1959，4A。

7. 馮契，中國古代哲學的邏輯發展（上冊）〔M〕，上海：上海人民出版社，1983。

8. （法）弗朗索瓦・於連，聖人無意——哲學的他者〔M〕，北京：商務印書館，2004。

G

1. 高明，帛書老子校注〔M〕，北京：中華書局，2004。

2. 傅偉勳，從西方哲學到禪佛教〔M〕，北京：三聯書店，1989。

3. 高明，禮學新探〔M〕，臺北：臺灣學生書局，1984。

4. 郭沫若，郭沫若全集（4卷）〔M〕，北京：人民出版社，1982。

5. 郭沫若，中國古代社會研究（外二種）〔M〕，石家莊：河北教育出版社，2004。

6. 高亨，重訂老子正詁〔M〕，北京：古籍出版社，1957。

7. 高亨，周易古經今注〔M〕，北京：中華書局，1984。

8. 高亨，周易大傳今注〔M〕，濟南：齊魯書社，1998。

9. 高利民，莊子無用之用的另一種解讀〔J〕，復旦大學學報，2005，4A。

10. 郭慶藩，莊子集釋〔M〕，北京：中華書局，2004。

11. 郭沂，郭店竹簡與先秦學術思想〔M〕，上海：上海教育出版社，2001。

12. 葛兆光，中國思想史（1、2卷）〔M〕，上海：復旦大學出版社，1998。

13. 葛兆光，眾妙之門——太一、北極、道與太極〔J〕，中國文化，1991，3A。

14. （法）葛蘭言，古代中國的節慶與歌謠〔M〕，桂林：廣西師範大學出版社，2005。

15. （英）葛瑞漢，論道者〔M〕，北京：中國社會科學出版社，2003。

H

1. 何炳棣，原禮〔A〕，胡曉明，傅傑，釋中國（第四卷）〔C〕，上海：上海文藝出版社，1998。

2. 胡家聰，稷下道家從老子哲學繼承並推衍了什麼？——〈心術上〉和〈內業〉的研究〔J〕，社會科學戰線，1983，4A。

3. （美）赫伯特・芬格萊特，孔子即凡而聖〔M〕，南京：江蘇人民出版社，2002。

4. （美）郝大維，安樂哲，孔子哲學思微〔M〕，南京：江蘇人民出版社，1996。

5. 侯外廬，中國古代思想學說史〔M〕，北京：國際文化服務社，1950。

6. 侯外廬，趙紀彬，杜國庠，中國思想通史（第一卷）〔M〕，北京：人民出

版社，1957。

7. 侯外廬，中國近代啓蒙思想史〔M〕，北京：人民出版社，1993。

8. 侯外廬，中國古代社會史論〔M〕，石家莊：河北教育出版社，2003。

9. 胡厚宣，甲骨學商史論叢初集（上）〔M〕，石家莊：河北教育出版社，2002。

10. 胡家聰，管子新探〔M〕，北京：中國社會科學出版社，1995。

11. 黃壽祺，張善文，周易譯注〔M〕，上海：上海古籍出版社，2004。

L

1. 雷敦和，《黃帝四經》中的陰陽學說〔A〕，艾蘭，汪濤，中國古代思維模式與陰陽五行說探源〔C〕，南京：江蘇古籍出版社，1998。

2. 黎靖德編，朱子語類（卷八）〔M〕，北京：中華書局，1994。

3. 黎翔鳳，管子校注〔M〕，北京：中華書局，2004。

4. 李玄伯，中國古代社會新研〔M〕，上海：上海文藝出版社，1988。

5. 李定生，徐惠君，文子校釋〔M〕，上海：上海古籍出版社，2004。

6. 李豐楙，先秦變化神話的結構性意義──一個「常與非常」觀點的考察〔J〕，中央研究院文哲研究集刊，1994，4A。

7. （英）李約瑟，中國古代科學思想史〔M〕，南昌：江西人民出版社，1999。

8. 李零，郭店楚簡校讀記〔M〕，北京：北京大學出版社，2002。

9. 李澤厚，中國古代思想史論〔M〕，合肥：安徽文藝出版社，1985。

10. 李存山，中國氣論探源與發展〔M〕，北京：中國社會科學出版社，1990。

11. 梁啓超，先秦政治思想史〔M〕，北京：東方出版社，1996。

12. 梁啓雄，韓子淺解〔M〕，北京：中華書局，1961。

13. 梁啓雄，荀子簡釋〔M〕，北京：中華書局，1983。

14. 〔漢〕劉向，戰國策〔M〕，上海：上海古籍出版社，1985。

15. 劉文典，淮南鴻烈集解〔M〕，北京：中華書局，1989。

16. 劉克甫，兩周金文「家」字辨義〔J〕，考古，1962，9A。

17. 劉笑敢，莊子哲學及其演變〔M〕，北京：中國社會科學出版社，1988。

18. 劉笑敢，老子古今──五種對勘與析評引論〔M〕，北京：中國社會科學出版社，2006。

19. 劉笑敢，老子之自然與無爲概念新詮〔J〕，中國社會科學，1996，6A。

20. 劉家和，古代中國與世界──一個古史研究者的思考〔M〕，武漢：武漢出版社，1995。

21. 劉澤華，先秦政治思想史〔M〕，天津：南開大學出版社，1984。

22. 劉澤華，劉豐，論樂的等級思想及其社會功能〔J〕，蘭州大學學報，2004，

1A。

23. 劉朝謙，西周政治在詩樂中對自身本質的體驗〔J〕，音樂探索，1991，4A。

24. 呂思勉，先秦史〔M〕，上海：上海古籍出版社，2005。

J

1. 蔣禮鴻，商君書錐指〔M〕，北京：中華書局，1986。

2. 焦循，孟子正義〔M〕，北京：中華書局，1987。

3. 金春峰，漢代思想史〔M〕，北京：中國社會科學出版社，1997。

4. 荊門市博物館編，郭店楚墓竹簡〔M〕，北京：文物出版社，1998。

M

1. 馬承源，上海博物館藏戰國楚竹書 （三）〔M〕，上海：上海古籍出版社，
   2003。

2. 茅冥家，論「老子術」〔A〕，包遵信，中國哲學（第七輯）〔C〕，北京：
   生活・讀書・新知三聯書店，1982。

3. 蒙文通，先秦諸子與理學〔M〕，桂林：廣西師範大學出版社，2006。

4. 蒙文通，蒙文通文集（1卷）〔M〕，成都：巴蜀書社，1987。

5. 蒙培元，論自然〔A〕，陳鼓應，道家文化研究（第 14 輯）〔C〕，北京：
   生活・讀書・新知三聯書店，1998。

6. 蒙培元，天地人──談〈易傳〉的生態哲學〔J〕，周易研究，2000，1A。

7. 牟宗三，中國哲學十九講〔M〕，上海：上海古籍出版社，2005。

8. 木村正雄，中國古代專制主義的基礎條件〔A〕，劉俊文，日本學者研究
   中國史論者選譯（第三卷上古秦漢）〔C〕，北京：中華書局，1993。

9. 梅廣，從楚文化的特色試論老莊的自然哲學〔J〕，臺大文史哲學報，2007，
   67A。

N

1. （美）倪德衛，儒家之道──中國哲學之探討〔M〕，南京：江蘇人民出
   版社，2006。

P

1. 龐樸，古墓新知──漫讀郭店楚簡〔A〕，姜光輝，中國哲學〔C〕，瀋陽：
   遼寧教育出版社，2000。

2. 龐樸，天人三式──郭店楚簡所見天人關係試說〔A〕，郭店楚簡國際學
   術討論會論文集〔C〕，武漢：湖北人民出版社，2000。

Q

1. 齊思和，封建制度與儒家思想〔J〕，燕京學報，1937，22A。

2. 錢穆，先秦諸子繫年〔M〕，石家莊：河北教育出版社，2002。

3. 錢穆，莊老通辨〔M〕，北京：生活・讀書・新知三聯書店，2004。

4. 錢穆，中國思想史論叢（二）〔M〕，臺北：東大圖書公司，1981。

5. 裘錫圭，稷下道家精氣說的研究〔A〕，陳鼓應，道家文化研究（第 2 輯）〔C〕，北京：生活・讀書・新知三聯書店，1992。

6. 裘錫圭，中國古典學重建中應該注意的問題〔A〕，北京大學中國古文獻研究中心，北京大學中國古文獻研究中心集刊（第二輯）〔C〕，北京：北京燕山出版社，2001。

7. 裘錫圭，以郭店老子簡爲例談談古文字的考釋〔A〕，姜廣輝，中國哲學（21 輯）〔C〕，瀋陽：遼寧教育出版社，2000。

R

1. 任繼愈，中國哲學發展史（先秦卷）〔M〕，北京：人民出版社，1983。

2. 任繼愈，老子繹讀〔M〕，北京：北京圖書館出版社，2006。

S

1. 薩拉・奎因（Sarah A Queen），董仲舒和黃老思想〔A〕，陳鼓應，道家文化研究（第 3 輯）〔C〕，上海：上海古籍出版社，1993。

2. 山田慶兒，空間・分類・範疇〔A〕，辛冠潔，日本學者論中國哲學史〔C〕，北京：中華書局，1986。

3. 〔漢〕司馬遷：史記〔M〕，北京：中華書局，1982。

4. 蘇秉琦，中國文明起源新探〔M〕，北京：三聯書店 1999。

5. 沈清松，郭店楚簡《老子》的道論與宇宙論——相關文本的解讀與比較〔A〕，姜廣輝，中國哲學（21 輯）〔C〕，瀋陽：遼寧教育出版社，2000。

6. 〔清〕孫詒讓，墨子閒詁〔M〕，北京：中華書局，2001。

7. 〔清〕孫希旦，禮記集解〔M〕，北京：中華書局，1989。

8. 孫以楷等：道家與中國哲學（先秦卷）〔M〕，北京：人民出版社，2004。

9. 孫以楷，老子通論〔M〕，合肥：安徽大學出版社，2004。

10. 孫以楷、甄長松：莊子通論〔M〕，北京：東方出版社，1995。

T

1. 唐君毅，中國哲學原論・原道篇〔M〕，北京：中國社會科學出版社，2006。

2. 唐君毅，中國文化之精神價值〔M〕，北京：廣西師範大學出版社，2005。

3. 唐君毅，中西哲學之比較論文集〔M〕，臺北：臺灣學生書局，1988。

4. 唐君毅，論中國原始宗教信仰與儒家天道觀之關係兼釋中國哲學之起源〔A〕，項維新，劉福增，中國哲學思想論集（第一冊）〔C〕，臺北：水牛出版社，1986。

5. 田昌五，臧知非，周秦社會結構研究〔M〕，西安：西北大學出版社，1996。

6. 涂又光，論帛書《老子》的社會學說〔A〕，張正明，楚史論叢初集〔C〕，武漢：湖北人民出版社，1984。

W

1. （德）瓦格納，王弼《老子注》研究（上）〔M〕，南京：江蘇人民出版社，2008。

2. 〔魏〕王弼，〔唐〕李約等，四部要籍注疏叢刊——老子〔M〕，北京：中華書局，1998。

3. 王人博，一個最低限度的法治概念——對中國法家思想的現代闡釋〔J〕，法學論壇，2003，1A。

4. 王克奇，湯少軍，試論《老子》思想內在的矛盾衝突〔J〕，山東師大學報，1994，3A。

5. 王國維，王國維文集（第四卷）〔M〕，北京：中國文史出版社，1997。

6. 王博，老子與夏族文化〔J〕，哲學研究，1989，1A。

7. 王博，郭店〈老子〉爲什麼有三組？〔A〕，陳鼓應，道家文化研究（第17輯）〔C〕，北京：生活‧讀書‧新知三聯書店，1999。

8. 王夫之，船山全書（第13冊）〔M〕，長沙：嶽麓書社，1988。

9. 王夫之，船山全書（第10冊）〔M〕，長沙：嶽麓書社，1988。

10. 王建文，國君一體——古代中國國家概念的一個面向〔A〕，楊儒賓，中國古代思想中的氣論及身體觀〔C〕，臺北：巨流出版社，1993。

11. 王曉波，解老喻老——韓非對老子的詮釋和改造〔J〕，文史哲，1999，6A。

12. 王慶節，解釋學、海德格爾與儒道今釋〔M〕，北京：中國人民大學出版社，2004。

13. 韋政通，中國思想史〔M〕，上海：上海書店，2003。

14. 韋政通，荀子「天生人成」一原則之構造〔A〕，項維新，劉福增，中國哲學思想論集（第二冊）〔C〕，臺北：水牛出版社，1986。

15. 維克多‧特納，儀式與過程〔M〕，北京：中國人民大學出版社，2006。

16. 巫寶三，我國先秦時代租賦思想的探討〔A〕，巫寶三，中國經濟思想史論〔C〕，北京：人民出版社，1985。

X

1. （日）西嶋定生，中國古代帝國形成史論〔A〕，劉俊文，日本學者研究

中國史論者選譯（第二卷）〔C〕，北京：中華書局，1993。

2. 【漢】許愼撰，【清】段玉裁注，説文解字注〔M〕，上海：上海古籍出版社，1981。

3. 許倬雲，中國古代社會史論：春秋戰國時期的社會流動〔M〕，桂林：廣西師範大學出版社，2006。

4. （日）小野澤精一，福永光司，山井湧，氣的思想：中國自然觀與人的觀念的發展〔M〕，上海：上海人民出版社，2007。

5. 徐復觀，中國人性論史（先秦篇）〔M〕，上海：上海三聯書店，2001。

6. 謝遐齡，釋「分」〔J〕，復旦學報（社會科學版），1990 第 3 期。

7. 熊鐵基，馬良懷，劉韶軍，中國老學史〔M〕，福州：福建人民出版社，1995。

8. 徐中舒，徐中舒歷史論文選輯〔M〕，北京：中華書局，1998。

9. 徐中舒，論中國古代社會自然經濟與城鄉對立等有關問題〔J〕，中國文化，2001，17～18A。

Y

1. 楊伯峻，春秋左傳注〔M〕，北京：中華書局，1990。

2. 楊伯峻，論語譯注〔M〕，北京：中華書局，1980。

3. 楊伯峻，孟子譯注〔M〕，北京：中華書局，1960。

4. 楊伯峻，列子集釋〔M〕，北京：中華書局，1979。

5. 楊寬，戰國史〔M〕，上海：上海人民出版社，2003。

6. 楊寬，楊寬古史論文選集〔M〕，上海：上海人民出版社，2003。

7. 楊向奎，中國古代社會與古代思想研究〔M〕，上海：上海人民出版社，1962。

8. 楊向奎，宗周社會與禮樂文明〔M〕，北京：人民出版社，1997。

9. 楊向奎，繹史齋學術文集〔M〕，上海：上海人民出版社，1983。

10. 楊向奎，先秦儒家之一統思想——兼論「炎黃」、「華夏」兩實體之形成〔J〕，山東大學學報（哲學社會科學版），1988，4A。

11. 楊向奎，論「道」〔J〕，雲南社會科學，1991，4A。

12. 楊向奎，再論老子——神守、史老、道〔J〕，史學史研究，1990，3A。

13. 楊向奎，論「道」〔J〕，雲南社會科學，1991，4A。

14. 楊師群，論先秦政治思想的主要局限與影響——與古希臘羅馬政治思想比較研究〔J〕，學術月刊，1996，7A。

15. 楊師群，春秋戰國之際社會發展原因新探〔J〕，社會科學戰線，1995，3A。

16. 楊儒賓，黃帝與堯舜——先秦思想的兩種天子觀〔J〕，臺灣東亞文明研究學刊，2005，2（2A）

17. 楊儒賓，中國古代思想中的氣論及身體觀（導論）〔M〕，臺北：巨流出版社，1993。

18. 葉維廉，道家美學與西方文化〔M〕，北京：北京大學出版社，2002。

19. 葉舒憲，中國神話哲學〔M〕，北京：中國社會科學出版社，1992。

20. 〔清〕俞樾，諸子平議〔M〕，北京：中華書局，1954。

21. 余英時，士與中國文化〔M〕，上海：上海人民出版社，2003。

22. 余明光，黃帝四經今注今譯〔M〕，長沙：嶽麓書社，1993。

Z

1. 張豈之，老子研討會的新收穫〔J〕，華夏文化，1994，1A。

2. 張豈之，先秦哲學史上的「天道」與「人道」問題〔N〕，人民日報，2000～5～11（B11）

3. 張豈之主編，中國思想史〔M〕，西安：西北大學，1989。

4. 張豈之，《荀子》一書的主線〔A〕，眾妙之門——中國名著導讀〔C〕，北京：清華大學出版社，2002。

5. 張豈之，中國思想文化史〔M〕，北京：高等教育出版社，2006。

6. 張豈之，歷史唯物論與中國思想史研究〔J〕，歷史研究，2007，1A。

7. 張岱年，中國哲學史大綱〔M〕，北京：中國社會科學出版社，1982。

8. 張岱年，中國古典哲學範疇要論〔M〕，北京：中國社會科學出版社，1989。

9. （美）張光直，中國青銅時代〔M〕，北京：生活·讀書·新知三聯書店，1986。

10. （美）張光直，中國青銅時代（二集）〔M〕，北京：生活·讀書·新知三聯書店，1990。

11. 張光直，論「中國文明的起源」〔J〕，文物，2004，1A。

12. 張亮采，中國風俗史〔M〕，北京：東方出版社，1996。

13. 張增田，「道」何以生「法」——關於《黃老帛書》「道生法」命題的追問〔J〕，管子學刊，2004，2A。

14. 張端穗，仁與禮——道德自主與社會制約〔A〕，劉岱，中國文化新論思想篇（二）天道與人道〔C〕，臺北：聯經出版事業公司，1982。

15. 章太炎：國故論衡〔M〕，上海：上海古籍出版社，2003。

16. 趙紀彬，中國哲學思想〔M〕，北京：中華書局，1948。

17. 趙紀彬，困知錄（上冊）〔M〕，北京：中華書局，1963。

18. 趙紀彬，論語新探〔M〕，北京：人民出版社，1976。

19. 趙紀彬，老莊與「一」「二」〔J〕，中國文化，1990，3A。

20. 趙吉惠，論荀學是稷下黃老之學〔A〕，陳鼓應，道家文化研究（第 4 輯）〔C〕，北京：生活・讀書・新知三聯書店，1994。

21. 趙汀陽，反政治的政治〔J〕，哲學研究，2007，12A。

22. 朱光潛，朱光潛全集（第 9 卷）〔M〕，合肥：安徽教育出版社，1993。

23. 朱謙之，老子校釋〔M〕，北京：中華書局，1984。

24. 朱炳祥，「德」之語義與老子的思想內核〔J〕，湖北民族學院學報，1994，4A。

25. 鄒昌林，中國禮文化〔M〕，北京：社會科學文獻出版社，2000。

26. 鄒昌林，中國古代國家宗教研究〔M〕，北京：學習出版社，2004。

後　記

　　七年前，在張豈之先生的指導下，我選擇「老子與先秦思想」作為我的博士論文題目。張先生教導我：「對於思想史的研究，要注意與社會史相結合。這個方法的優點就是發現思想的社會之根，開闊研究者的學術視野，你可以在前輩學人的基礎上有所闡述。」這為我的論文研究指明了方向。張先生還說：「你的論文題目比較大，頭緒多，要梳理出一條線索，將它們融合為一個整體。」在先生的教誨下，我從做資料長編開始，逐步梳理出線索。先生對我的開題報告、論文初稿都進行了耐心的指導與細緻的修改。在論文寫作中，先生對我的每一次點撥，都讓我茅塞頓開。先生對我的教誨與幫助，我將銘記在心。

　　衷心感謝方光華教授、謝陽舉教授、張茂澤教授，他們的淵博學識、嚴謹的治學態度，讓我獲益頗多。感謝宋玉波博士、陳戰峰博士、鄭熊博士、李江輝博士、劉薇老師的關心和幫助。

　　八年前的春天，我和王建宏、夏紹熙一起研讀《老子》。至今仍能想起那一個個難忘的深夜，萬籟俱寂中二三人相對討論，互相啟發，不時閃現出思想的火花。

　　現在，我對論文作了一定的校對，但還存在很多缺點和不足。我將繼續努力，不斷提高自己的學術素養與理論水平。

　　最後，我要感謝家人對我長期的理解和支持。

王　強

2014 年 9 月於西安